古典文獻研究輯刊

三九編

潘美月・杜潔祥 主編

第 2 冊

衡門之下：古籍善本與書籍世界的研究（下）

向 輝 著

國家圖書館出版品預行編目資料

衡門之下：古籍善本與書籍世界的研究（下）／向輝 著 --
初版 -- 新北市：花木蘭文化事業有限公司，2024〔民 113〕
目 4+208 面；19×26 公分
（古典文獻研究輯刊 三九編；第 2 冊）
ISBN 978-626-344-922-0（精裝）
1.CST：善本 2.CST：古籍
011.08   113009698

ISBN-978-626-344-922-0

古典文獻研究輯刊
三九編 第 二 冊   ISBN：978-626-344-922-0

衡門之下：古籍善本與書籍世界的研究（下）

作　　者　向　輝
主　　編　潘美月、杜潔祥
總 編 輯　杜潔祥
副總編輯　楊嘉樂
編輯主任　許郁翎
編　　輯　潘玟靜、蔡正宣　美術編輯　陳逸婷
出　　版　花木蘭文化事業有限公司
發 行 人　高小娟
聯絡地址　235 新北市中和區中安街七二號十三樓
　　　　　電話：02-2923-1455／傳真：02-2923-1452
網　　址　http://www.huamulan.tw 信箱 service@huamulans.com
印　　刷　普羅文化出版廣告事業
初　　版　2024 年 9 月
定　　價　三九編 65 冊（精裝）新台幣 175,000 元

衡門之下：古籍善本與書籍世界的研究（下）

向輝 著

目次

第五章 匆匆過卻清明：《憲綱事類》舊事

山中有流水，借問不知名。映地為天色，飛空作雨聲。轉來深澗滿，分出小池平。恬澹無人見，年年常自清。

——儲光羲《詠山泉》

　　監察機構單獨的立法是我國文官制度成熟的標誌之一。經由秦漢的創制、唐宋的探索，我國監察制度在明代形成了具有一代特色的監察法律及制度體系。其主要特點是，監察機關的地位與權能在官僚系統中得到了提升，監察官員的地位和職責在文官系統中得到了明確。就法制而言，明代形成了系統的規範的監察法典，它以《憲綱》的名義推行，監察官以此為據展開政治活動，不僅對整個政府組織的綱紀維繫、立政建言、下情上達等有著法理依據，也對後世法治建設有著歷史的啟迪價值。故此，對明代《憲綱》進行深入研究，有助於我們理解明代的監察法理、監察意圖和監察行動，有助於我們從中汲取古典的智慧。

　　《憲綱》在正統年間由中央政府頒發，其早期單行本如今難得覓見，或已失傳。但它頒行 50 餘年之後，有弘治年間的監察官員為其編集了讀本——《憲綱事類》，收錄了《憲綱》及相關文獻，為我們瞭解《憲綱》提供了古籍善本的資源，是我們進一步研究明代監察法制的重要歷史文獻。為了更好的瞭解古

代監察法典，繼承和弘揚中華優秀傳統文化，有必要對此加以梳理，為學界研究提供必要的信息。筆者不揣譾陋，以現存《憲綱》輔導讀物——《憲綱事類》的古籍刻本為依據，對該書進行書籍史考察的嘗試，以求教於大方之家。

一、合刻文獻的歷史困惑

　　《憲綱事類》是我國第一部完備的監察法典的輔導讀本。《憲綱》一書雖然曾是明代監察官員的基本讀物，有不同時期的多種刊本，但作為一代之典，由於它具有很強的實用性、針對性、專業性和時代性，後世未必珍視，故而傳本稀見，不僅近代以來的法制史家難見早期刊本，當代古籍研究者也未能對該書現存的歷史樣貌予以細緻地揭示。

　　從目前的古籍存藏來說，《憲綱事類》一書包括了《憲綱》《風憲忠告》《御史箴》等多種文獻，是古籍版刻中較為類型的合刻本。《憲綱》為明英宗正統年間的敕書，《風憲忠告》為元人張養浩（1270～1329）的作品，《御史箴》則是薛瑄（1389～1464）注解的版本。由於是多種文獻的合刊，如何歸類就成為一個問題。我們看到《中國善本書提要補編》的編集者將《憲綱事類》列入歸於「史部‧政書類」之「職官」目。〔註1〕這與繆荃孫《清學部圖書館善本書目》的「史部」的「職官之官制」不同；〔註2〕與趙萬里《北平圖書館善本書目‧史部》「政書類」之「法令」目不同。〔註3〕而傅增湘《藏園訂補郘亭知見傳本書目》、〔註4〕《中國古籍善本書目》〔註5〕和《中國古籍總目》〔註6〕則認為該書可歸於史部之「官箴」之屬。也就是說，古籍編目學家對於《憲綱事類》的認識統一於該書是「政書」，但究竟是職官之書、法令之書，還是官箴之書，目前來看尚存爭議。之所以出現這樣的情況，原因無非就是因為該書集

〔註1〕 王重民：《中國善本書提要補編》，北京：北京圖書館出版社，1997年，第36頁。

〔註2〕 繆荃孫：《繆荃孫全集‧目錄‧清學部圖書館善本書目》，張廷銀等主編，南京：鳳凰出版社，2013年，第470頁。

〔註3〕 趙萬里：《北平圖書館善本書目：一九三三年》，北京：人民文學出版社，2011年，第829頁。

〔註4〕 傅增湘：《藏園訂補郘亭知見傳本書目》，傅熹年整理，北京：中華書局，2009年，第423頁。

〔註5〕 中國古籍善本書目編輯委員會：《中國古籍善本書目‧史部》，上海：上海古籍出版社，1993年，第1100頁。

〔註6〕 中國古籍總目編纂委員會：《中國古籍總目‧史部》，上海：上海古籍出版社，2009年，第3219頁。

合了若干中文獻，令編目者迷惑：若以《憲綱》論，它是監察法典，可以歸入「法令」；若以《御史箴》《分司箴》論，它是為官之箴言，可入「官箴」；若以風憲事宜論，它是都察院官員之書，可入「職官」。這就是合刻本古籍給我們帶來的挑戰之一。不僅今人有此困惑，古人也不例外。我們注意到幾種不同版本《天一閣書目》對處理此書時也各有不同的意見。

　　清嘉慶十三年（1808），阮元資助出版了范邦甸（1778～1816）等編纂的《天一閣書目》十卷。該書目著錄天一閣藏書4914種53799卷。該書目在「史部・職官類」著錄：「《憲綱事類》二卷，刊本。元相國張文忠撰。」〔註7〕張養浩並非《憲綱事類》的作者。范氏書目中所謂的「元相國張文忠撰」，當為《憲綱事類》所收錄的張養浩所撰《牧民忠告》及薛瑄集解《御史箴》兩種文獻，但後者在嚴格意義來說其作者當是薛瑄。該書目又著錄：「《申明憲綱》二卷，明嘉靖十二年王廷相撰。」〔註8〕「《憲綱》一卷。《風憲事宜》一卷。《憲綱事類》一卷。」〔註9〕「《風憲忠告》《御史箴》一卷，刊本。」〔註10〕

　　其後，薛福成（1838～1894）《天一閣見存書目》在「史部・職官類」著錄：「《憲綱》一卷，全。明正統年纂，卷首有御製敕諭。《申明憲綱》附《風憲忠告》一卷《御史箴》一卷，全。王廷相、張養浩、薛瑄纂。《憲綱事類》一卷，全。明正統年纂，卷首有御製敕諭。又一部同。」〔註11〕（國家圖書館藏，善本書號12093。）

　　在這兩部書目之前，有清康熙五十六年（1717）林佶（1660～1723）跋之抄本《天一閣書目》，在「史部・經濟」類目著錄「《憲綱》一本」、「《風憲事宜》一本」、「《風憲忠告》《御史箴》一本」、「《憲綱事類》二本」、「《申明憲錄》一本」、「《三事忠告》一本」。（國家圖書館藏，善本書號17987。）〔註12〕

　　我們從上述三部天一閣的藏書目錄中可見，不同時代的學者對於「憲綱」類書籍的性質認定是不太一樣的，到底歸於古籍中的某個門類，他們有不同的

〔註7〕〔清〕范邦甸等：《天一閣書目》，江曦等點校，上海：上海古籍出版社，2010年，第200頁。
〔註8〕〔清〕范邦甸等：《天一閣書目》，第201頁。
〔註9〕〔清〕范邦甸等：《天一閣書目》，第203頁。
〔註10〕〔清〕范邦甸等：《天一閣書目》，第205頁。
〔註11〕〔清〕薛福成：《天一閣見存書目》，國家圖書館藏稿本，善本書號12093。http://read.nlc.cn/OutOpenBook/OpenObjectBook?aid=892&bid=66124.0
〔註12〕《天一閣書目》http://read.nlc.cn/OutOpenBook/OpenObjectBook?aid=892&bid=162030.0

見解。而《憲綱事類》到底是一部什麼樣的書，其作者為誰，其內容如何，其卷次如何，書目著錄也各不相同。書目編纂者未必都能一一核對原書，在編目過程中往往因襲，又或據己意加以編排，故而很容易出現這樣的令人迷惑的現象。

我們認為，之所以造成這種困擾的原因之一，就是合刻本文獻帶來的。所謂合刻本，就是多種不同文獻的彙刊。它可區分出若干不同的情形，即其一，從刊刻時間來說有兩種情況：（1）與不同內容的書籍合併在一起同時刊行，各書保持原來的書名，而合成一書有新名。（2）與不同內容的書合在一起不同時期刊刻，各書保持各自獨立的書名，藏書家、編目者等擬定合成新書之名。其二，從書籍內容來說也有兩種情況：（3）同一作者的不同作品彙刊。（4）不同作者的同類型作品彙刊。

古籍中合刻本從性質來說，是叢書本的一種，但合刻本的部頭較小，往往是專門類別的文獻合併彙刊。汪辟疆《叢書之源流類別及其編索引方法》謂清代叢書備勝──「叢書既備勝於晚近三百年間矣」，編目也就有了必要。〔註13〕他認為叢書可以分為總類和專類兩部，總類有舉要、搜異、景舊和輯佚四目，專類有專代、專地、專人、專學四目。〔註14〕謝國楨謂叢書從內容來看有六類：匯刻（即古今著述）、類刻（專刊，即經史子集諸部）、辨偽輯佚、自著、郡邑、族姓。〔註15〕《中國叢書綜錄》即分彙編和類編兩部，彙編包括雜纂、輯佚、郡邑、氏族和獨撰等五類，類編包括經史子集四類。我們通常對大型的叢書、彙刊有比較明確的認識，但對於專刊類刻則需要因書而論。

我們如今認識合刻本，往往只能以是否合函來看。王重民《中國善本書提要》（第 179～180 頁）著錄了美國國會館藏嘉靖間刻本《大明律集解》、嘉靖間刻本《重修問刑條例》和萬曆間內府刻本《大明律附例》，北大圖書

〔註13〕汪辟疆：《目錄學研究》，上海：華東師範大學出版社，2000 年，第 109 頁。

〔註14〕汪辟疆：《目錄學研究》，第 111 頁。

〔註15〕謝國楨：《謝國楨全集第 5 冊・明清筆記談叢》，北京：北京出版社，2013 年，第 448 頁。謝氏的這一見解在古籍編目中已被貫徹，如陽海清《中國叢書廣錄》將叢書分為彙編和類編兩大類，彙編細分為雜纂、地方、家族和自著四目，類編則以經史子集四部分。（陽海清：《中國叢書廣錄》，武漢：湖北人民出版社，1999 年，第 3 頁。）又如，《中國古籍總目・叢書部》即按照這樣的分類思想編製的，該書分叢書為雜纂類、輯佚類、郡邑類、氏族類和獨撰類等五大類目。

館藏明刻本《大明律附例》和《問刑條例》。王重民注意到，美國國會館藏嘉靖本《大明律集解》與《重修問刑條例》是合裝一函的古籍，而北大明刻本《大明律附例》與《問刑條例》亦合裝一函。王重民《跋日本刻本大明律》謂：「《大明律》三十卷《問刑條例》三卷，日本人物部觀譯刻本也。後有物部觀跋，署享保七年，時為康熙六十一年（1722）。中國正遵用《大清律》，而日本學者猶譯是書以傳。此我國佚書，往往發見於日本之明例也。後五十二年開四庫全書館，內府既無《明律》，外省又未有以其本進者，故《四庫總目》僅據《永樂大典》輯本著錄。余既已見《明律》八九種，又見此本，不勝感慨，因書數語。（1946 年 8 月 19 日記。）」〔註16〕對於《大明律》、《憲綱事類》之類的古籍而言，從事古籍研究的學者，需要在多種不同版本的比較中才能發現其歷史的價值。

就「憲綱」類讀本來說，《中國叢書綜錄》只收錄《皇明制書》、《為政忠告》（《三事忠告》）兩種文獻，〔註17〕並標明《貸園叢書初集》《如不及齋叢書》《叢書集成初編》《四部叢刊三編》等收錄了《風憲忠告》。〔註18〕如果按照《中國叢書綜錄》的著錄原則，《憲綱事類》亦當是小型的「叢書」。不過《中國叢書綜錄》《中國叢書廣錄》和《中國古籍總目‧叢部》皆不收錄《憲綱事類》一書。原因何在？〔註19〕這與我們對該書內容及其性質的認識有關。

由於文獻存在這種合刻本複雜的情況，我們在利用書目著錄時必須對各種情形加以分辨。《憲綱事類》一書的重要組成部分是張養浩的《風憲忠告》，我們先對此文獻作一簡要的梳理。

李修生考察元代監察官張養浩著述時注意到，張氏《牧民忠告》《風憲忠告》《廟堂忠告》三書既有張養浩文集本，還有單刻本和合刻本。〔註20〕單刻本，從元至明，皆有刊本，如元後至元四年（1338）福建崇安鄒從吉刻本《牧

〔註16〕王重民：《中國善本書提要‧附錄‧題跋》，上海：上海古籍出版社，1983 年，第 5 頁。

〔註17〕上海圖書館：《中國叢書綜錄第一冊》，上海：上海古籍出版社，1982 年，第 682、683 頁。

〔註18〕上海圖書館：《中國叢書綜錄第二冊》，第 472 頁。

〔註19〕《中國古籍總目‧叢書部》編纂說明（第 1 頁）謂：「本部著錄總聚眾書且子目跨部之彙編叢書，同部類合編之叢書，均分歸四部。」又謂：「節錄或摘編原書而彙刻之書，近於叢鈔，前人或歸入子部雜家類，茲仍作叢書著錄。」《憲綱事類》既然已歸史部，叢書部不予著錄也是合理的。

〔註20〕李修生：《張養浩著作述考》，《文學與文化》，2015 年第 1 期，第 103～111 頁。

民忠告》；元至正十五年（1355）福州路學宮刻本《牧民忠告》，至正十五年福建閩海道莊某刻本《風憲忠告》，明洪武二十三年（1390）廣東布政使司左參議靳顯刻本《廟堂忠告》等。

合刻本有兩種情況，第一是張養浩個人著作的合集，也就是《三事忠告》本，第二是和其他文獻合併的著作。（1）《三事忠告》本。元明刻本，明洪武二十七年（1394）廣西按察司僉事黃士弘刻本，宣德六年（1431）河南府知府李驥重刻本，正德十三年（1518）上蔡縣鄭瑛重刻本等。〔註21〕上世紀張元濟編刊《四部叢刊》及本世紀國家編《中華再造善本》時皆收錄了元刻本《牧民忠告》《經進風憲忠告》《廟堂忠告》。張元濟《涵芬樓燼餘書錄》著錄「《牧民忠告》二卷《經進風憲忠告》一卷《廟堂忠告》一卷。元張養浩撰。元刊本。二冊。前牧齋、郭蘭石舊藏。」這部書原為錢謙益絳雲樓藏書，後歸張元濟，今藏國家圖書館。張氏注意到這三種書並非同時刊行，「第一種鐫刻在前，故字體、槧工均不同。」〔註22〕張氏抄錄藏家郭氏跋文則認為這就是一部完整的書：「右張文忠《三事忠告》。其言明且清，信能體而行之，雖一命之士，於物必有所濟也。《牧民忠告》近有刻為單行本者。《風憲》《廟堂》二篇，則自元以來未有重刻本也。絳雲樓焚，而此歸然如魯靈光，意固當有神物護持乎。辛卯五月望，莆田郭尚先記。」〔註23〕郭尚先（1785～1832）對書籍史並不熟悉，故而他的跋文也不夠準確。所謂「《三事忠告》」的書名，乃是後人根據文獻內容所擬，並非文獻原本有的題名。傅增湘曾見此本，以為是元刻，記錄此書「字大如錢，間有明補。」〔註24〕版本學家李致忠認為，張養浩的這三部監察著作合刊當在明洪武時期，據《四庫全書總目》當是「明洪武時黃士宏所為。然此本是否就是明洪武黃士宏廣西刻本？不敢遽斷。此本竹紙印造，字體近柳，棱角峭厲，當為閩建刻書風格。《牧民忠告》居前，字體風格為一種，《風憲忠告》及《廟堂忠告》居後，又是一種字體風格，但仍含閩建刻書韻味，因疑明初有人合前兩種已刻之版，再補刻最後一種《廟堂忠告》，合而印之，以成此書。故自郭尚先、張元濟以降，均著錄此書為元

〔註21〕 李修生：《張養浩著作述考》，《文學與文化》，2015 年第 1 期，第 103～111 頁。
〔註22〕 張元濟：《張元濟全集第 8 卷·涵芬樓燼餘書錄》，北京：商務印書館，2009 年，第 287 頁。
〔註23〕 張元濟：《張元濟全集第 8 卷·涵芬樓燼餘書錄》，第 287 頁。
〔註24〕 傅增湘：《藏園群書經眼錄》，北京：中華書局，2009 年，第 399 頁。

刻本，而不認其為明刻本，今仍暫從舊說，以元刊定之。」〔註25〕（《中華再造善本總目提要》）

　　總的來說，《三事忠告》是張養浩一人著述的合刊，著錄起來尚不會造成很大的困擾。令人困惑的是（2）《風憲忠告》《御史箴》合刻本。此本較為複雜。據古籍學者的調查，《風憲忠告》《御史箴（薛瑄集解）》《憲綱事類》三部書有同樣的三個版本：明刻本、弘治四年陳瑞卿本、嘉靖三十一年曾佩本。如，《中國古籍總目》在「史部政書類・職官之屬」的「官箴」目中著錄了元張養浩《風憲忠告》一卷的多種版本：明刻本，國家圖書館；明弘治四年山東巡按陳瑞卿刻本，北平圖書館；明嘉靖三十一年曾佩刻本，上海圖書館、南京圖書館、天一閣博物院藏；《重刻合併官常政要全書》本，《三事忠告》本，《貸園叢書初集》本，《為政忠告》本（《經進風憲忠告》），《如不及齋叢書》本，《四部叢刊三編》本（《經進風憲忠告》），《叢書集成初編》本。〔註26〕也就是說弘治陳瑞卿、嘉靖曾佩，以及不知名的某位明代人分別刊刻了與《憲綱》有關的著作。那麼，這是否意味著他們刊刻的書有好幾種（單刻多種）呢？還是他們刊刻的書是叢書？還是說他們刻了一部，包括好幾個部分呢？

　　我們從目錄著錄中也能發現一些端倪。比如，范邦甸等編纂的《天一閣書目》著錄張養浩著作「《風憲忠告》《御史箴》一卷。刊本。」並錄林泉生序。〔註27〕編者對原文作了刪節處理。我們比勘該書目所錄序文和現存古籍之序文，會發現其中有值得我們思考的問題。國家圖書館藏《風憲忠告》有元刻本（《中華再造善本》影印）和明刻本（善本書號：09470）。明刻本《風憲忠告》的序文為：

> 曩聞崇安令鄒從吉甫能以忠信使民，民亦樂其治。予過崇安，會從吉，問所治何先。即出書一卷，曰：「某不敏，粗效一官者，此書之力也。」予閱其書，則相國張文忠公為縣令時所著，採此古人嘉言善行，自正心修身，以至事上惠下，摘奸決疑，恤隱治賦，凡

〔註25〕中華再造善本工程編纂出版委員會：《中華再造善本總目提要・金元編》，北京：國家圖書館出版社，2013年，第1017頁。

〔註26〕中國古籍總目編纂委員會：《中國古籍總目・史部6》，上海：上海古籍出版社，2009年，第3218頁。

〔註27〕〔清〕范邦甸等：《天一閣書目》，第205頁。

可為郡縣楷式者，無不曲盡其宜，且簡而易行，約而易守，名之曰
《牧民忠告》。及予客京師，嘗於臺臣家見所謂《風憲忠告》者，言
風紀要務，凡十章，亦公為御史時所著也。今年予謁閩海，監憲張
公出《風憲忠告》，將鋟梓，以廣其傳，俾予序之。予得重觀是書，
則歎曰：「文忠公真仁人也。仁者恥獨善於己，己為令長，得牧民之
道，欲使天下牧民之吏，人人盡其道。己為憲臣，能振紀綱、慎舉
刺，言人所難言，欲使天下為憲臣者，人人皆然。公其心於天下，
而不私其身，雖令尹子文之忠，不及此也。《傳》曰：『人之言，其
利博哉。』是則可謂仁人之言矣。」時文忠公之子引來僉閩憲，克
濟世德云。至正乙未秋林泉生序。（注：劃線部分為《天一閣書目》
未錄文字）

經比勘，《天一閣書目》著錄刊本、國圖藏明刻本與元刻本林泉生序文基
本一致，但也有細微的差別：明刻本「監憲張公出《風憲忠告》」，弘治四年刻
本《風憲事類》之林泉生序同，而元刻本作「監憲莊公出《風憲忠告》」。天一

閣所藏原書，今不知其所在。

　　我們以國家圖書館藏明刻本《風憲忠告》一卷《御史箴集解》一卷來看，該書除了字體之外，版式、行款和內容皆與弘治四年《風憲事類》同。從版刻風格來看，該本刊刻時間當在弘治嘉靖間，因無序跋等相關信息，從無判定其準確的刻書時代。從該書將《風憲忠告》與《御史箴》兩書合刻的情形，並在書末附《憲臣箴》《分司箴》，以及將「海監莊公」作「海監張公」而言，我們可以推測這部所謂的明刻本《風憲忠告》或即明弘治年間都察院御史陳璧合《憲綱》、張養浩《風憲忠告》和薛瑄《御史箴集解》等多種文獻為一書（《憲綱事類》）之後的某一個刊本。

　　（3）《憲綱事類》本。據李修生的調查，臺灣央圖善目著錄有張養浩撰《憲綱事類》一卷《風憲忠告》一卷，明弘治四年（1491）山東巡按陳瑞卿刊本。《中國古籍總目·史部》（第 3219 頁）著錄明薛瑄集解《御史箴》一卷，有明弘治四年山東巡按陳瑞卿刻本。李氏的意見是：「臺灣圖書館所藏明弘治四年（1491）山東巡按陳瑞卿刊本《憲綱事類》一書，可能即原藏北平之書，未查閱。《御史箴》，也未查閱。」〔註28〕限於各種條件，李氏未能目見該書。其實，李氏所謂臺灣藏弘治四年山東巡按陳瑞卿刻本《憲綱事類》一卷《風憲忠告》一卷《御史箴》一卷就是「原北平圖書館藏甲庫善本」。這批文獻在抗戰期間南遷，後運至美國，今寄存臺北。2013 年，國家圖書館出版社出版《原國立北平圖書館甲庫善本叢書》，其中第 451 冊收錄了弘治四年刻本《憲綱事類》。其後，由國家圖書館建設的「中華古籍資源庫」發布了該書的全文影像數據。長期以來少為人知的這部書終於以影印本和電子版這兩種新的樣貌重新回到了書籍世界。這是我們能夠對這部古籍展開細緻研究的文獻基礎。

二、嘉靖本《憲綱事類》

　　當代的法制史學家以收錄《憲綱》的嘉靖刻本《皇明制書》作為該法典的底本依據加以整理。〔註29〕制書收錄《憲綱》，是否會對《憲綱》文本做改動，

〔註28〕李修生：《張養浩著作述考》，《文學與文化》，2015 年第 1 期，第 103～111 頁。
〔註29〕劉海年、楊一凡主編《中國珍稀法律典籍集成乙編第 2 冊》（科學出版社，1994 年）中收錄的《憲綱事類》即根據國家圖書館藏明嘉靖年間南直隸鎮江府丹徒縣刻《皇明制書》本點校整理而來。楊一凡編《中國監察制度文獻輯要》（紅旗出版社，2007 年）收錄的《憲綱事類》一卷，底本為明萬曆七

在未校勘之前，我們不得而知。很明確的是，我們必須對《憲綱》的讀本進行更加周密的調查和研究。首先，《憲綱》的讀本要早於《皇明制書》的刊刻時間，如果我們對早期的版本進行研究，就能在文本方面有更加可靠的歷史保障。其次，《憲綱》的讀本還能為我們提供一些法典閱讀的線索。如果我們能夠對《憲綱》讀本加以研究，就能夠看到當時的監察官員是如何看待這部監察法典的，以及他們試圖用什麼樣的方法來閱讀這部法典的。第三，《憲綱》的存世情況，經過古籍版本的調查，相關信息的揭示已足以讓我們對它展開更加細緻的研究。所以，我們認為，如果要對明代監察法制史進行梳理，就不得不對《憲綱》讀本進行歷史的考察。

從目前的古籍著錄情況可知，《憲綱》一書自成化弘治以後，多以《憲綱事類》的名義出現。上世紀八十年代，全國古籍工作者編製的《中國古籍善本書目・史部》（第 1100 頁）在「政書類」的「官箴」目中著錄了兩種不同版本的《憲綱事類》，分別是：

（1）第 12417 號——「《憲綱事類》一卷、《申明憲綱》一卷（明王廷相撰）、《風憲忠告》一卷（元張養浩撰）、《御史箴》一卷（明薛瑄集解）。明嘉靖三十一年（1552）曾佩刻本。上海圖書館、南京圖書館（殘本）、天一閣博物院藏（殘本）。」《天一閣藏明代政書珍本叢刊》（2010）收錄天一閣藏本，一冊，66 葉，版心上有「憲綱下」字樣。〔註 30〕上海圖書館藏本，索取號：線善 T339076。該館藏本四周單邊，版心上黑魚尾、下線魚尾。線魚尾上方標頁碼。黑魚尾上鑴「憲綱上」和「憲綱下」。「憲綱上」為「憲綱」諸條例，內容包括：正統四年英宗「皇帝來諭禮部督察院」敕諭、「憲綱事類目錄」；正文

年張鹵刊《皇明制書》。楊一凡認為，從今存的《憲綱》版本而言，有收入《皇明制書》的合刻法規本和收入《憲綱事類》的監察法典讀本兩種不同系統：中國國家圖書館、清華大學圖書館、日本名古屋的蓬左文庫和京都的陽明文庫藏明嘉靖年間南直隸鎮江府丹徒縣官刊《皇明制書》十四卷本；日本日比谷圖書館市村文庫、東京大學東洋文化研究所藏該書十四卷本萬曆四十一年（1613）鎮江府知府康應乾補刻本；大連圖書館、美國國會圖書館和日本東洋文庫、尊經閣文庫藏有明萬曆七年（1579）保定巡撫張鹵校刊《皇明制書》二十卷本；上海圖書館藏該書明嘉靖三十一年（1552）曾佩刻本；南京圖書館藏該書明刻本。但他們整理該書時，底本用的是明嘉靖年間南直隸鎮江府丹徒縣官刊《皇明制書》十四卷本。（楊一凡：《明代立法研究》，北京：中國社會科學出版社，2013 年，第 214 頁。）

〔註 30〕天一閣藏本相關信息經李開升先生查證獲知，特致謝忱。

「憲綱」（34 條）、「憲體」（15 條）、「出巡相見禮儀」（4 條）、巡歷事例（36 條）、刷卷條格（6 條）。共 46 葉。題「憲綱下」者為《申明憲綱》、《風憲忠告》和《御史箴集解》，附《憲臣箴》《分司箴》，末有嘉靖三十一年曾佩序。共 66 葉。〔註31〕因此，這一刊本可題為《憲綱事類》二卷。

　　（2）第 12418 號──「《憲綱事類》三卷，存一卷。明刻本。南京圖書館藏。」南京圖書館藏本版心雙對黑魚尾，兩魚尾間上題「憲綱事類中」，下標頁數，內容為《憲綱》《憲體》等。〔註32〕這一版本版式與國家圖書館藏明刻本《風憲忠告》相同，且書寫字體極為相類，比勘兩本可知，它們的若干字的寫法是基本相同的。這不得不讓我們要對此書的版本有新的看法。

　　有意思的是，《中國古籍善本書目》在上述這兩種不同版本的《憲綱事類》之後即著錄國家圖書館藏本《風憲忠告》，即第 12419 號──「《風憲忠告》一卷（元張養浩撰）、《御史箴》一卷（明薛瑄集解）。明刻本。國家圖書館藏。」國家圖書館藏本版心雙魚尾，魚尾間上題「風憲忠告上」「御史箴上」，下標頁數。也就是說，極有可能國家圖書館此《風憲忠告》為三卷本《憲綱事類》之上卷，南京圖書館藏《憲綱事類》殘本為三卷本《憲綱事類》之中卷。而該書下卷則尚待發現。

　　我們並不清楚《中國古籍善本書目》編纂者當年何以將此三部書連續編排，特別是為何要將國家圖書館藏本列於南京圖書館藏本之後。不管情況如何，可以基本確定的是：南北兩館所存這兩部不同的憲綱類古籍當為一部三卷本《憲綱事類》上中兩卷，然而不知何時它們分散開來，成為南北兩館的善本珍藏。如今我們將這兩部書合併著錄，指明這是同一版本的一部書的上中卷，亦當是古籍保護工作若干發現中的一個小小的見證吧。這一刊本的具體刊刻年代沒有相關的文獻證據，從版式風格、字體等因素分析，當是弘治嘉靖間的刻本。

　　因此，我們對《憲綱事類》的第二種刻本有了這樣的認識：《憲綱事類》三卷，明弘治嘉靖間刻本。今存上中二卷（國家圖書館存上卷、南京圖書館存中卷）。

　　就《憲綱事類》而言，尚有一北平圖書館藏本未著錄於《中國古籍善本書目》。另外，中研院傅斯年圖書館亦有一種明刻本。其基本信息如下：

〔註31〕上海圖書館藏本相關信息經陳雷先生查證獲知，特致謝忱。
〔註32〕南京圖書館藏本相關信息經武心群先生查證獲知，特致謝忱。

（3）中研院傅斯年圖書館藏明嘉靖十八年（1539）贛州府刊本《憲綱事類》。據該館公布的信息可知，此書為三冊，第一冊為《憲綱事類目錄》、《憲綱》34 條、《憲體》，第二冊為《憲體》、《欽定風憲事宜》16 條，第 3 冊為《風憲忠告序》《風憲忠告目錄》《風憲忠告》《御史箴解序》《御史箴》《憲臣箴》。〔註 33〕據該館書目信息，此書的刊刻與嘉靖年間曾任左副都御史的王應鵬（1475～1536）有關。王應鵬，字天宇，號定齋，寧波鄞縣人，王陽明弟子。正德三年（1508）進士。先後任嘉定知縣（正德五年），福建監察御史（正德十年）、山東巡按（正德十五年）、河南按察司副使（嘉靖三年，1533）、大理寺少卿、僉都御史、保定巡撫、山西巡撫。嘉靖八年丁憂，嘉靖十年服闋起復，任都察院右副都御史。嘉靖十一年（1511），上疏言御史執掌十一事和禮儀四事。嘉靖十二年因事下詔獄，罷官歸，卒於鄉。王應鵬《定齋先生詩集》有嘉靖三十九年（1560）陸激刻本。（國家圖書館藏，善本書號 A01658。）王鈁《定齋先生詩集序》稱，王應鵬「至其官方，臨向紀績，隨之豈弟，班於邑國山嶽，動於觀風，五教身師，文彪蔚，六師殄寇，嚴翼孔劬。晚總臺章，朝綱凜立。夫其立功立事，敷布昭升，沛澤流聲後先今古，先生啟處，莫遑佚矣。」

另外，天一閣博物院還存有嘉靖十一年刻本《都察院奏明職掌肅風紀冊》不分卷，該書作者署名為王應鵬。〔註 34〕此書已收入《天一閣藏明代政書珍本叢刊》第 22 冊。

上述三部《憲綱事類》刻本，兩種可以明確認定為嘉靖刻本，而另一種的刊刻時間與地點不詳，並且該書上中下三卷只有兩卷為我們所知存於南北兩大圖書館，對此三卷本《憲綱事類》的研究尚待相關信息的進一步發現。

第四種《憲綱事類》是原北平圖書館藏弘治刻本。此書的基本信息已由古籍保護專家趙萬里、王重民先生所揭示。以下我們對該書做進一步的考察。

〔註 33〕史語所數位典藏資料庫整合系統，https://ihparchive.ihp.sinica.edu.tw/ihpkmc/ihpkm_op?.e02506A1120000A0000000010^000001000001000000000100036DE042d0

〔註 34〕中國古籍總目編纂委員會：《中國古籍總目·史部 6》，上海：上海古籍出版社，2009 年，第 3216 頁。

中研院傅斯年圖書館藏本

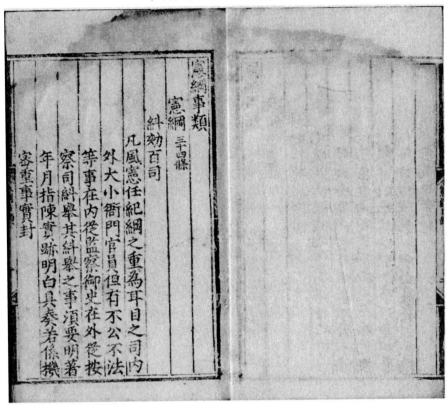

三、弘治本《憲綱事類》

原北平圖書館藏弘治刻本《憲綱事類》是目前所知最早的該書刊本。該書有「京師圖書館藏書」鈐印，當出自清學部圖書館舊藏。繆荃孫《清學部圖書館藏善本書目》著錄：「《憲綱事類》一卷。洪武中御史臺進，正統四年官刊本。」[註35]這裡的著錄並不準確。民國時趙萬里編《北平圖書館善本書目》時對此有修正。後者在《北平圖書館善本書目卷二‧史部》「政書類‧法令之屬」收錄古籍二十餘種，包括：《故唐律疏議》《重詳定刑統》《御製大誥》《御製大誥續編》《御製大誥三編》《大誥武臣》《大明律》《大明律例》《律解辯疑》《律條疏議》《御製新頒大明律例注釋招疑折獄指南》《淑問彙編》《刑部事宜》《憲綱事類　風憲忠告　御史箴集解》《風憲約》《督撫約》等。其中，《憲綱》著錄為：「《憲綱事類》一卷。《風憲忠告》一卷，元張養浩撰。《御

〔註35〕繆荃孫：《繆荃孫全集‧目錄‧清學部圖書館善本書目》，張廷銀等主編，南京：鳳凰出版社，2013 年，第 470 頁。

史箴集解》一卷，明薛瑄撰。明弘治刻本。」〔註36〕這部書與其他數千種古籍善本一起於 1934 年被南遷到上海，之後運抵美國國會圖書館寄存。1965 年，北平館的這批寄存善本被運送至臺灣，「《中央圖書館善本書目（增訂本）》」著錄為：「《憲綱事類》一卷《風憲忠告》一卷，元張養浩撰。附《御史箴集解》一卷，明薛瑄撰。明弘治辛亥（四年）山東巡按陳瑞卿刊本。北平。」〔註37〕目前，這批善本寄存在臺灣故宮博物院。

傅增湘也曾藏此《憲綱事類》。其《藏園補邵亭知見傳本書目》謂：「《憲綱事實》一卷，不著撰人名氏。《風憲忠告》一卷《御史箴》一卷，元張養浩撰。明刊本，九行十八字，白口，四周雙欄。《憲綱事實》前有正統四年敕，次目錄，分憲綱三十四條，憲體十五條。《風憲忠告》前有至正乙未林泉生序。《御史箴》前有宣德四年薛瑄序。三書同冊，頁碼分計。末有弘治辛亥周軫書《憲綱事類後》，言為陳瑞卿巡撫山東時所刊，則知此三書統名為《憲綱事類》。余藏。」〔註38〕傅氏何以明確了周軫跋文後，尚定該書為明刊本？或許是因為尚未細考陳瑞卿履歷事實之故。不過，傅氏已注意到既然周軫跋文稱「憲綱事類」，則所謂三書合一當有《憲綱事類》之名。甚至，傅氏在行文中故意將前面兩處「憲綱事類」寫成「憲綱事實」也未可知。傅氏家藏之本是否與北平館藏本有關？抑或是另外一本？由於沒有相關信息，只能付諸闕如。

在傅增湘之後，為該書撰寫提要者為王重民先生。其提要為：

《憲綱事類》一卷，附《風憲忠告》一卷《御史箴》一卷。一冊，北圖。明弘治間刻本。九行十八字。23.5cm×14.6cm。明宣宗敕定。《明太祖實錄》洪武四年正月戊戌云：「御史臺進擬憲綱四十條，上覽之，親加刪定，詔刊行。」又六年四月戊戌云：「重刊《律令憲綱》，頒之諸司，從監察御史答祿與權言也。」然則《憲綱》

〔註36〕趙萬里：《北平圖書館善本書目：一九三三年》，北京：人民文學出版社，2011 年，第 829 頁。

〔註37〕《國立中央圖書館善本書目（增訂本）·史部》，臺北：中央圖書館，1967 年，第 379 頁。據臺灣「中央圖書館」之「臺灣書目整合查詢系統」（https://metadata. ncl.edu.tw/blstkmc/blstkm?000A752AFBF5030200000000000200A00000000100 0000000^#tudorkmtop）標注：「本館前代管北平圖書館藏書，已移置故宮博物院，有微片。」

〔註38〕傅增湘：《藏園訂補邵亭知見傳本書目》，傅熹年整理，北京：中華書局，2009 年，第 423 頁。

在洪武間，已一再刊行。此本有正統四年上諭云：「《憲綱》之書，
肇於洪武，厥後官制不同，所宜因時改書。而中外憲臣，往往有任
情增益者。我皇考宣宗皇帝，敕禮部同翰林儒臣考定。凡出臣下所
自增者，並削去之。書成，先皇帝上賓，未及頒行。朕今於先朝所
考定中，益以見行事宜，而禮部即用刊印，頒布中外，諸司遵守。」
是此本為宣宗所定，英宗所頒行。後陳璧巡按山東，翻刻是書，並
附元張養浩《風憲忠告》，明薛瑄《御史箴》於後，即此本是也。
璧字瑞卿，高郵人，隸太原左衛軍籍，成化八年進士。周軫跋，弘
治四年（1491）。〔註39〕

　　王重民注意到該弘治刻本的主事者或者贊助人為御史陳璧（字瑞卿）。雷
禮《南京太僕寺志》卷十五、焦竑《國朝獻徵錄》卷六十一、過庭訓《本朝分
省人物考》卷九十九、《〔乾隆〕太原府志》卷三十六等皆有其傳記。《〔乾隆〕
太原府志》的傳記較為詳細：「陳璧，字瑞卿，陽曲人。成化壬辰進士。知嘉
興、武邑二縣，以強項著。擢監察御史，出按山東，辨太保劉珝獄。轉山東副
使，備兵臨清，為漕運地，奸弊叢生。璧至，裁省殆盡。遷本省按察使，有倚
法為奸者，立治之。遷南京太僕寺卿，清操皭然。建棲雲、環山二樓，攜佳客
諷詠競日，有康樂、香山遺風。三年，擢右副都御史，整飭薊州邊務，兼撫順
永三府。未幾，以病告歸。璧性抗直，居家孝友，重行誼。為御史時，偶觸兄
怒，長跪謝過。為副史，有僉事某舊與隙，比卒，傾囊賻之。後膺節鉞，遐賦
遂初，急流勇退，其風節尤足尚云。」〔註40〕（《〔乾隆〕太原府志》卷三十六）
過庭訓的記錄對於陳璧的任職時間記載最為詳細：「陳璧，字瑞卿，太原左衛
人。成化壬辰進士。授嘉興知縣，改武邑，擢監察御史，巡畿郡、山東，剛直
有威。弘治間，升山東按察司副使，整飭臨清兵備。權貴過者，皆斂戢。升按
察使，進南京太僕卿。正德初，升都察院右副都御史，整飭薊州等處邊備，兼
巡撫順天等府。以病致仕，尋卒，詔給祭葬。璧性戇直，居官無所屈撓，然剛
而少容，人以是惜之。」〔註41〕（過庭訓《本朝分省人物考》卷九十九）

　　據此可知，陳璧，字瑞卿，生卒年不詳。山西太原左衛軍籍，成化八年

〔註39〕 王重民：《中國善本書提要補編》，北京：北京圖書館出版社，1997年，第36
　　　　 頁。
〔註40〕 安捷主編：《太原府志集全》，太原：山西人民出版社，2005年，第1071頁。
〔註41〕 〔明〕過庭訓：《本朝分省人物考》，影印北京大學圖書館藏明天啟間刻本，
　　　　 《續修四庫全書》第535冊，上海：上海古籍出版社，2002年，第682頁。

（1472）進士。曾任浙江嘉興、武邑知縣，成化二十年（1483）升江西道監察御史，弘治三年（1490）出按山東，後升山東兵備副使，弘治十五年（1502）任南京太僕寺卿，十八年（1505）擢都察院右副都御史、巡撫順天。弘治間，陳璧為都察院監察御史，在出巡山東期間刊刻了《憲綱事類》。陳璧的同年、同僚周軫也參與其事，故有周氏跋文。據《莆陽進士名錄》可知，周軫（1432~1514），字公載，號恥庵，明福建莆田人，成化八年（1472）進士，任戶部主事、郎中、山東轉運使、江西按察使。〔註42〕

　　另外，《中國古籍總目》的著錄與《中國古籍善本書目》的著錄基本相同。而該書著錄《憲綱事類》一卷，則有三種版本：①明弘治四年山東巡按陳瑞卿刻本，北平圖書館藏；②明嘉靖三十一年曾佩刻本，上海圖書館、南京圖書館（殘）、天一閣博物院（殘）藏；③明刻本，南京圖書館（存卷中）藏。其著錄王廷相《申明憲綱》一卷，有明嘉靖三十一年曾佩刻本，上海圖書館、南京圖書館和天一閣博物院藏。其著錄薛瑄集解《御史箴》亦有三種刻本，即①明弘治四年山東巡按陳瑞卿刻本，北平圖書館；②明嘉靖三十一年曾佩刻本，上海圖書館、南京圖書館、天一閣博物院；③明刻本，國家圖書館。〔註43〕顯然，所謂的三種不同版本的《御史箴》其實是兩種完整的《憲綱事類》所附之書，而另外一種僅存《風憲忠告》《御史箴》的明刻本，也《憲綱事類》三卷本的殘存本。所以，薛瑄集解的《御史箴》，除了薛瑄本人文集收錄之外，能夠見到的版本基本都出自《憲綱事類》的不同版本。

　　總之，明弘治本《憲綱事類》是目前所知存世最早的完整的監察法讀本。之後有所謂的明刻本、嘉靖十八年刻本、嘉靖三十一年刻本等不同版本。

　　該書從內容上來說，從目前存世的古籍來看，最開始包括兩個部分，即敕定《憲綱》和五種監察相關文獻，即元張養浩《風憲忠告》、明薛瑄《御史箴集解》和《憲臣箴》《分司箴》。其後，編輯者又增加了嘉靖年間的監察事例文獻，如《申明憲綱》之類。這幾種文獻構成了一部較為完整的《憲綱》讀本，是一部反映古代監察思想與制度的文本，也是我們研究中國古代監察思想的重要文獻。

　　「原北平圖書館甲庫善本」中的《憲綱事類》末有明弘治四年周軫跋文

〔註42〕林祖泉：《莆陽進士名錄》，福州：海峽文藝出版社，2013年，第189頁。
〔註43〕中國古籍總目編纂委員會：《中國古籍總目·史部6》，上海：上海古籍出版社，2009年，第3219頁。

——《書憲綱事類後》。周軫說：

> 《憲綱事類》，監察御史太原陳公瑞卿巡按山東時所刊行者。公持憲嚴甚，入而糾舉，出而巡歷，一遵《憲綱》成命。以是書頒自朝廷，得之少，而或懼於咎，非但為風憲者當知也，急急欲刊行之。又以元臣張養浩《風憲忠告》並《御史箴》皆所以羽翼乎《憲綱》，亦人所□□□，因以類附之。余讀《元史》，摭元季之所□□競，皆由於風憲。蓋風憲所以肅百僚，百僚所以牧百姓而分庶務，其關係之重，有如此。雖然繩人以法，又不若教之，使之率德而改行□，仁人君子之用心，正養浩所謂深得風憲之體者。然則陳公之刊行是書，又附錄之以類，其意當如何耶，其意當如何耶。弘治辛亥四月之望運使莆田周軫書。

　　在著錄這部書的版本時，古籍工作者或據周軫跋文中的「《憲綱事類》，監察御史太原陳公瑞卿巡按山東時所刊行者」和「弘治辛亥（即弘治四年）」這兩段話，將該書定為明弘治四年陳瑞卿刻本。

　　以上，是我們對《憲綱事類》一書的版本情況所作的初步考察。下面，我們圍繞這部古籍進行歷史的考察，以回答何以《憲綱事類》有多個不同版本出現？它在明代書籍中又有何種獨特性值得我們關注？以及我們能夠在此書的考察中發現明代刻書的何種樣式？

四、古今官制一大變局

　　《憲綱》一書是一部監察法典。文官制度的良性運行離不開監察制度的完善。建立監察機關的目的是為了以之為耳目，以之維繫綱紀，從而實現政治的清明和社會的安定，從而實現文官制度的穩定。明代的監察制度承續了前代傳統，同時又形成了自己的特色。從機構來說，明代的監察機構分中央和地方兩個系統，中央機構為都察院，地方機構為按察司及其下屬機構。都察院就是明代的監察部。

　　朱元璋從一開始就注重監察制度和監察人員隊伍建設。1366 年，他就明確提出要注重風憲綱紀，他要求「按察司僉事周禎等定議按察事宜，條其憲綱所當務者以進。」並且表示：「風憲紀綱之司，惟在得人，則法情弊革。人言神明能行威福，鬼魅能為妖禍。爾等若能興利除害，輔國裕民，此即神明。若陰私詭詐，蠹國害民，此即鬼魅也。凡事當存大體。有可言者，勿緘默不

言。有不可言者，勿沽名賣直。苟察察以為明，苛刻以為能，下必有不堪之患，非吾所望於風憲矣。」〔註44〕（《太祖實錄》卷十九）朱元璋還說：「喪亂之後，法度縱弛，當在更張，使紀綱正而條目舉。其要在明禮義，正人心，厚風俗以為本也。」〔註45〕（《太祖實錄》卷十九）次年（吳元年，1367），朱元璋即按前朝慣例設置御史臺及各道按察司御史。朱元璋告誡鄧愈、湯和、劉基等御史大臣說：「國家新立，惟三大府總天下之政。中書政之本，都督府掌軍旅，御史臺糾察百司，朝廷紀綱盡繫於此。而臺察之任，實為清要。卿等當思正己以率下，忠勤以事上。蓋己不正則不能正人，是故治人者必先自治，則人有所瞻仰。毋徒擁虛位而漫不可否，毋委靡因循以縱奸長惡，毋假公濟私以傷人害物。《詩》云『剛亦不吐，柔亦不茹。』此大臣之體也。卿等勉之。」〔註46〕（《太祖實錄》卷二十六）

明代的監察機構從御史臺到都察院，其設置歷朝皆有變化。據《大明會典》所載都察院變革可知：「國初置御史臺，從一品衙門，設左右御史大夫、御史中丞、侍御史、治書御史、殿中御史、經歷、都事、照磨、管勾、監察御史、譯事、引進等官。洪武十三年，改正二品衙門，設左右中丞。十四年，始改都察院，為七品衙門，止設監察御史。又分設浙江、江西、福建、北平、廣西、四川、山東、廣東、河南、陝西、湖廣、山西道監察御史。十六年，升正三品衙門，設司務。十七年，始陞正二品衙門，定設左右都御史、左右副都御使、左右僉都御史、經歷、都事、十二道監察御史。二十九年，置照磨所照磨、檢校。永樂元年，改北平道為北京道。十九年，北平道革，添設貴州、交阯、雲南三道。宣德十年，交阯道革，共十三道。」（正德四年《大明會典》卷一百六十四，國家圖書館藏本。）

御史臺成立之後，很快形成了規範化的制度，以制度化的管理成為傳統文官系統組織的一部分。洪武四年（1371），作為監察法例的明代監察條規即制定完成，並正式命名為《憲綱》。《明太祖實錄》卷六十記載，洪武四年正月己亥，「御史臺進《憲綱》四十條，上覽之，親加刪定，詔刊行頒給。因謂臺臣曰：『元時任官，但貴本族，輕中國之士，南人至不得入風憲，豈是公道。朕之用人，惟才是使，無問南北。風憲作朕耳目，任得其人，自無壅蔽之患。』

〔註44〕《明太祖實錄》，臺北：「中央研究院」歷史語言研究所，1962年，第260頁。
〔註45〕《明太祖實錄》，第273頁。
〔註46〕《明太祖實錄》，第396～387頁。

殿中御史唐鐸對曰：『臣聞元時遣使宣撫百姓，初出之日，四方驚動。及至，略無所為而去。百姓為之語曰：「奉使宣撫，問民疾苦。來若雷霆，去若敗鼓。」至今傳以為笑。今陛下一視同仁，任官惟賢，尤重風憲，明立法度，所以安百姓、興太平。天下幸甚。臣等敢不精白一心，欽承聖意。』」〔註47〕（《明太祖實錄》卷六十）此事在陳建（1497～1567）陳建《皇明通紀法傳全錄》卷五〔註48〕、雷禮（1505～1581）《國朝列卿紀》卷十四〔註49〕等典籍中都有詳細記載。不管是《明太祖實錄》《皇明通紀法傳》，還是《國朝列卿紀》，都說明早在明朝開國之初，監察法規已由監察機關提出，並經皇帝審定後頒行。這就是最初的《憲綱》。它反映了明朝立國之初「尤重風憲，明立法度」的政府組織願景和立法原則，它以法律形式確定了監察機構的職能和任務，標誌著監察法典化的重要進程。然而，《憲綱》隨著御史臺的裁撤（洪武十三年，1380）和都察院的設立（洪武十五年，1382）而有了新的變化。沈家本謂：「（明）太祖承前制，設中書省，置左右丞相。十三年正月誅丞相胡惟庸，遂罷中書省，析中書省之政歸六部，以尚書任天下事，侍郎貳之。其糾劾則責之都察院，章奏則達之通政司，平反則參之大理寺，外設都、布、按三司，分隸兵刑錢穀，其考核則聽於府部。此古今官制之一大變局也。」〔註50〕（《歷代刑法考·歷代刑官考下》）

都察院的設立，改變了漢唐以來延續的以御史制度，特別是唐代設立的御史臺三院制（臺院、殿院和察院），查糾為務、系統組織的監察機構成為官職體系的組成部分。據《〔正德〕大明會典》都察院之「諸司職掌」條記載：「左右都御史、副都御使、僉都御史，職專糾劾百司、辨明冤枉、提督各道及一應不公不法等事。其屬有十二道監察御史。凡遇刑名，各照道，分送問發落。其有差委監察御史，出巡、追問、審理、刷卷等事，各據事目請旨點差。」（《〔正德〕大明會典》卷一百六十四，國家圖書館藏，第1～2頁）其後，隨著都察院的體

〔註47〕《明太祖實錄》，第1763頁。

〔註48〕〔明〕陳建撰、高汝栻訂、吳楨增刪：《皇明通紀法傳全錄》，影印浙江圖書館藏明崇禎九年刻本，《續修四庫全書》第357冊，上海：上海古籍出版社，2002年，第102頁。

〔註49〕〔明〕雷禮：《國朝列卿紀》，影印北京大學圖書館藏明萬曆間徐鑒刻本，《續修四庫全書》第522冊，上海：上海古籍出版社，2002年，第255頁。

〔註50〕沈家本：《歷代刑法考·刑事卷》，北京：商務印書館，2017年，第528～529頁。

系建制化，都察院職責更加豐富。據《〔萬曆〕大明會典》記載：

「正統四年定，凡都察院，並監察御史、按察司，綱紀所繫，其任非輕，行事之際，一應諸衙門官員人等，不許挾私沮壞，違者杖八十。若有干礙合問人數，敢無故占恡不發者，與犯人同罪。凡都察院官，及監察御史、按察司官吏人等，不許於各衙門囑託公事。違者比常人加三等，有贓者從重論。凡監察御史，行過文卷，從都察院磨勘。按察分司，行過文卷，聽總司磨勘。如有遲錯，即便舉正，中間果有枉問事理，應請旨者，具實奏聞。凡監察御史、按察司官，巡歷去處，所問公事，有擬斷不當者，都察院、按察總司，隨即改正。當該吏典，罪之如律。仍將原問御史，及分司官，擬斷不當事理，具奏得旨，方許取問。凡告有司官吏人等取受，或出首贓私等事，直隸赴巡按監察御史，在外赴按察司，並分司，及巡按監察御史處陳告，追問明白，依律施行。其應請旨者，奏聞拏問。若軍官有犯，在京從都察院，在外從巡按監察御史，按察司並分司，密切奏請施行。其各都司，及衛所首領官，有犯即便拏問。凡監察御史，按察司官，巡歷去處，所聞有司等官，守法奉公，廉能昭著，隨即舉聞。若奸貪廢事，蠹政害民者，即便拏問。其應請旨者，具實奏聞。若知善不舉，見惡不拏，杖一百，發煙瘴地面安置。有贓，從重論。凡國家政令得失，軍民利病，一切興利除害等事，並聽監察御史、按察司官，各陳所見，直言無隱。若建言創行事理，必須公同評議，互相可否，務在得宜，方許實封陳奏。凡按察司官，斷理不公不法等事，果有冤枉者，許赴巡按監察御史處聲冤。監察御史枉問，許赴通政司遞狀，送都察院伸理。都察院不與理斷，或枉問者，許擊登聞鼓陳訴。凡都察院，及按察司吏典，須於考退生員，與應取吏員，相參補用，不許用曾犯奸貪罪名之人。凡都察院合用筆墨心紅，具奏箚付京府。按察司合用筆墨心紅紙，札行移附郭府分。監察御史、按察分司，巡歷去處合用紙筆朱墨燈油柴炭，行移所在有司，並支給官鈔，收買應用，具實銷算。」（《〔萬曆〕大明會典》卷二百九，國家圖書館藏本，第1～4頁）

對比洪武與正統年間的都察院職責，我們會發現，御史的監察職權在文官系統內部得到了加強。各種規定也相應有了更為明確的職責認定。從政府職能來看，明代的都察院既是中央司法機關，是三法司之一，「三法司曰刑部、都察院、大理寺。刑部受天下刑名，都察院糾察，大理寺駁正。」〔註51〕（《明

〔註51〕〔清〕張廷玉等：《明史》，北京：中華書局，2011年，第2305頁。

史卷九十四・刑法二》）也是中央監察機關，「都御史專糾劾百司，辯明冤枉，提督各道，為天子耳目風紀之司。」更是全國一體聯動的監察機關，是督察各級政府官員的重要機構，「十三道監察御史，主察糾內外百司之官邪，或露章面劾，或封章奏劾。」〔註52〕（《明史卷七三・職官志二》）都察院主官為都御史、副都御使、僉都御史，下設機構有經歷司、司務廳、照磨所、司獄司以及十三道監察御史。「都御史職專糾劾百同，辯明冤枉，提督各道，為天子耳目風紀之司。」「十三道監察御史，主察糾內外百司之官邪，或露章面劾，或封章奏劾。」「凡政事得失，軍民利病，皆得直言無避。有大政，集闕廷預議焉。蓋六部至重，然有專司，而都察院總憲綱，惟所見聞得糾察。」〔註53〕（《明史卷七十三・職官二》）地方的監察機構主官為按察使、僉事，屬官有經歷司經歷、知事、照磨所照磨、檢校、司獄等，地方又設有分巡道、兵備道、提督學道、清軍道、驛傳道、水利道、屯田道、鹽法道、管河道、監軍道等。永樂年間，朱棣遷都北京以後，南北二京皆有都察院。沈家本謂：「都御史職專糾劾百司，辯明冤枉，提督各道，為天子風紀之司。大獄重囚會鞫於外朝，偕刑部、大理讞平之。十三道監察御史，在外巡按，則代天子巡守，所按藩服大臣、府州縣官，諸考察舉劾尤專，大事奏裁，小事立斷。按臨所至，必先審錄罪囚，弔刷案卷，有故出入者理辯之。」〔註54〕（《歷代刑法考・歷代刑官下》）

　　明代都察院不僅是一個政治機關，還是一個文化機關，都察院及其下屬機構參與文獻的編輯、刊刻，或為書籍出版發聲，或主動刊刻書籍，或贊助書籍出版，為我們瞭解明代歷史文化留下了相當多的文獻典籍，《憲綱》即其中之一。法律史、監察史學者一致認為，《憲綱》一書是中國古代第一部系統的監察條例。但是，該書的歷史樣貌卻令人困惑。據沈家本（1840～1913）《歷代刑法考・律令九》所述，明代「憲綱」的刻本極為稀見。他說，「《明志》：洪武六年夏，刊《律令憲綱》，頒之諸司。〔註55〕按：《憲綱》一書，《明志》不錄，惟《大明律讀法》引用諸書有《憲綱》若干條，在明時必有單行本。焦竑《國史經籍志》：『《憲綱》一卷。』」〔註56〕焦竑《國史經籍志》將《憲綱》與

〔註52〕〔清〕張廷玉等：《明史》，第 1768 頁。

〔註53〕〔清〕張廷玉等：《明史》，第 1767～1769 頁。

〔註54〕沈家本：《歷代刑法考・刑事卷》，北京：商務印書館，2017 年，第 529 頁。

〔註55〕這裡的《明志》即《明史・刑法志》，見：〔清〕張廷玉等：《明史》，第 2281 頁。

〔註56〕沈家本：《歷代刑法考・律令卷》，第 339～340 頁。

《英宗寶訓》《英宗實錄》《大明一統志》等同歸「敕修」書。〔註57〕沈氏提到《憲綱》在明時為律法，但具體情況如何則相當含混。我們認為存在以下問題有待討論。

首先，《憲綱》並非刑法法典，而是監察法典，故而《明史‧刑法志》不錄是較為合理的。史籍中明確有洪武四年制定《憲綱》的記載，這與兩年後的《律令憲綱》「刊行頒給」的記錄似乎並不一致，值得我們思考。《明史‧刑法志》中所謂的「《律令憲綱》」是否為沈家本按語中所說的「《憲綱》」一書，尚不明確。楊一凡指出，洪武年間頒行的制書中有法律效力者包括《大明令》《大明令》《律令直解》《律令憲綱》《洪武禮制》等數十種，但《律令直解》《律令憲綱》等皆以失傳。〔註58〕也即，他認為，《憲綱》和《律令憲綱》並不一樣。

其次，《憲綱》一書確為《明史》所著錄。雖然《刑法志》未著錄《憲綱》，但在《藝文志》中則有。我們看到，《明史‧藝文志》著錄四部典籍頗夥。史部分為正史、雜史、史抄、故事、職官、儀注、刑法、傳記、地理和譜牒等十個大類。職官類著錄書籍 93 部 1479 卷，與監察相關的有著作包括：《諸司職掌》十卷（洪武中，翟善等編）、《憲綱》一卷（洪武中，御史臺進）、《官制大全》十六卷、王廷相《申明憲綱錄》一卷、劉宗周《憲綱規條》一卷、傅漢《風紀輯覽》四卷、符驗《留臺雜記》八卷、何出光《蘭臺法鑒錄》二十三卷、徐必達《南京都察院志》四十卷等數種。〔註59〕（《明史卷九十七‧志第七十三》）

第三，《憲綱》及相關讀本的存世情況需要我們考察。沈家本說：「歷代之典章其存於今者鮮矣。」〔註60〕清宣統二年（1910），沈家本見到許溯伊收藏的《日本保淳本明律》，他本人收藏有這部書，為許氏書寫了一通題跋。沈氏說：「國朝（清）律例承於前明，而明律傳本世不多覯。余所見者，僅有嘉靖本、隆慶本、萬曆十三年本、三十八年本、箋釋本。單行《問刑條例》則有崇禎本外，此又有日本本。……吾友董綬金（董康，1867～1947）奉使東渡，曾觀其國庫所藏書，明律有六十餘種之多，可為巨觀。考《明史‧藝文志》所收

〔註57〕王承略、劉心明主編：《二十五史藝文經籍志考補萃編第23卷》，北京：清華大學出版社，2014年，第10頁。

〔註58〕楊一凡：《明代立法研究》，北京：中國社會科學出版社，2013年，第213頁。

〔註59〕〔清〕張廷玉等：《明史》，第2393～2396頁。

〔註60〕沈家本：《寄簃文存》，北京：商務印書館，2017年，第243頁。

講律之書不過十餘種,即范氏天一閣所藏之本有為《志》所未錄者,知其遺落者多矣。竊嘗怪自來好古之士,搜討前人遺籍,每於風雲月露之詞,遊戲應酬之作,什襲而珍藏之,而有關掌故者多不關心,法家之書尤所摒棄。抑之歷代因革損益,以及法系之源流,非取其遺籍參籍而會通之,不能深明其故。好學之士,考求往事而圖籍散亡,多以為恨。海外之人乃能刊布流傳,其所見為何如哉。」〔註61〕沈家本所說的《大明律讀法》今未見,其中內容存在於《大明律集解附例》一書中,全稱為《大明律讀法書》。光緒三十四年(1908),沈氏曾以萬曆三十八年(1610)巡按浙江等處都察院右僉都御史高舉刻本為底本重刊《明律集解附例》,而此書尚有萬曆二十九年(1601)巡按直隸監察御史應朝卿刻本。〔註62〕由此,我們可以推測,都察院的刻書中當有《憲綱》。

　　第四,明代的監察史籍,有多種存留至今。《中國古籍總目》將符驗《留臺雜記》等則歸入「史部政書類・職官之屬」的「官制」目,而將憲綱類著作歸入「官箴」目。〔註63〕古籍編目學家將《憲綱事類》一書歸入「官箴」類目,當是從《四庫全書總目》的分類。在《四庫全書總目》中,「官箴」和「官制」皆為「職官類」的類目。四庫館臣說:「前代官制,史多著錄,然其書恒不傳。《南唐書・徐鍇傳》稱:『後主得齊職制,其書罕觀,惟鍇知之。今亦無舉其名者。世所稱述《周官》外,惟《唐六典》最古耳。』蓋建官為百度之綱,其名品職掌,史志必撮舉大凡,足備參考。故本書繁重,反為人所倦觀。且惟議政廟堂,乃稽舊典。其間如元豐變法,事不數逢。故著述之家,或通是學而無所用,習者少則傳者亦稀焉。今所採錄,大抵唐宋以來一曹一司之舊事,與儆戒訓誥之詞。今釐為『官制』『官箴』二子目,亦足以稽考掌故,激勸官方。明人所著率類州縣志書,則等之自鄶矣。」〔註64〕(《四庫全書總目》卷七十九)四庫館臣著錄「官制」著作十五部三百六十五卷,存目四十二部三百五十四卷;「官箴」著作六部十七卷,存目八部一百七卷。張養浩《三事忠告》被歸入到「官箴」類目。問題是,《憲綱事類》與四庫館臣著錄的「官箴」類書書籍,如《州縣提綱》《官箴》《百官箴》《晝簾緒論》

〔註61〕沈家本:《寄簃文存》,第 232～233 頁。

〔註62〕張伯元:《〈大明律集解附例〉集解考》,《華東政法學院學報》,2000 年第 6 期,第頁。

〔註63〕中國古籍總目編纂委員會:《中國古籍總目・史部 6》,上海:上海古籍出版社,2009 年,第 3219 頁。

〔註64〕〔清〕永瑢等:《四庫全書總目》,北京:中華書局,2003 年,第 682 頁。

《三事忠告》《御製人臣儆心錄》等書是不同性質的著作，如果我們以《憲綱事類》一書中有屬於「官箴」的《風憲忠告》，從而將該書想當然地歸入「官箴」類目，是不夠準確的。那麼，《憲綱》類的著作性質在史部典籍中又當如何歸屬呢？

由於存在以上的問題，我們就需要對現存的《憲綱事類》一書進行細緻考察，要對其書的編纂、刊刻等展開書籍史的周密研究。目錄學家余嘉錫（1884～1955）曾說，古書目錄不能做成戶口魚鱗冊和米鹽流水簿，而是要盡可能地揭示古書的面目，他特別強調：「刻書之時有不同，地有不同，人有不同，則其書必不盡同，故時當記其紀元干支；地當記其府州坊肆；人當記其姓名別號。又不第此也，更當記其卷帙之分合、篇章之完闕、文字之同異，而後某書之為與否，庶乎其有可考也。」〔註65〕（《余嘉錫論學雜著·藏園群書題記序》）要對一部書的刊刻時代、刻書地點、主事人物加以記錄，還要對內容本身進行考察，對文本展開校勘，如此方為現代的版本目錄之學，如此才能有助於學術進步。

五、諸司職掌與憲綱事

將監察事項以法典則例的形式固定下來，始於《憲綱》。從法律史來看，律書以戰國時代李悝《法經》六篇，到漢蕭何增加事律三篇，形成了《九章之律》。從魏晉以至於明代，雖然歷代有篇目增加，比如北齊有十二篇、隋朝有《開皇律》，但大綱未嘗有根本性的改變。所謂的大綱未變，是說此前的中央政府組織有以統轄的中書機構，律法也因此未嘗以單一部門為主體加以分立。

明朝洪武十三年胡惟庸事件之後，「千數百年之律書，至是而面目為之一大變者，實時為之也。」有明一代律例，也並非固定不變，而是有隨時增損的特點。〔註66〕《憲綱》一書也反映了這樣的歷史演變。雖然從目前所知的史料來看，《憲綱》之名義出於洪武四年，並於洪武六年以律令的形式出現，但該書的早期版本情況如何，並不為後世法律學者所熟知。到目前為止，我們也沒有見到相關的史料來證實從洪武年間開始都察院按照《憲綱》這一法典運行的歷史。實際上，從洪武到正統之間，《諸司職掌》才是包括都察院在內的政府

〔註65〕余嘉錫：《余嘉錫論學雜著》2版，北京：中華書局，2007年，第570頁。
〔註66〕沈家本：《寄簃文存》，第179頁。

機構的基本準則。

國家圖書館藏明刻本《諸司職掌》（清沈家本跋，善本書號 15163）「都察院」條下先列左右都御史等職責：「左右都御史、副都御使、僉都御史，職專糾劾百司，辯明冤枉，提督各道，及一應不公不法等事。其屬有十二道監察御史。凡遇刑名，各照道，分送問發落。其有差委監察御史，出巡、追問、審理、刷卷等事，各具事目，請旨點差。」次十二道監察御史設置、管轄及其職責範圍，其「十二道監察御史執掌」有糾劾百司、問擬刑名、出巡、刷卷、追問、審錄等項。其中，「糾劾百司」有六條：（1）凡文武大臣，果係姦邪小人，構黨為非，擅作威福，紊亂朝政，致令聖澤不宣，災異迭見，但有見聞，不避權貴，具奏彈劾；（2）凡百官有司，才不勝任，猥瑣闒茸，善政無聞，肆貪壞法者，隨即糾劾；（3）凡大小祭祀，敢有臨事不恭，牲幣不潔，褻瀆神明，有乖奠禮，失於舉行，及刑餘疾病之人陪祭執事者，隨即糾劾；（4）凡朝會行禮，敢有攙越班次，言語喧嘩，有失禮儀，及不具服者，隨即糾問；（5）凡在外有司，擾害善良，貪贓壞法，致令田野荒蕪，民人受害，體訪得實，具奏提問；（6）凡學術不正之徒，上書陳言，變亂成憲，希求進用，或才德無可稱，挺身自拔者，隨即糾劾，以戒奔競。〔註67〕

對比《憲綱》條文，我們可以看到其中歷史的演變。《憲綱》中第 1 條題「糾劾百司」：「凡風憲，任綱紀之重，為耳目之司。內外大小衙門官員，但有不公、不法等事，在內從監察御史，在外從按察司糾舉。其糾舉之事，須要明著年月，指陳實跡，明白具奏。若係機密重事，實封御前開拆。並不許虛文泛言。若挾私搜求細事，及糾言不實者，抵罪。」顯然，《憲綱》與《諸司職掌》的規定有所區別。而且上述都察院執掌條文中有關大小祭祀、朝會行禮等條目也被《憲綱》分別列入到朝會禮儀、祭祀禮儀等相關條款中。這說明，《憲綱》的完成當是晚於《諸司職掌》，也即我們可以認定《憲綱》為正統年間敕定，而所謂的洪武初年即有《憲綱》頒布，其文本與此當有出入。

《憲綱》完成之後，都察院的事業發展並未因此而固化，《憲綱》也未必就是具文而已。從正統到晚明，都察院的相關事例，仍在不斷的充實中。我們以收錄《憲綱》的《大明會典》為例就可窺其一斑。〔註68〕正德四年，李

〔註67〕《諸司職掌》十卷，影印國家圖書館藏明刻本，《續修四庫全書》第 748 冊，上海：上海古籍出版社，2002 年，第 768 頁。
〔註68〕《大明會典》自弘治十年（1497）首創，正德四至六年（1509～1511）李東陽

東陽、焦芳、楊廷和等奉敕編《大明會典》，以《諸司職掌》《皇明祖訓》《大誥》《大明令》《大明集禮》《洪武禮制》《禮儀定式》《稽古定制》《孝慈錄》《教民榜文》《大明律》《軍法定律》《憲綱》等書為依據纂集。其中，都察院有三卷，即「選用風憲」「點差御史」「考察百司」「審錄重囚」「月報罪囚」「巡撫地方」「糾劾百司」「問擬刑名」（卷一百六十四）、「出巡」「刷卷」（卷一百六十五）、「追問」「審錄」「清軍」「提學」「巡城」「巡關」「巡茶馬」「巡鹽」「巡河」「捕盜」「盤糧」「雜差」「南京都察院」（卷一百六十六）（國家圖書館藏明正德六年刊本，善本書號 A00403。）每條先列「憲綱」，次述「事例」。比如，「選用風憲」條之「憲綱」：「凡都察院各道監察御史，並首領官、按察司官，自今務得公明廉重、老成歷練之人，奏請除授，不許以新進士初仕，及知印承差吏典出身人員充用。」此即《憲綱》第 31 條原文。會典事例方面，錄宣德、正統、景泰、成化、弘治間相關選用事，比如「弘治十五年奏准，今後御史有缺，照《憲綱》例，於博士、行人、知縣、推官，並教官內，考選歷練老成者除補。」此《〔正德〕大明會典》，在都察院事項方面嚴格貫徹了《憲綱》，將歷朝事例逐條排列，為我們瞭解《憲綱》的具體執行提供了詳盡的史料。

萬曆年間，張居正、申時行等先後奉敕編纂《大明會典》，其書編集方式與正德本相較而言，有了較大的變化，特別是卷二百九至二百十一之都察院部分，改變了以「憲綱」「事例」為次序的編纂方式，而是將歷朝故事以新的方式排序。其分類為：「風憲總例」「督撫建置」「各道分隸」「糾劾官邪」「考核百司」「急缺選用」（卷二百九）、「奏請點差」「出巡事宜」「照刷文卷」（卷二百十）、「回道考察」「問擬刑名」「追問公事」「審錄罪囚」「監禮糾儀」「撫按通例」「南京都察院」（卷二百十一）（國家圖書館藏明萬曆十五刊本，善本書號 19503。）此本都察院之「風憲總例」謂：「在京都察院，及十三道在外按察司，俱稱風憲衙門，以肅政飭法為職。見《諸司職掌》，及正統中所定《憲綱》，條例甚備，各以類分，列其通行，難附者載此。」下開歷朝風憲事項，首列洪武二十六年《諸司職掌》都察院職責，次列正統年間的規定條文。

等奉敕編修，為一百八十卷，並由司禮監刊行；嘉靖時有修補，萬曆年間張居正、申時行等重修，為二百二十八卷，並刊行。此萬曆本後收入《四庫全書》，為通行本。詳見：原瑞琴：《〈大明會典〉版本考述》，《中國社會科學院研究生院學報》，2011 年第 1 期，第 136～140 頁；原瑞琴：《〈大明會典〉研究》，北京：中國社會科學出版社，2009 年，第 108～130 頁。

　　萬曆版《大明會典》「糾劾官邪」條首列洪武二十六年《諸司職掌》中都察院「糾劾百司」之規定:「凡文武大臣果係姦邪小人構黨為非,擅作威福,紊亂朝政,致令聖澤不宣,災異迭見,但有見聞,不避權貴,具奏彈劾。○凡百官有司才不勝任,猥瑣闒茸,善政無聞,肆貪壞法者,隨即糾劾。○凡在外有司,擾害善良,貪贓壞法,致令田野荒蕪,民人受害,體訪得實,具奏提問。○凡學術不正之徒,上書陳言,變亂成憲,希求進用,或才德無可稱述,而挺身自拔者,隨即糾劾,以戒奔競。」〔註69〕不過,此處沒有引用《諸司職掌》中「凡大小祭祀,敢有臨事不恭,牲幣不潔,褻瀆神明,有乖奠禮,失於舉行,及刑餘疾病之人陪祭執事者,隨即糾劾」和「凡朝會行禮,敢有摻越班次,言語喧嘩,有失禮儀,及不具服者,隨即糾問」兩條。〔註70〕

　　而這兩條在正德版《大明會典》中是保留了的。正德版《大明會典》先開立職掌條文,次錄《憲綱》文6條,即「(1)凡風憲,任綱紀之重,為耳目之司,內外大小衙門官員,但有不公不法等事,在內從監察御史,在外從按察司糾舉。其糾舉之事,須要明著年月,指陳實跡,明白具奏。若係機密重事,實封,御前開拆。並不許虛文泛言。若挾私搜求細事,及糾言不實者抵罪。(2)凡大朝會行禮,若有失儀,聽糾儀御史舉劾。常朝,大小衙門官員奏事,理有未當,及失儀者,聽侍班御史,並給事中劾奏,依律罰俸。(3)凡祭祀郊社、宗廟、山川等神,若有怠於職事,及失儀者,並聽糾儀御史舉劾,依律責罰。(7)凡糾舉官員,生殺予奪,悉聽上命。若已有旨發落,不許再劾。(8)凡都察院、按察司堂上官,及首領官,各道監察御史、吏典,但有不公不法,及曠職廢事,貪淫暴橫者,許互相糾舉。毋得徇私容蔽。其所糾舉,並要明具實跡,奏請按問明白,覆奏區處。其有挾私妄奏者,抵罪。(23)凡國家政令得失,軍民利病,一切興利除害等事,並聽監察御史、按察司官,各陳所見,直言無隱。若建言創行事理,必須公同評議,互相可否,務在得宜,方許實封陳奏。」〔註71〕(《〔正德〕大明會典》卷一百六十四)

　　萬曆版《大明會典》則在節錄諸司職掌後,開列正統至嘉靖年間的相關規

〔註69〕　《諸司職掌》,影印國家圖書館藏明刻本,《續修四庫全書》第748冊,上海:上海古籍出版社,2002年,第768頁。

〔註70〕　《諸司職掌》,第768頁。

〔註71〕　〔明〕李東陽等:《〔正德〕大明會典》卷一百六十四,明正德四年(1509)司禮監刻本,國家圖書館藏本,第20〜21頁。http://read.nlc.cn/OutOpenBook/OpenObjectBook?aid=892&bid=18565.0

定。其正統事例為：

> 正統四年定，凡風憲任紀綱之重，為耳目之司，內外大小衙門
> 官員，但有不公不法等事，在內從監察御史，在外從按察司糾舉，
> 其糾舉之事，須要明著年月，指陳實跡，明白具奏，若係機密重事，
> 實封御前開拆，並不許虛文泛言，若挾私搜求細事，及糾言不實者
> 抵罪。○凡糾舉官員，生殺予奪，悉聽上命，若已有旨發落，不許再
> 劾。○凡都察院、按察司堂上官，及首領官各道監察御史、吏典，但
> 有不公不法，及曠職廢事，貪暴橫者，許互相糾舉，毋得狗私容，
> 蔽其所糾舉，並要明具實跡奏請，按問明白，核奏區處，其有挾私
> 妄奏者抵罪。

按照弘治年間修《會典》凡例「事例出朝廷所降，則書詔，曰敕。臣下所
奏，則書曰奏准，曰議准、曰奏定、曰議定，或總書曰令。或有增革減罷者，
則直書之。若常行而無所考據者，則指事分款，以字別之，其事繫於年。或年
繫於事者，則連書之。繁瑣不能悉載者，則略之。」（《會典凡例》）萬曆版中
所謂「正統四年定」即《憲綱》第 1、7、8 條。相較於正德版條文，萬曆版刪
掉了第 2、3 和 23 條。何以此處不稱敕，而謂定，其原因不詳。可以想見的
是，萬曆編纂《大明會典》時，編纂者對於《憲綱》已經做了歷史性的處理，
即《憲綱》已經不再具有經典的地位，而是和其他朝廷法令一樣都成為過往的
事例。因此，在正統所定條例之下，又開列正德、嘉靖事例：

> 正德元年令，凡不公不法之事，奉有明旨，令科道官記著者，
> 務要即時糾舉，不許隱匿遺漏。○十四年令，撫按官，不許互相薦
> 舉，如有不公不法，仍照《憲綱》互相糾劾。

> 嘉靖二十七年題准，凡巡按御史彈劾三司不職，按察司官亦得
> 糾巡按失職，不許科道官挾私報復，巡按清軍巡鹽刷卷，御史同事
> 地方固宜同寅協恭，亦要互相糾察，以清憲體。〔註 72〕（以上載
> （《〔萬曆〕大明會典》卷二百九）

《〔萬曆〕大明會典》所列都察院糾察百官事宜，明顯是以《諸司職掌》
條文為主要依據展開敘述的，改變了此前以《憲綱》為依據展開的敘事邏輯。
從正德和萬曆兩部《大明會典》中都察院的相關職責與事項規定可見，監察機

〔註72〕 〔明〕申時行等：《〔萬曆〕大明會典》卷二百九，明萬曆十五年（1587）內府
　　　　刻本，國家圖書館藏本，第28～30頁。

構在明代不斷完善，相關的事業發展也在不同的歷史時期有所側重，從洪武時代要求的彈劾權貴構黨、糾劾不勝任官員、糾劾害民之官等，發展到正統規定的不准栽贓、已發落者不究、允許相互糾察，再到正德時期要求的及時糾舉、防止相互舉薦，再到嘉靖年間規定的巡按與按察當互糾互察，說明了不同時代監察的導向變化。

值得注意的是，《諸司職掌》中糾劾條文在《憲綱》和《大明會典》中皆有延續，不過表述的事項不再以糾劾為題。比如「凡朝會行禮，敢有攙越班次，言語喧嘩，有失禮儀，及不具服者，隨即糾問」一條，《憲綱》中為第 2 條，即「朝會禮儀」：「凡朝會行禮，若有失禮儀，聽糾儀御史舉劾。常朝大小衙門官員奏事，理有未當，及失儀者，聽侍御班史並給事中劾奏，依律罰俸。」〔註73〕顯然，「朝會禮儀」的規定要比《諸司職掌》中的規定更加明確。

從《諸司職掌》到《憲綱》，再到正德、萬曆時的《大明會典》，明代政府關於監察機構的行政法律在不斷的完善過程中。按照《大明會典》的記錄，明代監察法律的制定，以上述洪武時期的《諸司職掌》和正統年間的《憲綱》為明文法典。而我們要瞭解明代都察院的規範化建設，則需要結合《憲綱》和正德、萬曆時的《大明會典》進行細緻的研究。

六、洪武永樂以來祖宗所定

《憲綱》是我國古代的一部監察法典。它的編集緣起於明初朱元璋時代，以《憲綱》作為書名，出於洪武初年，而該書正式成為國家監察法典則是英宗正統四年的故事。當然，《憲綱》單刻本今未得見。我們能見到的最早的刊本是都察院御史陳璧編刊的《憲綱》讀本，即弘治四年刻本《憲綱事類》。

《憲綱》是明代中央政府頒布的對監察官員行為進行規範的法律，包括官員職守、行事規則、禮儀、綱紀以及懲處等內容。全書分為憲綱（34 條）、憲體（15 條）、出巡相見禮儀（4 條）、巡歷事例（36 條）、刷卷條格（6 條）等，共計 95 條。憲綱包括：糾劾百司、朝會禮儀、祭祀禮儀、點差御史、百吏取受、囑託公事、禁再糾劾、互相糾劾、出巡期限、出巡隨從、分巡迴避、巡視倉庫、追問刑名、親問公事、理斷詞訟、沮壞風憲、裝誣風憲、擬斷公事、約會問事、巡按失職、照刷文卷、審理罪囚、直言所見、舉明孝義、巡按卷宗、

〔註73〕劉海年、楊一凡：《中國珍稀法律典籍集成乙編》第 2 冊，北京：科學出版社，1994 年，第 34 頁。

聲訴冤枉、官吏訴罪、迴避讎嫌、禁約迎送、講讀律令、選用風憲、選用吏典、比律事理、公用對象等條目。和很多古代典籍一樣，這部監察法典的正統四年原刻本至今未有發現。

《憲綱》涵蓋了國家監察的原則與細則，內容包括憲綱、憲體、出巡禮儀、巡歷事例、刷卷條格等，對明代的監察官員的職責、職能、職權、地位、任用、監察內容、監察對象、行使權力的方式方法、監察紀律等做了全方位的規定。這部書不僅具有監察法律史的意義，更具有政治象徵的價值，「是一部所定憲例甚備的監察法典」。〔註74〕作為國家官僚體系的一部分，明代的監察機關從一開始就有成文的規章，形成了較為完備的部門行政規範。

監察部門就是執行國家風憲綱紀的機構。監察部門的人員，不僅是國家行政機關的工作人員，更擔負著對其他國家機關的督察、監視和制衡的職能，因此，監察機關的制度化和法治化建設，既是監察機構本身成長發展的需要，也是政府良性運行的需要，唯有不斷將優秀人才吸納到這個機構，並且為這個機構創造出一種獨特的文化特色，才能讓這個機構實現它的價值。洪武十六年，朱元璋總結歷史說：「清明之朝，耳目外通；昏暗之世，聰明內弊。外通則下無壅遏，內蔽則如聾瞽。」〔註75〕（《明太祖實錄》卷一百十三）設立監察系統，就如同要讓人保持頭腦清醒，要保證耳清目明。在一個集權的層級化社會裏，要保證國家政策的順利實施，必須要有上下一致的官僚系統運行，同時為了保證決策的有效性，也必須保證自下而上的信息及時反饋，監察系統在這一過程中不僅起到了監督官員的作用，還有著收集下層信息傳導至行政中樞的作用，故而有著風憲綱紀的重要地位。

據史料記載，洪武四年（1371）春，《憲綱》由御史臺官員擬定上報，經朱元璋親自審定。洪武六年（1373）夏時曾刊定並「頒之諸司」。洪武二十六年（1393），《出巡事宜》出臺，專門規定巡按御史的職責，內容涉及賦役、戶口、詞訟、農田、道路、軍需、學校等。洪武二十六年三月，《諸司職掌》完成並刊行頒布，其中「都察院」條下之「十二道監察御史執掌」有糾劾百司、問擬刑名、出巡、刷卷、追問、審錄等項。

〔註74〕張晉藩：《中國古代監察法制史》（修訂版），南京：江蘇人民出版社，2017年，第369頁。

〔註75〕《明太祖實錄》，臺北：「中央研究院」歷史語言研究所，1962年，第1864頁。

《憲綱》最終成書，是正統初年才完成的。經皇帝認可後，《憲綱》的刊本得以發布。《憲綱事類》首錄英宗敕諭：

> 皇帝敕諭禮部、都察院：朝廷建風憲，任之耳目，綱紀之寄，所以肅百僚而貞百度也。《憲綱》之書，肇於洪武。厥後官制不同，所宜因時改書。而中外憲臣，往往有任情增益者。我皇考宣宗章皇帝臨御，臣下屢以為言，遂敕禮部同翰林儒臣，<u>考洪武舊文而申明之。並以洪武、永樂以來</u>，祖宗所定風憲事體著在簡冊者，悉載其中，永示遵守，而益之以訓誡之言。凡出臣下<u>所自增者</u>，並削去之。書成，先皇帝上賓，未及頒行。朕嗣位之初，切以風憲為重，敕有司嚴選，務在得人，<u>外之憲臣復以《憲綱》為言</u>。朕今於先朝所考定，中益以見行事宜。爾禮部即用刊印，頒布中外諸司遵守。爾都察院其下各道御史，及<u>在外按察司官</u>，欽遵奉行。<u>其洪武以後《憲綱》，凡係臣下自增者不用。</u>敢有故違，必罪不恕。欽哉。故諭。正統四年十月二十六日。

（《憲綱事類》，北平圖書館藏弘治刻本，善本書號CBM1664。）

《憲綱事類》中的敕諭和《英宗實錄》卷六十所載略有差異。《英宗實錄》所載文字為：

> 正統四年冬十月庚子。敕諭<u>行在</u>禮部、都察院，曰：朝廷建風憲，任之耳目，綱紀之寄，所以肅百僚而貞百度也。《憲綱》一書，肇於洪武。厥後官制不同，所宜因時改書。而中外憲臣，往往有任情增益者。我皇考宣宗章皇帝臨御，臣下屢以為言，遂敕禮部同翰林儒臣，<u>考舊文而申明之。並以</u>祖宗所定風憲事體著在簡冊者，悉載其中，永示遵守，而益之以訓戒之言。凡出臣下<u>所意增者</u>，並削去之。書成，先皇帝上賓，未及頒行。朕嗣位之初，尤以風憲為重。嘗敕有司嚴選，務在得人，<u>而憲臣復以《憲綱》為言</u>。朕今於先朝所考定，中益以見行事宜。爾禮部即刊印，頒布中外諸司遵守。爾都察院其通行各道御史，及按察司官，欽遵奉行。敢有故違，必罪不恕。欽哉。〔註76〕（《英宗實錄》卷六十）

《皇明詔令》卷十亦錄此敕文，題為《頒行憲綱敕》。〔註77〕比勘《憲

〔註76〕《英宗實錄》，臺北：「中央研究院」歷史語言研究所，1962年，第1152～1153頁。

〔註77〕劉海年、楊一凡：《中國珍稀法律典籍集成乙編》第3冊，北京：科學出版社，1994年，第301～302頁。

綱事類》和《英宗實錄》所錄兩文可知：（1）正統四年成書的《憲綱》，延續了自明初洪武、永樂以來的成文監察法規。所有文本皆出自洪武、永樂皇帝敕諭定本。（2）成書的《憲綱》是宣德年間由禮部和翰林院學士共同組成的編纂隊伍完成的，由於宣德皇帝去世未能頒行。（3）英宗皇帝應御史的請求，對《憲綱》進行了最後的文本審核，並確定頒行。（4）正統年間的頒行版本由北京的禮部（行在禮部）刻板，屬於內府刻書。（5）《憲綱事類》中敕諭再次強調了臣僚不得對《憲綱》文本予以增刪，必須保證法典的統一性和完整性。（6）「行在禮部、都察院」和「禮部、都察院」的差異反映出：刊本所據底本當在正統六年以後。我們知道，永樂年間遷都北京後，北京和南京都有六部，洪熙元年（1425）南京六部直接稱各部，而北京各部加「行在」二字。正統六年（1441）北京各部去「行在」二字，南京各部加「南京」二字。也就是說，我們從文本的變化可知，《憲綱》一書在英宗時代當有正統六年以後的刊本，後世重刊本即以此本為依據。劉若愚《酌中志卷十八‧內板經書紀略》和孫承澤《春明夢餘錄》卷十二皆載：「《憲綱》，一本，五十葉。」〔註78〕此內板或許就是禮部刻本。弘治刻本《憲綱事類》三部分的頁數是：《憲綱》敕諭二頁，目錄二頁，正文四十五頁，合計四十九頁；《風憲忠告》序二頁，目錄一頁，正文十二頁，合計十五頁；《御史箴集解》序二頁，正文十五頁；周軫跋一頁。也就是說，《憲綱事類》一書當是在內府刻本的基礎上增補了相關文獻的新刻本。

正統四年《憲綱》頒行後，很快就成為監察官員的辦事依據。比如《英宗實錄》記載：正統五年春「癸亥，監察御史軒輗言：『近奉敕諭：風憲之建，所以肅百僚而貞百度也。《憲綱》所載，凡御史分巡、追問、審理等差必取裁於上，不許濫差。今各司仍前不遵，甚非朝廷委任風憲之意。況御史職掌，內則糾劾百僚，伸理冤枉，照刷文卷，審錄罪囚，事非一端。外則巡按地方，州縣數多，尚未能盡。若復委辦雜務，不惟有誤於事，抑且職任不專。臣請自今皆宜遵守先帝敕旨憲綱事例。果有重務，應合督理者，亦須取自上裁，則事體歸一，委任亦專。』上嘉納之，命即施行。」〔註79〕（《英宗實錄》卷六十三）《憲宗實錄》《武宗實錄》《世宗實錄》《神宗實錄》中，也多有御史據《憲綱》

〔註78〕上海古籍出版社編：《明代筆記小說大觀》，上海：上海古籍出版社，2005年，第3047頁。

〔註79〕《英宗實錄》，臺北：「中央研究院」歷史語言研究所，1962年，第1205頁。

申明監察事宜的記載。可見，從正統開始，《憲綱》已經得到了監察官員的廣泛認可，並將其作為職業準則和處事律典而是用。這也是憲宗弘治初年陳璧重刊《憲綱事類》的一個歷史因由。

七、遵《憲綱》備細申明來

如今我們所見的《憲綱事類》有幾種嘉靖刻本，何以如此？這當與嘉靖年間的都察院改革有關。嘉靖初，世宗君臣在完成了大禮儀之後，對文官系統也開始進行有針對性的革新。其中一項就是申明舊法、重振士氣。故，嘉靖六年八月，張璁（1475～1539）開始以兵部左侍郎掌都察院事時，就以申明憲綱的名義進行御史革新。「在嘉靖前期，世宗君臣盡其所能，對監察制度進行了一系列革新，以實現朝廷對言官特別是御史的有效控制，使其真正盡到監察之職。」〔註80〕張璁文集、張璁《諭對錄》、世宗《敕諭錄》中留下了多件關於監察事項的公文，為我們瞭解這一時期的監察改革保留了不少資料。〔註81〕張璁關於監察制度的思考包括以下幾個方面的內容：

（1）重申監察責任。張璁說：「夫都察院掌天下風紀，此地得人，天下之治思過半矣。即日差替御史凡十二人，俱來辭臣前去，問臣有何教誨。臣曰：今日贓吏滿天下，剝削百姓，冤屈不得上聞，遂至民窮盜起。其要在內閣。若內閣官受朝廷厚重俸祿，公心辦事，不容人來鑽刺公行賄賂，則九卿就不敢要錢。九卿既不敢要錢，凡在外司府官要錢，則御史即當指實糾劾，一一追贓。內閣九卿官遂不肯救他，他亦再不敢要錢、剝削百姓。今日朝廷只要安百姓，你眾人若不體朝廷之心，仍前胡做我這裡，又差人換你回來，眾皆畏服而去。」（《諭對錄》卷一，第12頁，國家圖書館藏明萬曆三十四年（1606）刊本，善本書號19545。）

（2）重申監察制度。張璁認為，需要用制度約束人，需要把法度落到實處。其《論館選巡撫兵備守令》疏文稱，「令行禁止，尤在都察院而已。夫都察院，所以掌法於內者也；巡撫、巡按，所以布法於外者也。」「今此職不舉，

〔註80〕田澍：《嘉靖革新研究》，北京：中國社會科學出版社，2015年，第129頁。

〔註81〕張璁的都察院改革在嘉靖時代影響重大，後世學人多有措意，比如孫承澤（1592～1676）《春明夢餘錄》卷四十八「都察院·監察御史」條專門抄錄了嘉靖六年張璁《申明憲綱條約》，即張璁文集收錄的《申明憲綱》奏疏。（〔清〕孫承澤：《春明夢餘錄》，王劍英點校，北京：北京古籍出版社，1992年，第1036～1037頁。）孫氏《天府廣記》之更專列「憲綱」一條，對明代《憲綱》相關史料做了梳理。

故大臣無忌憚，朝多貪墨，如之何民不窮且盜也。故掌院官必在得人，始能倡率巡撫，揚勵百司。其守令等官，一有慢令害民者，巡撫官即按之無貸；巡撫官一有不奉法者，掌院官即按之無貸。則法無往不行矣。此皆祖宗致治良法，特廢墜耳。」〔註82〕

（3）重申監察法度。其《明舊制》疏稱：「竊謂有治人無治法，官得其人，法無不舉。故人可更而法不可變也。祖宗設立刑部、都察院、大理寺，謂之法司，所以糾正官邪，清平訟獄，此其職也。設東廠、錦衣衛，謂之詔獄，所以緝捕盜賊，詰訪奸宄，亦其職也。夫職業之廢，是謂曠官；職掌之奪，是謂侵官。故夫申明舊章，警於有位，惟在皇上總攬之而已。」〔註83〕「申明舊章」，對都察院御史而言就是重申《憲綱》，並且以《憲綱》的要求來約束御史，使監察事業得其人，而御史的監察職能得到正常的發揮。

（4）重申監察人才選拔。其《慎科目》疏文稱：「維茲人才，治道所關，計明秋天下鄉試之期，各處巡按御史責在監臨，所以徼忠圖報，莫大於此。」「尤必敕嚴各該御史聘延同考，必採實學，毋徇虛名。必出公言，毋容私薦。如此，則可以定權衡、辨人才矣。」〔註84〕其《催取風憲官員》疏文稱：「照得本院（都察院）十三道，額設監察御史一百十一員，分布中外，治釐政務，而不可缺焉。」〔註85〕

（5）加強監察業務考核。其《考選御史》疏稱：「臣伏承聖諭懇至，夙夜靡遑，懼無以推廣德心，振揚風紀。或賢不能進，是昧天下之公是也。或不肖不能退，是昧天下之公非也。於是內諮之十三道官，外諮之兩直隸十三省慶賀官，參之公論，書其實跡，並不敢以一毫自欺者也。夫天生大聖大賢固不數，其大奸大惡亦不常見，惟中才最多。近來頹風大行，積弊彌甚，惟聖明振作，蕩滌於上，宜其聞風而興起於下者也。但作人之功，日改月化，非一朝所能責備。用人之道，日程月試，非一人所能周知。故茲去其太甚，冀其自新而已。不然，敕諭具在，遴選無方。久之，則賢宜無不進，不肖宜無不退者矣。」〔註86〕張璁認為，御史得人至為關鍵。他主張要對御史進行考察，篩選人才，

〔註82〕 〔明〕張璁：《張璁集》，張憲文校注，上海：上海社會科學院出版社，2003 年，第 98 頁。
〔註83〕 〔明〕張璁：《張璁集》，第 84 頁。
〔註84〕 〔明〕張璁：《張璁集》，第 85／86 頁。
〔註85〕 〔明〕張璁：《張璁集》，第 87 頁。
〔註86〕 〔明〕張璁：《張璁集》，第 82～83 頁。

充實到御史隊伍之中。

（6）對《憲綱》加以釋讀。其《申明憲綱疏》稱：「國朝設官分職，各有司存，而糾正之責獨重於巡按御史。仰惟國朝《憲綱》一書，所以昭示憲臣者，詳悉周密，使皆率是而行，則何患職有不盡哉。近來官非其人，法多廢弛。茲幸聖治日新，申儆有位，近奉敕諭事理，已將巡按不職官員沙汰更替外，但恐舊法不申，則弊風仍踵矣。夫《憲綱》事類共九十五條，臣不敢一一煩瀆，謹將以其最急而且切者為陛下陳之，伏乞聖明採納，敕行各該巡按監察御史，將後開事宜，務要著實遵行，不許虛應故事。」〔註87〕他提出依據《憲綱》有七條最急迫，包括允許監察官員互相監督、監察官員出巡不准舉行接送儀式、嚴格出巡時間、要對重大案件進行監督、要對監察官進行嚴格考察、要屏去酷刑、要厲行節儉等。

張璁的都察院改革得到了世宗皇帝的大力支持。嘉靖六年八月二十六日，明世宗《皇帝敕諭都察院》：「朕惟我祖宗設立都察院，總司風紀，管轄十三道監察御史，上貞王度，下糾官邪，是為耳目之司，責任至重。差出巡按，一方吏治之臧否，軍民之休戚繫焉。近年為御史，公明廉重者固有，偏私浮薄者不無。論事不知大體，責人不究虛實，望風捕影，往往失真。一倡眾和，期於必勝。賢否混淆，人難執持。巡按在外，有多不能正己律下，惟知以聲勢加人。激揚官屬，則以喜怒而為取捨。鞫問刑獄，則任己情以為出入。民冤載路，不能伸理。吏弊滿前，不能糾正。如山西馬錄惑於朋言，欲陷一家無罪之人於死地，勘官轉相附會，釀成大獄。法司明知其故，不敢平反。一省如此，他處可知。傷和致災，實由於此。近日命部院考察黜退，及緣事獲罪廢斥者多，其間漏綱，固不能無。朕以治去〔法〕太甚，人貴自新，已從寬不究。然當此更化善治之日，宜為改弦易轍之圖。先儒之言曰：『人臣以忠信善道事其君。』又曰：『立朝以忠厚正直為本。』爾張孚敬〔璁〕今署掌院事，宜宣揚朕志，昭示各官。自今伊始，痛自懲創，勉圖修改〔省〕。事君以不欺為主，律下以正己為先。論事必明大體而略細故，論人必扶君子而抑小人。鞫獄惟平惟允，勿陷五過之疵；當官惟慎惟勤，勿忘三事之訓。勿矯亢以要名，勿偏私以玩法。庶不愧風紀之任，不忝耳目之官。朕將登簡而擢用之。倘或稔過怙終，不知修改，豈獨敗爾之官，亦將戕爾之身，悔之何及。都察院仍行南京都察院，曉諭南京〔及〕各道御史，一體遵奉施行。所有切要事宜，開具於

〔註87〕〔明〕張璁：《張璁集》，第87～88頁。

後。」〔註88〕（《敕諭錄》卷下，第1～2頁。《皇明詔令》卷二十題《申嚴憲綱敕》）

敕諭下文開列憲綱事宜，包括訪察巡按官員、依《憲綱》甄選御史、御史考試律令、據事量才選差、嚴格巡按訪察等五項。這道詔書刊刻後，頒行至都察院各衙門。張璁《請刊勒敕諭》疏稱：「臣捧到敕諭一通，內備載事宜，率由祖宗舊章，革除近年宿弊。內外臣工，孰不警惕。但傳播不遠，信從無由。臣欲將原捧敕諭翻刻成書，分播兩京及內外各衙門，仍各翻刻頒給各官，俾咸知宣揚德意，勉效忠誠。仍立石碑於公署座右，昭揭聖諭，用飭後人。及照大獄招詞，候聖斷發落，亦應刊示中外，俾知聖明好生之德。」〔註89〕按照張璁的說法，嘉靖皇帝關於都察院的敕諭應該是有了刊刻之本，以便於御史官員學習之用。

張璁掌都察院幾個月之後，升入內閣，世宗又有敕諭。嘉靖六年十月初六，世宗《敕諭禮部尚書兼文淵閣大學士張孚敬》謂：「朕惟都察院總司風紀，上貞王度，下糾官邪，責任至重。而其綱領尤係掌院之官。比年掌院非人，僚屬不知警畏，任情玩法，貽患四方。今日命卿署掌院事，兩月有餘，進用才賢，汰黜不職，剔奸革弊，庶政肅清，斯不愧祖宗設官之意，而朕之委任亦無所不負矣。卿昨者具疏欲辭免署印，恐誤纂修，況已簡登內閣，當允所請，復念天下之事，振舉實難，而墮廢則易。今臺長已簡命左都御史胡世寧，素有風望，諒能相繼。但未知何日到任，誠恐卿既解任，人心玩慢，舊弊復作，特敕卿不妨內閣纂修，暫且照舊掌管本院印信，鈐束各道，振肅臺綱。」（《敕諭錄》卷一，第3頁）六年十月初七日，世宗又說：「卿先具疏奏請命官更代管都察院事，朕思卿自奉命署事以來，克盡心力，竭誠理政，以替朕治。今若另命一官，恐仍前弊，卿之所行悉變，豈無害乎。夫祖宗創建事業，在今日當朕與卿圖復舊政，以澤斯民也。恐卿未知朕意，今密諭令知，仍掌院事，待世寧交割，卿其知之。」（《諭對錄》卷一，第11頁）

其後，胡世寧、汪鋐（1466～1536）、王廷相等接掌都察院，在世宗皇帝的支持下，繼續推進監察制度的改革。汪鋐有《申明條約》，提出精考察、謹官防、嚴督率和戒奢侈等項。〔註90〕嘉靖十二年，王廷相上有兩道與《憲綱》

〔註88〕劉海年、楊一凡：《中國珍稀法律典籍集成乙編》第3冊，北京：科學出版社，1994年，第659～660頁。《皇明詔令》與《敕諭錄》中有個別字的差異。

〔註89〕〔明〕張璁：《張璁集》，第84頁。

〔註90〕〔清〕孫承澤：《春明夢餘錄》，王劍英點校，北京：北京古籍出版社，1992年，第1037～1038頁。

有關的奏疏，即《遵憲綱考察御史疏》和《再擬憲綱未盡事宜疏》。這兩篇奏疏收入王氏奏疏集（《濬川奏議集》卷八），〔註91〕亦載刻本《申明憲綱》中。王廷相等人認為，至嘉靖時，御史出巡事項已經超出了《憲綱》所定事項，但由於沒有明確的法理依據，故御史的考核就成了問題，因此都察院以奏疏的方式提請批示，以為遵循。該疏文提出了考察御史的六個方面及相關考核內容，即（1）御史之職三：（一）除奸革弊，（二）伸冤理枉，（三）揚清激濁。（2）出巡規定三：（四）勘合公文，（五）不准排場，（六）座次禮節。該奏疏上報之後，世宗皇帝批示要「著遵《憲綱》，備細申明來說。」因此，王廷相等又上《再擬憲綱未盡事宜疏》。

王廷相等認為，《憲綱》一書共九十五條，已經事無鉅細，「《憲綱》一書九十五條，蓋亦周為之防，必欲憲臣之無忝其寄而已也。但法行輯久，人心易弛。」也就是說，王廷相等人並未對《憲綱》進行根本性的修訂，而是在其基礎上做了一些補充說明。王廷相的奏疏還表明，都察院曾以張璁（署掌都察院事）、汪鋐（都察院右都御史）的名義分別奏報了遵守《憲綱》、嚴格御史巡查監督責任的細則。最後，世宗皇帝批示：「這申明《憲綱》事宜，原有旨著各巡按御史及各按察司官著實舉行。但近年來掌院官多務姑息，不行覈實考察，以致巡按官恣縱抗違，按察司官因循畏怯，全不舉行。這各該事件並續擬的，你每便通行曉諭，務要遵照，著實舉行。有違的，巡按官考核黜退，按察司官指實參奏。」〔註92〕為此，王廷相於嘉靖十三年三月又制定了《遵憲綱以定冊式事理》並上奏請旨。

《明史卷一百九十四・王廷相傳》說：「廷相請以六條考察差還御史，帝令疏其所未盡，編之憲綱。乃取張孚敬、汪鋐所奏列，及新所定凡十五事以進，悉允行之。及九廟災，下詔修省，因敕廷相曰：『御史巡方職甚重，卿總憲有年，自定六條後，不考黜一人，今宜修省。』廷相惶恐謝。」〔註93〕九廟災發生在嘉靖二十二年，其後才有了曾佩刊本《憲綱事類》。《世宗實錄》卷二百四十八載：嘉靖二十年四月「辛酉夜，宗廟災。」甲戌「敕左都御史王廷相曰：宗廟災變，上天垂戒非常。都察院，風紀重地。天下生民休戚，吏治臧否，繫於巡按御史。近年出巡在外，豈無失職害事者？卿總憲有年，

〔註91〕〔明〕王廷相：《王廷相集》，北京：中華書局，1989 年，第 1321～1332 頁。
〔註92〕〔明〕王廷相：《王廷相集》，第 1332 頁。
〔註93〕〔清〕張廷玉等：《明史》，北京：中華書局，2011 年，第 5156 頁。

自入院條奏《憲綱》之後，不聞考核一人，朕切怪之。今後宜痛加修省，振舉乃職。」〔註94〕

也就是說，嘉靖初年，政府對都察院管理的重視，《憲綱》一書的重刻有了現實的可能；而嘉靖中後期，世宗對都察院仍有明確的要求，特別是對掌都察院事的王廷相提出了具體的指示。這也就是我們能夠見到嘉靖時期有幾種不同版本的《憲綱事類》的原因，這也是何以一本《憲綱》題《申明憲綱》並著作者王廷相的原因所在。

八、照式翻刊給發

《憲綱事類》這樣的合刻書，在明代並不稀見。王重民先生調查《大明律》時就曾注意到類似的情況。據王氏《中國善本書提要》可知，顧應祥等輯《問刑條例》時，有一《題稿》，該文「具述弘治十三年《問刑條例》與《大明律》一體頒佈天下，俾問刑衙門永為遵守。至嘉靖初，又五十餘年，世變風移，自應通變，以宜於民，乃將見行與今查議過新舊條例，倫次參附，總成一書，發十三行省各布政使司，照式翻刻。蓋頒到河南時，適曾鈞等擬刊王楠《明律集解》，遂附刻於《集解》之後。」〔註95〕王重民說，如果這樣的說法沒錯的話，這部《重修問刑條例》當刊刻於嘉靖三十年或者三十一年，因為這一年曾鈞升任右副都御史。弘治十三年頒行《大明律》和《問刑條例》時，即已經將二書並在一起，這是刑部官員必讀文獻，不會造成理解上的問題。之後，嘉靖時重頒行時仍是二書同時發出，到了地方官員照式刊行時，他們就根據情況有所補充，他們就將《大明律集解》與《重修問刑條例》合刊，其後還有《大明律附例》與《問刑條例》合刊者。與《憲綱事類》不同的是，《大明律集解》和《重修問刑條例》皆是卷次較多的文獻，各自獨立為書，並不會為後世的古籍編目者帶來疑惑。而《憲綱事類》所收文獻皆不過一卷一篇，如何將這些文獻歸類就成了問題。

《憲綱事類》的刊行和傳播情況，今已不得而知。但我們從類似的文獻中能找到相同的事例。比如，同為朝廷敕書的《軍政條例》，其刊行辦法在霍翼《題為陳愚見以釐時弊以肅軍政事》之「明禁例以一法守」條中有十分明確的記錄。霍翼說：

〔註94〕《世宗實錄》，臺北：「中央研究院」歷史語言研究所，1962 年，第 4982 頁。
〔註95〕王重民：《中國善本書提要》，上海：上海古籍出版社，1983 年，第 180 頁。

「臣惟兵、刑均係國之大事，故累朝節有禁例，以輔律之不及。
一體頒佈天下，遵行已久。但《問刑條例》近蒙皇上敕下該部會官
查議，重修明白，刊布內外。臣民已經通行遵守外。……況二十年
來，戎政久弛，人情甚玩，不獨各項冊籍多所散亡，而《條例》一
書亦不多見。臣近該巡歷各府清理軍伍，如臨海等縣，皆稱未有前
書。臣不勝駭愕。……仍照《問刑條例》事例，各發一部，兩直隸
行順天、應天二府，浙江等十三省行各布政使司，照式翻刊，給發
各府州縣衛所，官吏軍民人等，遵照施行。……」前件看得：「《軍
政條例》自宣德四年以後，嘉靖十一年以前，見行刊布。其嘉靖十
一年以後，節該本部議准，事理雖經通行遵守，尚未增入成書。為
照時移俗易，法久弊生，例之宜於昔者，或不便於今。而先後臣工
建議，或又一時救弊之意，而非經常不刊之典。今御史霍冀陳，乞
查自宣德以來，及我皇上嘉靖元年以後欽定事例，敕下本部，通行
酌處，稍加損益，刊刻成書，通行天下，永為遵守」一節。……驟
括成書，移諮工部，支送官銀，前來刊刻頒布。仍照《問刑條例》，
兩京各衙門各發一部，直隸行各府州縣，各省行布政司，照式翻刻
給發。所屬有司衛所，官吏軍民人等，一體遵照施行。如則法守畫
一，而軍政可舉矣。伏乞聖裁。〔註96〕（霍冀《軍政條例類考》卷
六，明嘉靖三十一年刻本）

　　敕書編集由中央組織翰林院、相關部門專業人員完成，其刊行經費則由工
部提供。刊刻完成後，書籍發予北京和南京各機構，以及省級機關，其下則由
各地「照式翻刻」，以便於在文官系統中廣為傳播。

　　我們所見到的幾種不同版本的《憲綱事類》，除了被版本學家定為明刻本
的那部之外，其他三部均可以確知乃是各地監察官員刊行的版本。這說明，明
代的都察院官員在得到御賜書之後，的確按照慣例「照式翻刻」了。在重刊的
過程中，他們保留了原刻的基本樣貌，同時也因人因時地增加了一些新內容，
這些內容為我們瞭解明代人如何「照式翻刻」御賜之書提供了絕佳的例證。

　　所謂的「照式翻刻」，絕非僅僅將原書複製了事。他們中的一些人製造了

〔註96〕〔明〕霍冀輯：《軍政條例類考》，影印國家圖書館藏明嘉靖三十一年刻本，
　　　　《續修四庫全書》第 852 冊，上海：上海古籍出版社，2002 年，第 150～151
　　　　頁。

新的書籍，讓書籍的世界豐富起來。比如，《性理大全書》的內府刊本，早在永樂十五年（1517）三月就已經命令「頒布《五經四書性理大全》於六部，並與兩京國子監，及天下郡縣學。上謂禮部臣曰：『此書學者之根本，而聖賢精義悉具矣。……古人有志於學者，苦難得書籍，如今之學者得此書而不勉力，是自棄也。爾禮部其以朕意曉諭天下學者，令盡心講明，勿徒視為具文也。』」〔註97〕（《明太宗實錄》卷一百八十六）書籍與其他物品不同，需要不斷的再製作。所以，各個時代皆有翻刻，甚至包括地方書坊的翻刻。我們看到，嘉靖二十二年應天府學重刊《性理大全書》，其刻書序文謂：「我成祖凝道錫極，博選碩儒，編次《性理大全》。其貫天人之理，備修治之方，鉤玄舉要，擊蔀廓塞，羽翼六籍，陶鑄萬世，有不容名言者。第書肆板刻舛訛滋甚，讀者病焉。監察御史臣楊宜董學南畿，懼大道之弗宣，乃簡應天府學教授胡儒、訓導應檔、許全，弟子員潘鵠、吳士進、徐昺、李種、沈九思、皮豹、顧岩、盛時春、張沂、朱潤身，取官降善本，校錄翻刻，布之庠序。庶廣極之敷言，為譽髦斯士之一助耳。嘉靖癸卯春刊行。」〔註98〕監察御史負有地方督學責任，故而他們有刊刻此類書籍的動力。

　　而像《憲綱事類》這樣的監察讀本，更是都察院御史刻書情理之中的事。比如，曾佩刊本《憲綱事類》之所以被人稱之為《申明憲綱》，乃是該書首錄都察院左都御史王廷相（1474～1544）的奏疏《遵憲綱考察御史疏》。該書卷首大題「申明憲綱」，容易讓人以為該書題名即是《申明憲綱》。但曾佩刊本，從頭至尾，版心皆為「憲綱」，已經提示我們該書不能擬名為《申明憲綱》。曾佩刻書跋文更明確地告訴我們該書當為《憲綱事類》。曾佩《書憲綱事類後》說：

> 《周禮》御史掌邦國都鄙及萬民之治令，以贊家宰。凡治者受法令焉，雖歷世沿革不同，大概御史之職，凡敷治贊宰，責亦重矣。法令所屬，風紀繫之。所謂貞肅云者，無非一底於法，匪可或諝焉耳。肇自洪武永樂間已有《憲綱》一書。至正統六年復刪去臣下所新增者，重敕刊布，以永遵守。凡我祖宗所定風憲事體，著在簡冊者，悉載其中。若《憲綱》事類三十四條，若《憲體》十五條，若《出巡儀》四條，若《巡歷事例》三十六條，若《刷卷條格》六條。

〔註97〕《明太宗實錄》，臺北：「中央研究院」歷史語言研究所，1962年，第1990～1991頁。
〔註98〕李開升：《明嘉靖刻本研究》，上海：中西書局，2019年，第178～179頁。

凡以為中外憲臣示規也。迨我皇上嘉靖初年，尤慎重風紀之司，特
用廷臣議，復申明憲綱事宜，並各憲臣造冊定式，一一題請，昭示
至詳矣，至備矣。故今各歲報季報冊式率遵是為準，而御史之巡
歷、覆命、奏繳事類，以告竣事者，尤不敢少違越也。佩因見二書
先後各自為帙，凡為憲臣者必二書咸備，始事宜顛末，庶便參考。
又見舊刻《憲綱錄》末附有《風憲忠告》及《御史箴》。《風憲忠告》
乃張文忠公所作，以明風紀之要。又作《御史箴》以昭規戒。其後
河東薛公瑄復釋其義，訓詁之。皆所以羽翼乎憲綱，誠為憲臣者之
藥石也。所以振貞肅、係風紀、受法令，而求舉御史風憲之職，尤
莫先於此者，亦不可不刊附之。因命所司，付之梓人，共為一全帙，
俾凡為憲臣者並攜之，巡行間備省覽焉，庶乎有持循，有規則，或
亦寡過之一助云。因告於同臺柱史沈子古林。古林子亦曰然。遂書
之刻之。嘉靖三十一年歲次壬子五月望日，監察御史江右曾佩謹
序。〔註99〕

　　曾佩說他曾見過舊刻本《憲綱事類》，是在《憲綱》後附有《風憲忠告》
及《御史箴》兩種文獻的一個版本。他並未說明「舊刻」是何人所為。從目
前所知來看，或許是弘治年間由都察院御史陳璧編纂的《憲綱事類》，抑或是
其他監察官員「照式翻刻」之本。曾佩又說，除了這部書之外，他還看到了
另外一部「申明憲綱事宜」的書。這兩部書都是監察官員的必讀書，因此，
他將兩部書合二為一，「共為一全帙」。但曾佩並非第一個將《憲綱》和「申
明憲綱」合刻的人。前文中我們提到的傅斯年圖書館藏本《憲綱事類》即已
將「申明憲綱」與「憲綱」合刻。只是我們並不清楚曾佩所謂的嘉靖時「特
用廷臣議，復申明憲綱事宜，並各憲臣造冊定式，一一題請，昭示至詳矣，
至備矣」之書之題名為何。

　　我們知道，嘉靖時，都察院將風憲相關條例彙集於冊，曾編刊《風憲事
宜》。國家圖書館存有該書的萬曆四十年（1612）許弘綱重刻本，善本書號
A01409。錢栢《重刻風憲事宜敘》稱：「國家設御史臺，准漢御史大夫、中
丞、侍御史之制。主天子風紀之司，任至重也。任重則責成者繁，故爰類其
事若干卷，成集遵行，蓋自肅廟始。今歲久蠹蝕，字多漫漶不可辨，於是宗

〔註99〕虞浩旭主編：《天一閣藏明代政書珍本叢刊》第22冊，北京：線裝書局，2016
年，第547～550頁。

憲東陽許公（許弘綱，1554～1638）復新之。而仍以舊顏者何？故蕭廟意也。」
《風憲事宜》一書共收錄授官、初見、候謁、到任、巡風、打斷、相視、審
錄等監察事宜四十條，又附錄《都察院為導戒飭定條約以新風紀事》。之所以
要飭定條約，奏疏中明確說：「照得本院節該欽奉敕諭，御史為朝廷耳目之
官，所繫甚重，必官得其人，人盡其職，斯可以肅百僚而貞百度也。爾為內
臺之長，綱紀攸繫，必先持廉秉公，正己率屬。其各道御史務令奉職守法，
清白自律，夙夜匪懈。一應政務，悉依《諸司職掌》及《憲綱》施行等因。
欽此，欽遵。今照憲度事宜，非止一端。祖宗以來，俱有成憲。前官奉行，
已有定規。但行之既久，人心玩愒，罔知遵守，廢弛者多。為此當職與一二
僚佐督，同經歷司務，並十三道御史等官，各將本院大小應行事件，逐一查
出，事有宜於昔而敝於今者，亦有行於前而窒於後者，俱各斟酌更定，注為
條件，登記在簿。諸道廳司，各照一編收執檢閱，遵守奉行。各宜展食祿報
國之忠，毋仍蹈趨利避害之轍。如有故違，明有國典，幽有鬼神，咎不可逭，
須至簿者。」〔註100〕以下列相關事宜若干條。此即《南京都察院志》所載之
《都察院條約》。《南京都察院志》只有節本，《風憲事宜》中則保留了《都察
院條約》全文。曾佩所說的嘉靖初年重申憲綱之書，或許也如《風憲事宜》
一般。不過，曾佩所見之本為何，我們已經不得而知了。

　　值得注意的是，曾佩的跋文一方面題「書憲綱事類後」，一方面又在正文
中說「憲綱事類三十四條」，這說明他似乎已把「憲綱」「憲綱事類」混在一
起使用。「憲綱」「憲體」「出巡相見」「巡歷事例」「刷卷條格」等，合稱「憲
綱事類」蓋不晚於陳璧《憲綱事類》一書。此後，「憲綱事類」甚至成為「憲
綱」的另一代稱。如，明黃佐（1490～1566）《翰林記》卷七「定制度」條說：
「聖祖（朱元璋）有天下之初，凡有制度，命翰林儒臣，稽考古今隆殺之宜
以聞，令中書省具奏，上為裁定。於是宣國公李善長、本院（翰林院）學士
陶安，集諸儒論建，以適厥中，自朝廷以達國邦，上下品次第明其等威。」
「又《憲綱事類》，自洪武中，載都察院十三道御史所宜行者。宣德末，敕禮
部同翰林院考舊文而申明之。凡祖宗所定風憲事體悉載其中。至正統四年十
月始頒行云。」〔註101〕據黃佐的說法，《憲綱》的制定也與翰林院有著密切

〔註100〕　《風憲事宜》，http://read.nlc.cn/OutOpenBook/OpenObjectBook?aid=892&bid=
　　　　　228502.0
〔註101〕　〔明〕黃佐：《翰林記》，《景印文淵閣四庫全書》第596冊，臺北：臺灣商務
　　　　　印書館，1986年，第935頁。

關係。黃佐生活在弘治、嘉靖時期，他提到《憲綱》時已經用了《憲綱事類》這樣的說法，這說明《憲綱事類》這樣的書名，在弘治以後成為士林較為通行的用法。

　　將《憲綱》類文獻合稱「憲綱事類」未必就是陳璧的原創。因為我們看到弘治刻本《憲綱事類》在「憲綱」部分，即從「憲綱」到「憲體」這九十五條「憲綱」四十五頁，版心就題「憲綱事類」。這一部分的目錄也題「憲綱事類目錄」，卷端也題「憲綱事類」。而之後所附的《風憲忠告》《御史箴》等文獻，則在版心分別標示為「風憲忠告」「御史箴」。也就是說，《憲綱》一書由於包括了「憲綱」和「憲體」兩大部分，早期的刻本或許已經題為《憲綱事類》。這樣才有了《天一閣書目》中著錄「《憲綱事類》一卷」的可能。而曾佩刊本《憲綱事類》則在版心以「憲綱上」「憲綱下」標示，說明在嘉靖時期人們已經將憲綱類文獻（諸如《憲綱》《申明憲綱》《風憲忠告》等）統歸於「憲綱」這一主題之下，這也就是何以有了三卷本和二卷本等《憲綱事類》的原因之一。

　　沈家本《歷代刑法考》遍考歷代法律典籍，已然名著。但，他那個時代畢竟還不能將各種珍稀典籍遍觀。王重民說：「按《明史藝文志》卷二載顧應祥《重修問刑條例》七卷，《千頃堂書目》卷十同，又別出『《重修問刑條例》□卷，嘉靖二十九年』，當並是一書，《千目》有重誤也。沈家本稱：『日本享保刻本《明律》與《問刑條例》各自為卷，無萬曆新例，疑出於嘉靖本。』又稱：『崇禎中坊刻《官常政要》十八種，內有萬曆《問刑條例》二卷，此《條例》單本為今日所僅知者。』此嘉靖間刻顧《例》單本，又前於沈君所稱者矣。」〔註102〕同樣的，沈家本也提到了《憲綱》一書，不過他未見該書的單行本，也未見到《憲綱事類》一書，他只是發現「《大明律讀法》引用諸書有《憲綱》若干條」，而我們今天能見到若干部《憲綱事類》，並由此展開對這部書的調查，當在前人的基礎上有所深入。

九、《憲臣箴》《分司箴》

　　諸本《憲綱事類》在薛瑄集解《御史箴》之後附錄《憲臣箴》《分司箴》，均為標明作者。

　　《憲臣箴》全文為：「惟闢代天，立法乂民。秉德率下，職在憲臣。準夫

〔註102〕王重民：《中國善本書提要》，上海：上海古籍出版社，1983年，第180頁。

直指，周建漢因。彝典昭揭，用禮體仁。刑以弼教，戢虣革囂。明目達聰，授節方巡。冰霜時肅，以達陽春。政厖情遏，恫瘝乃身。黷貨滅公，憯天怒神。正己正人，孰敢不循。紀綱以振，風俗以淳。憲臣司政，敢告大賓。」

　　此箴是元代人周伯琦（1298～1369）所作。《永樂大典》採《潮州三陽志》之《廉訪分司肅政堂記》，全文為：

　　　　皇元稽古建官，分天下為二十又二道，設肅政使者，歲巡部境，察民俗，以樹政綱，以糾吏治。方岳是寧，邦本是固。嶺南古百粵地，廣寔都會，東憲府在焉。潮去廣二千里，蓋東履至是而止。岸海介闊，舶通甌吳，及諸蕃國。人物輻集而又地平土沃，饒魚鹽，以故殷給甲鄰郡。然貫襟陶蜑，農錯洞獠，寇孽薦蠱，獄犴獨滋。予持憲節，以至正六年歲丙戌之臘至潮。適詔天下肆大眚，減租增惠安元元，於是邊圉告靖，吏牘十汰其九。而有司繫不原者，具獄猶三十又四，總之百七十餘人。乃讞釋其枉若註有三之一，論當者半之，決壅錮蟒，硃墨薙殘。申明要束，道以德禮，吏民頗重犯法，由是而變庶幾哉，昔人所謂海瀕鄒魯者。於乎，匹氓寸壤，全歸版圖者將百年。聖天子聲教訖四海，而責成憲臣者尤至。則凡承是任者，靡間邇遐，孰敢弗自獻以達無外之德於蒼生哉。爰作《肅政箴》，刻於分司之署，以諗來者。其詞曰：

　　　　惟闢代天，立法乂民。秉法率下，職在憲臣。準天直指，周建漢因。彝典昭揭，用禮體仁。刑臣弼教，戢虣革囂。明目達聰，授節方巡。冰霜昔肅，以達陽春。政厖情遏，恫瘝乃身。黷貨滅公，憯天怒神。正己正人，孰敢不循。紀綱以振，風俗以淳。致告執事，敬慎諮詢。

　　　　是月乙酉，經筵參贊官、朝散大夫、僉海北廣東道肅政廉訪司事鄱陽周伯琦伯溫甫記，並書篆。時佐史長沙田仁德濟可，姑孰邢思義仁仲偕行。越二日丁亥，憲府譯掾賀蘭普顏不華，從升欽奉聖旨作新風憲，來潮宣諭。[註103]（《永樂大典》卷七千二百三十九，《永樂大典》卷五千三百四十五亦錄此文，並題《肅政箴》）

〔註103〕　〔明〕解縉等：《永樂大典》第 3 冊，北京：中華書局，1986 年，第 2976 頁。此文首先由潮汕文史學者發現，並錄入《潮汕金石文政》。見：黃挺、馬明達：《潮汕金石文徵　宋元卷》，廣州：廣東人民出版社，1999 年，第 305～306 頁。

　　周伯琦於元至正六年（1346）作《肅政箴》，並刻石立碑於潮州肅政官署。其後此箴被明人採用，刊石於都察院，並改題《憲臣箴》。（施沛《南京都察院志》卷三十六《藝文》著錄此箴，並注明該箴立於都察院中堂。）文字方面，原作「致告執事，敬慎諮詢」被修訂成「憲臣司政，敢告大賓」，其他則基本保持一致。因此，我們可以確定《憲臣箴》的作者是周伯琦，但修改文字出於誰手則未見相關歷史記錄。

　　《憲臣箴》後附《分司箴》全文為：「惟皇御世，廣設民牧，日月雖明，覆盆不燭。爰建分司，按察所屬。貴汝之爵，富汝之祿。職司風紀，任寄耳目。糾劾官僚，詢問民俗。冠以鐵豸，見惡必觸。簪以白筆，聞善必錄。法要奉公，刑用戒酷。代天理物，化被草木。體君行仁，春布陽谷。毋玩憲章，毋縱人慾。毋避權勢，毋作威福。勤慎處事，詳明讞獄。手持衡鑒，心清案牘。若此而行，名光簡竹。惟口飽飫，君賜之粟。惟身輕暖，君賜之服。享以美味，處以華屋。行則車馬，坐則裀褥。荷蒙國恩，罔思報復。不尚德化，惟事荼毒。峻法嚴刑，豈得奸伏。沽名釣譽，安能信服。變是為非，構直作曲。死者飲恨，生者怨讟。如斯所為，鮮不取辱。人禍苟免，天災莫贖。居此職者，宜加玩讀。匪我言僭，敢伸忠告。」

　　此《分司箴》的作者為誰氏，尚不清楚。不過，我們在明清方志中找到了類似的箴銘，其作者是明代的監察官員劉涇。史籍記載劉烴曾作《按察箴》。清張淑渠《〔乾隆〕潞安府志》卷十七載：「劉涇，字次山，河南人。少學於何柏齋之門。以進士入史館。又以御史職清戎，多有補於國是。後晉山西按察副使、潞安兵備，分巡冀南。一菜不妄受。著有《按察箴》。嘗於防秋駐師雲中八角堡，時北部入犯，激眾固守，以身為長城，屹不可動，敵遂退。尋以他事落職歸。」更早一點的方志說：「劉烴號次山，河南懷慶人，進士。樸茂清廉，一菜不妄受。所著有《按察箴》。平生心事，亦可概見。」《箴》曰云云。〔註104〕（《〔萬曆〕潞安府志》卷三）孫奇逢《中州人物考》謂：「劉副使涇。涇字次山，懷慶衛人。嘉靖丁未（二十六年，1547）進士，由庶吉士改御史，授太守。歷鳳翔登州兩郡，歷官憲副。文定（何瑭）門人，嘗刻其集。能倡明師說。於先生之學可稱入室。野史氏曰周（道）、婁（樞）、劉三君生同地，學同師，其實心任事，亦同也。文定學以躬行為主，三君子

─────────────

〔註104〕　王連成主編：《〔萬曆〕潞安府志》，太原：山西古籍出版社，2006年，第66頁。

可謂能守師說。」〔註105〕經比勘，我們發現《分司箴》和《按察箴》兩者存在如下文字異同：

「爰建分司」，《按察箴》作「用建是官」。「官僚」，《按察箴》作「官政」。「詢問」，《按察箴》作「歷覽」。「用戒」，《按察箴》作「戒用」。「代天理物」至「春布陽谷」四句，《按察箴》無。「憲章」，《按察箴》作「國典」。「毋避權勢」，《按察箴》作「毋恃權要」。「勤慎」，《按察箴》作「勤敬」。「手持衡鑒，心清案牘」，《按察箴》作「激濁揚清，發奸摘伏」。「惟口飽飫，君賜之粟。惟身輕暖，君賜之服」，《按察箴》作「口食一粟，君賜之穀。身被一縷，君賜之服」。「美味」，《按察箴》作「珍味」。「荷蒙國恩」《按察箴》作「厚蒙恩遇」。「報復」，《按察箴》作「報服」。「荼毒」，《按察箴》作「慘毒」。「峻法嚴刑，豈得奸伏。沽名釣譽，安能信服」，《按察箴》作「峻法沽名，假仁示育。滿己之志，覆公之諫」。「變是為非，構直作曲」，《御史箴》作「混淆邪正，變亂曲直」。「如斯所為，鮮不取辱」，《御史箴》作「以若斯為，罪殃迅速」。「苟免」，《御史箴》作「難免」。「居此」，《御史箴》作「居斯」。「敢伸」，《御史箴》作「敢竭」。

也就是說，《分司箴》的作者不是嘉靖時期的御史劉涇。他在山西按察副使、潞安兵備任上將《分司箴》做了一些文字修改之後刊石，以至於萬曆時的史志作者以為該文即是劉某的原創。

從萬曆時地方史志作者將《按察箴》的作者著錄為劉氏來看，雖然《風憲事類》一書有多種不同的刊本，但其流傳程度似更多的限於監察官員群體內部。薛瑄在《御史箴集解序》中說，張養浩《御史箴》是監察官之藥石，張氏去世後，這篇文章流傳甚廣，「今內自臺署，外及臬司，以至憲臣之家，靡不列之於屏幾，以比韋弦之誡。」也就是說，這類書專業的文字，其流佈範圍不外職業之內。以范氏天一閣為例，據柯亞莉的研究，天一閣藏明代政書有170餘種，〔註106〕監察類的書籍則有《憲綱》《憲綱事類》《都察院奏明職掌肅紀維風冊》等。為何天一閣有這些藏書呢？我們認為這與范欽（1506～1585）曾為都察院官員有關。范欽於嘉靖三十七年（1558）升任副都御使提督南贛汀漳

〔註105〕〔清〕孫奇逢：《孫奇逢集中・中州人物考》，張顯清主編，鄭州：中州古籍出版社，2003年，第25頁。
〔註106〕柯亞莉：《天一閣藏明代文獻研究》，新北：花木蘭文化出版社，2013年，第84頁。

等處軍務，又嘉靖四十年（1561）升任兵部右侍郎。〔註107〕（《明通奉大夫兵部右侍郎東明范公墓誌》）因為有都察院的經歷，范欽才有可能關注到，並且收藏到多種不同版本的「憲綱」類書籍，甚至有兩套《憲綱事類》。〔註108〕既是藏書家，又恰好曾為都察院官員，范欽同時具有了這兩重身份，《憲綱》類書籍成為天一閣的珍藏也就在情理之中了。不過，天一閣所藏多部《憲綱》類書籍，如今幸存者亦僅三數冊而已。至於其他數家圖書館珍藏之《憲綱事類》是否與天一閣有關，則無所考索了。

小結

我們從《憲綱事類》的現存古籍出發，考察了這部書的基本存藏情況，對《憲綱》制定、文本等進行初步的分析，考察了嘉靖時期監察制度革新的歷史，還對《憲綱事類》附錄的《憲臣箴》《分司箴》做了考訂。據此，我們認為《憲綱事類》一書是有明一代監察法典的重要讀本，主要在監察官員系統內部流傳，其刊刻、傳播和收藏，皆與都察院相關。至於該書在古籍分類中的歸屬問題，我們認為既然它是御史的專業讀本，該書的性質是「政書」，並且是「職官」之書或「法令」之書，而非「官箴」之書。之所以如此，其原因在於書名「《憲綱事類》」本身。

所謂的「事類」，並非我們今天所理解的字面某某事歸於一類，它其實是一個傳統的法律概念。唐玄宗時，將律令格式等根據「事類」分門別類匯為一書，題《唐格式律令事類》。宋代有《淳熙條法事類》《慶元條法事類》《淳祐條法事類》等，這些律法彙編之書，是相關文件的總會，有申明、指揮、敕令等等。〔註109〕明代，有監察御史編輯的「事類」尚有《皇明條法事類纂》五十卷。該書由監察御史戴金奉敕編次，收錄從天順至嘉靖時期的律例。這部「事類」並未最終完成，長期以來只有鈔本流傳。如今該書已經收入《中國珍稀法律典籍集成乙編》（科學出版社，1994）。顯然，「事類」作為一種法

〔註107〕〔明〕范欽：《范欽集》，袁慧點校，杭州：浙江古籍出版社，2012年，第559頁。

〔註108〕柯亞莉認為范欽藏書來源有四：范氏收集、借抄、購買和朋友所贈。收集方面主要是范氏在各地任職時獲得相關部門書籍和當地刻書。見柯亞莉：《天一閣藏明代文獻研究》，第57～58頁。

〔註109〕胡興東：《宋朝立法通考》，北京：中國社會科學出版社，2018年，第729～737頁。

律的概念，在宋明時代是通行的。

《憲綱事類》之所以有其名義，也是該書彙集了監察《憲綱》《憲體》《出巡相見禮儀》《巡歷事例》《刷卷條格》等，乃是一都察院法典之合訂本。至於書後再附錄其他補充文獻，仍就是為《憲綱》的補充讀本，故可總全書為「《憲綱事類》」。不過，近代以來，「事類」一詞失去了法律的意涵，比如《辭源》「事類」條謂：「事類。事物的相似性，類似之事。《韓非子・人主》：『今無術之主，皆明宋簡之過也，而不語其失，不察其事類者也。』《後漢書》四六《陳寵傳》：『寵為（鮑）昱撰《亂訟比》七卷，決事科條，皆以事類相從。』《三國志・魏武宣卞皇后傳》『少有才學』注引《魏略》曹丕答卞蘭教：『賦者，言事類之所附也。』」〔註110〕在《韓非子》《後漢書》《三國志》中，「事類」的確是相似的事件的意義，但在法律方面，唐宋以至於元明，「事類」明顯是一個合諸法條為一的概念。這也是何以趙萬里在《北平圖書館善本書目》中將《憲綱事類》歸於「法令」類目的依據。

對於古籍善本的研究，從編目開始，但不能限於編目。國家圖書館的前輩學人於震寰在《善本圖書編目法》一文中說：「自宋南渡後，尤袤《遂初堂書目》創記板本之例，直至清初無所變易。雖明毛扆有《汲古閣珍藏秘本書目》為善本專目，所舉依然簡略特甚，迨猶抔飲瓜尊之意，學者憾之。康雍以降，古刻日亡，秘本難致，而考據之學適代良知之說繼起，縉紳士林，佞宋成風。錢曾以鑑賞家名於當時，就所藏為《讀書敏求記》，雖《四庫存目提要》謂於考證不甚留意。葉德輝又謂即所論繕刻亦擇焉不精。顧目錄書中言板本、印記之專者乃不能不推為權輿。乾隆四十年《天祿琳琅書目》成，……此官錄言板本之始，亦官藏善本編目之始也。」又謂：「自乾嘉至光宣，百年以來談此學者咸視為身心性命之事，舊槧之尚，書錄之繁，突越前古。考據精析，記敘審詳。或就目錄而增繁，或別成題記之書，或散見於文集雜誌。黃丕烈、繆荃孫，前後沆瀣，盟主壇坫，學者翕然。辨版刻之朝代，訂鈔校之精粗。黃氏允推蹊徑獨闢，惜未有手訂之書。其所張主，可與王芑孫《黃蕘圃陶陶室記》窺之，曰：『今天下好宋版書未有如蕘圃者也。蕘圃非惟好之，實能讀之。其於版本之後先，篇第之多寡，音訓之異同，字畫之增損，及其授受源流，翻摹本末，下至行幅之廣狹，裝綴之精粗敝好，莫不心營目識，條分縷析。』而

〔註110〕 何九盈等：《辭源》（第三版），北京：商務印書館，2015 年，第 162 頁。

繆荃孫之說益為剴切，其言曰：『先舉書名，下注何本；舉撰人之仕履；述作之大意；行款尺寸偶有異同，必詳載之；先輩時賢手跋，校讎歲月，源流所寄，悉為登載，使人見目如見此書；收藏印記間一二，不能備載也。』繆氏又有《清學部圖書館善本書目》，為圖書館善本書編目之濫觴。今國立北平圖書館有《善本書志》，江蘇省立國學圖書館有《松軒書錄》。」〔註111〕我們需要在前人編目的基礎上進一步去探究不同書籍的內在理路，也就是要把握其歷史發展的肌理、文本變化的動因和版本呈現的樣態，如此才能在推進版本研究的同時，為學術研究貢獻這門學術的智慧。

　　就《憲綱事類》而言，它是為數不多的幾個圖書館的古籍善本中不那麼起眼一部小書，雖然也在善本書目之列，那也不過是因為時間的原因罷了。只有當我們從古籍善本的研究出發，去探究其書籍文化的意義時，我們才能更好的把握其歷史文獻價值和學術資料價值。而就古籍研究本身來說，該書也有其獨特的價值，即我們不僅要判定一部書的版本，還需要對一部書的性質進行判定，這對於我們來說是一個考驗，不單單是觀風望氣的判斷，也不僅僅是書目著錄的條例，更需要有細密的實證考訂。

〔註111〕于震寰：《善本圖書編目法》，《圖書館學季刊》七卷四期抽印本，1933 年，第 4〜6 頁。

第六章　須叫鏤花拔柳：劉克《詩說》抄本

碧叢叢，高插天，大江翻瀾神曳煙。楚魂尋夢風颸然，曉風飛雨生苔錢。瑤姬一去一千年，丁香筇竹啼老猿。古祠近月蟾桂寒，椒花墜紅濕雲間。

——李賀《巫山高》

　　一部珍貴的古籍就是一部中國書籍史，《詩經》也不例外。《詩經》的歷史是《詩經》本身的傳承與延續，更是釋經學家的創造性闡釋和接續性傳遞，因此眾多的釋經學家及其著述構成了作為學術史的《詩經》史。南宋人劉克的《詩說》並不起眼，其人不名，其書不名。〔註1〕然而，換一個角度看歷史，就有截然不同的認識，歷史也在另外一個視角之中有了新的圖景。傅增湘（1872～1949）《海源閣藏書紀略》說，「海源閣藏書為海內之甲觀」，「都現存之書，凡宋本三十餘部，元本二十餘部，而古鈔秘校不計焉。如入琅嬛之府，等群玉之善，目不暇給，美不勝收。」其中，「宋本《詩說》」是「海內孤本」。〔註2〕傅增湘說，包括陸心源《1834～1894》收藏的包括《詩說》宋刻

〔註1〕　宋代詩經學文獻相當豐富，朱彝尊《經義考》著錄202種（卷一〇四至一一〇著錄183種，卷一一九著錄19種），陳文采《兩宋詩經著述考》收錄207種，劉毓慶《歷代詩經著述考》收錄280種，郝桂敏《宋代詩經文獻研究》著錄190種，李冬梅《宋代〈詩經〉學專題研究》著錄325，吳國武《宋代詩經著述叢考》又對前述著作有所考訂。總之，宋代的《詩經》文獻量頗為可觀。參見：劉毓慶：《歷代詩經考：先秦——元代》，北京：中華書局，2002年；李冬梅：《宋代〈詩經〉學專題研究》，四川大學博士論文，2007年；陳文采：《兩宋詩經著述考》，新北：花木蘭文化出版社，2007年；郝桂敏：《宋代〈詩經〉文獻研究》，北京：中國社會科學出版社，2007年；李冬梅：《宋代〈詩經〉學專題研究》，長春：吉林人民出版社，2011年；吳國武：《宋代詩經著述叢考》，《版本目錄學研究》第5輯，2014年，第223～244頁。
〔註2〕　傅增湘：《藏園批註楹書隅錄》，北京：中華書局，2017年，第392頁。

本在內的珍集秘典，「實四部之菁英，曠代之鴻寶，幾經兵戈水火蟲魚之劫，僅得留貽。」〔註3〕據現代的古籍調查，宋刊本《詩經》著述存留不足三十種（部），而南宋人劉克《詩說》一書尚為其中之一。〔註4〕據古籍的調查，陸心源舊藏宋刻本今藏國家圖書館（以下簡稱國圖），而國圖和南京圖書館（以下簡稱南圖）等公藏機構還有抄本、清抄本、《宛委別藏》本、清道光間汪士鐘影宋刻本等。〔註5〕

　　宋刻本傳承至清初已寥若星辰，能見一二宋刻的讀者非富即貴，多是大力藏家，藏有《詩經》的宋刻本的人更是如此。無論從收藏價值和學術價值，宋本都足為至珍，藏家不能得到宋本收儲，也要想盡辦法傳抄，故而先後有多種基於宋本的抄本或傳抄本；那些熱心刊書且有實力者，則將所珍藏的宋本加以影刊，或進行補訂刊刻，讓孤罕秘笈得以廣為流傳。我們可以透過此書的傳承管窺我國經學書籍在失去了經學底色之後，成為珍貴典藏的書籍史。

　　劉毓慶《歷代詩經著述考》著錄劉克《詩說》一書序跋，並錄朱彝尊（1629～1709）《經籍考》、周中孚（1768～1831）《鄭堂讀書記》、阮元（1764～1849）《四庫未收書目提要》、張金吾（1787～1829）《愛日精廬藏書志》、黃丕烈（1763～1825）《蕘圃藏書題識》、楊紹和（1830～1875）《楹書隅錄初編》、丁丙（1832～1899）《善本書室藏書志》、羅振玉（1866～1940）《經義考校記》、王重民（1903～1975）《中國善本書提要》等書對該書描述提要。〔註6〕也就是說，先後為《詩說》題寫書志的，有朱彝尊、周中孚、阮元、張金吾、楊

〔註3〕傅增湘：《藏園批註楹書隅錄》，第394頁。

〔註4〕據丁延峰的文獻調查，《詩經》的宋刻本在國內外存量為27種（部），國家圖書館11種、日本8種、臺灣故宮博物院3種。其中，《毛詩》5種7部，《毛詩詁訓傳》（2部）、《監本纂圖重言重意互注點校毛詩》（2部）、《纂圖互注毛詩》（1部）、《毛詩正義》（1部）、《附釋音毛詩注疏》（1部）；佚名《毛詩舉要圖》1部；魏了翁《毛詩要義》1部；歐陽修《詩本義》1種1部；朱子《詩集傳》1種8部；蘇轍《詩集傳》1部；呂祖謙《呂氏家塾讀詩記》1種6部；劉克《詩說》1部；李公凱《新刊直音旁訓纂集東萊毛詩句解》1部。從傳世《詩經》宋刻本來看，《毛詩》和朱子《詩集傳》大體相當，而呂祖謙的著作也曾廣為流傳。參見：丁延峰：《海內外現存〈詩〉類宋刻本輯錄》，《詩經研究叢刊》第22輯，2012年，第37～50頁。

〔註5〕中國古籍善本書目編輯委員會：《中國古籍善本書目・經部》，上海：上海古籍出版社，1989年，第135頁；中國古籍總目編纂委員會：《中國古籍總目・經部》，北京：中華書局，2012年，第328頁。

〔註6〕劉毓慶：《歷代詩經考：先秦——元代》，北京：中華書局，2002年，第287～292頁。

紹和、羅振玉、王重民等。之後，趙萬里（1905～1980）、李致忠、丁延峰等也為所見所知藏本撰寫了提要。〔註7〕劉氏注意到《詩說》一書有《宛委別藏》本、北京圖書館（簡稱平館，即今國圖前身）藏闕卷抄本、南京圖書館藏全本抄本。〔註8〕國圖（包括其前身京師圖書館和平館）所藏抄本不止一種，南京圖書館所藏之本乃丁氏八千卷樓舊藏。

　　近代以來，劉克《詩說》這部書就與國圖有著十分密切的關聯。從京師圖書館時代開始，繆荃孫（1844～1919）、章鈺（1865～1937）、張宗祥（1881～1965）、袁同禮（1895～1965）、王重民、趙萬里、李致忠等幾代國圖人都為這部書的抄本、刻本的存藏做過功課，新一代的國圖人劉鵬為這部書寫過長篇論文。現在借助於新時期的古籍保護工作條件，我們有機會對幾種抄本再做一點調查。

一、少數的例外：知「書名」與知「書籍」

　　《詩經》在近代的學術研究中，並不是焦點，也不是熱點。民國以來，《詩經》研究學者們一方面以古籍的調查展開資料的搜集工作，以期建立重寫《詩經》學史，一方面用現代的學術方法對《詩經》展開論說，以期建立現代的《詩經》研究範式。鄭振鐸（1898～1958）是其中較為突出者。民國時，鄭振鐸曾有志於進行《詩經》研究，他多方蒐集相關著作，並於 1927 年發表《關於詩經研究的重要書籍介紹》一文，詳細著錄歷代《詩經》研究中比較重要的文獻。〔註9〕鄭氏將詩經研究著作分為注釋及見解、音韻名物和異文校勘、著作輯佚和附錄等四類。其中，宋人注解，他列舉了歐陽修（1007～1072）《毛詩本義》、蘇轍（1039～1112）《詩經傳》、李樗和黃櫄《毛詩集解》、張耒（1054～1114）《詩說》、程大昌（1123～1195）《詩論》、周孚（1135～1177）《非詩辨妄》、王質（1135～1189）《詩總聞》、范處義（1132～1203）《詩補傳》、朱熹（1130～1200）《詩集傳》、朱熹《詩序辨說》、呂祖謙（1137～1181）《呂氏家塾讀詩記》、戴溪（1141～1215）《續呂氏家塾讀詩記》、楊簡（1141

〔註7〕　趙萬里：《趙萬里文集第3卷》，北京：國家圖書館出版社，2012年，第416～417頁；李致忠：《昌平集》，上海：上海古籍出版社，2012年，第343～344頁；丁延峰：《海源閣善本敘錄》，北京：國家圖書館出版社，2015年，第41～50頁。

〔註8〕　劉毓慶：《歷代詩經考：先秦——元代》，第292頁。

〔註9〕　該文發表於《小說月報·中國文學研究專號》（1927），收入《中國文學研究》（作家出版社，1957），後收入《鄭振鐸全集第四卷》（花山文藝出版社，1998）。

～1226）《慈湖詩傳》、袁燮（1144～1224）《絜齋毛詩經筵講義》、劉克《劉氏詩說》、輔廣《詩童子問》、段昌武《詩義指南》、魏了翁（1178～1237）《毛詩要義》、嚴粲《詩輯》、王柏（1197～1274）《詩疑》和朱鑒（1190～1258）《詩傳遺說》等 20 餘種。〔註10〕鄭氏所謂的《劉氏詩說》是清人汪士鐘（1786～？）重刻時的題名，即藝芸書舍藏板之《宋本劉氏詩說》（清道光八年，1828）。

鄭振鐸說，北宋歐陽修、蘇轍開始對《毛詩》有了全盤質疑，鄭樵（1104～1162）、程大昌、王質、朱熹、楊簡、王柏等繼起發明，一時間廢《序》說《詩》之風，人盡皆知。而呂祖謙、范處義、戴溪、段昌武、嚴粲等人，仍舊擁護《詩序》，但他們的聲勢終不如廢《詩序》派浩大。〔註11〕劉克屬於哪一派呢？按照鄭氏對相關著作的排序，似應歸於擁序派。但我們看到，劉克明確說：「介甫（王安石）之辨《二南》，似專以《詩序》為斷，而以詩辭證之，此卻止為見理未明，狥《詩序》而不知詩意耳。若詳味詩意得明，則詩序可略矣。詩意本也，詩序末也。狥末而棄本，可乎？但觀《召南》詩序，便似與詩意相遠，若《周南》之序與詩意背謬特甚，但作為文辭似誇之耳，害於詩之大者也。」〔註12〕（《詩說‧總說》，第 11 頁）又說：「近世之說《詩》者，大抵以《詩序》為宗。凡詩之辭盡牽合與《序》同，然後曲為之辭。使皆盡出於子夏之手，則亦未折衷於吾夫子者也，況其失浸遠乎？」又說：「世之學《詩》，先以《詩序》存於腹中，安得不自障蔽？雖欲不奪於《序》，亦不自覺矣。惟先去《詩序》，深求詩旨，得其醇一無礙，皆已融暢，然後看《序》，始知《序》之所失為多。」〔註13〕（《詩說‧總說》第 15～16 頁）顯然，劉克並不是擁《序》派，至少算不上嚴格意義上的《毛詩序》擁躉。鄭氏在其文字中沒有將劉克之名列入擁《序》派，也是較為慎重的。

鄭氏著錄清道光戊子汪氏刊本（即道光八年（1828）汪氏藝芸書舍仿宋刊本）劉克《詩說》，但並未像其他著作那樣有一兩句話的簡短評語。他知道有這麼一部書，卻極有可能沒有親眼見到，或者至少是沒有收入囊中。《西諦書

〔註10〕鄭振鐸：《鄭振鐸全集第 4 卷‧中國文學研究上》，石家莊：花山文藝出版社，1998 年，第 25～27 頁。

〔註11〕鄭振鐸：《鄭振鐸全集第 4 冊‧中國文學研究上》，第 41 頁。

〔註12〕〔宋〕劉克：《詩說‧總說》，北京：北京圖書館出版社，2003 年，第 11 頁。本章所引劉克《詩說》文字，如無必要說明，皆出自《中華再造善本》影印國家圖書館藏宋刻本。

〔註13〕〔宋〕劉克：《詩說‧總說》，第 15～16 頁。

目》卷一《經部・詩類》著錄相關書籍52種，並沒有見到劉克《詩說》。不管是清刻本還是清抄本，《詩說》應該不算是「通行常見的舊版書」。〔註14〕《西諦書目》未著錄該書，則可以認為鄭氏藏書中沒有這部宋人著作，或許他沒有獲得過此書。鄭氏在《關於詩經研究的重要書籍介紹》一文最末說：「現在所寫的各書，除了少數的例外，大概都是我曾經見過，且都是有很容易得到的刊本的。」〔註15〕到了民國時，清道光刻本也不能容易得到，像汪士鐘的影宋刻本更是稀見之本。劉克的《詩經》解釋著作也就成了「少數的例外」。

　　當然，鄭振鐸在平館或南京中央館查閱過劉克《詩說》某個抄本或清刻本，也是有可能的，因為民國時的平館和南京中央館的書目都著錄有此書的清代抄本或者刻本。南京中央館藏抄本還與鄭振鐸有著密切關係。抗戰期間，鄭振鐸等人為保護古籍，成立了「文獻保存同志會」，從1940年到1941年間經多方努力，最後將張乃熊（1891～1942）藏書收入南京中央館。鄭振鐸還專門清點了張氏藏書中的有黃丕烈跋的古籍，並寫就書目。他感慨說：「此批書琳琅滿目，誠令人有應接不暇之慨。」〔註16〕張乃熊藏劉克《詩說》就是有黃跋者，鄭氏當寓目過。鄭振鐸說：「余嘗搜集宋元以來說《詩》之書近三百中，八一三之變，大都蕩為寒煙。本無意於復收此書（《詩經類考》）。以其價廉，且明人說《詩》之作本不多，故遂收得之。」〔註17〕（《劫中得書記》）四十年代的鄭氏，在學術上的旨趣並不在《詩經》之類的經學文獻，更多的關注集部、史部文獻，也就未見他對所見劉克《詩說》一書的有何等見解。

　　在寫《關於詩經研究的重要書籍介紹》一文時，鄭振鐸將宋代《詩經》解說分成支持或者反對《毛詩序》的兩派，他將該書排列在支持序說的一派之中，但在點出擁護序說的人名時沒有提劉克。我們認為這是由於寫文章時鄭氏未「曾見過」原書，所以他對於這部書的判斷就吃不太準。鄭氏之所以認為劉克是支持序說的釋經學家，是因為此前的諸藏書家著錄多有這樣的意見。比如，阮元《四庫未收書提要》說：「宋儒說《詩》，有攻《小序》者，有守舊說者。廢《小序》者，朱子也。尊古注者，呂祖謙也。克之學，出於

〔註14〕國家圖書館編：《西諦書目・凡例》，北京：中華書局，2008年，第9頁。
〔註15〕鄭振鐸：《鄭振鐸全集第4冊・中國文學研究上》，第27頁。
〔註16〕鄭振鐸：《鄭振鐸全集第16卷書信》，第188頁。
〔註17〕鄭振鐸：《鄭振鐸全集第6卷文論書話》第795頁。

祖謙。」〔註18〕丁丙《善本書室藏書記》卷二將這句話改作「宋儒說《詩》，廢《小序》者，朱子也。尊古注者，呂祖謙也。克之學，出於祖謙。」〔註19〕莫有芝（1811～1871）《邵亭知見傳本書目》說，該書「仿《呂氏讀詩記》，每篇條列諸家解，而繫己說於後，所採視呂氏加詳。淳祐六年，克子坦鋟梓時，刪去諸家，獨存克說。」〔註20〕張壽林說：「宋儒說《詩》，廢《小序》者，朱子也；尊古注者，呂祖謙也。克之學出於呂氏，故其詮釋《詩》旨，多宗法《呂氏家塾讀詩記》，間亦參以朱子《集傳》。」〔註21〕這似乎坐實了劉克的《詩經》闡釋是呂祖謙派，也就是擁護《詩序》的。然而，阮氏、丁氏、莫氏和張氏的判斷並不準確。我們只要細讀劉氏論說就會發現，他並非呂氏一派的《詩經》闡釋者。書志提要作家之所以有這樣的論斷，多採信了劉克之子劉坦為該書撰寫的跋文，然後代代相傳。

　　劉坦在他的跋文中說：「家君（劉克）所著《詩說》，每篇條列諸家解而繫己意於後。其所纂輯家數視東萊《詩記》加詳，亦有所去取。又以《詩記》所編朱《解》乃文公初筆，其晚年《詩解》成時，呂成公已下世，更別為目，繫於『朱曰』之次。」劉克編寫的著作原有諸家之說和他本人的解說，而劉坦為之刊刻時則只保留了劉氏本人的解說。劉坦又說，劉氏收集到的諸家解讀要比《呂氏家塾讀詩記》所收錄的還要多一點，並且對呂氏著作的解讀也有所去取，還對呂氏引用朱子之說有所說明云云。若我們只粗粗讀罷劉氏跋文，或許就認為該書有諸家《詩經》解讀、呂氏《詩說》以及對朱子《詩傳》的說明，但我們今天所能見到的劉坦刻本其實只有劉克本人的《詩經》逐篇解讀，其他的文字除非我們能見到劉克的底稿才行。至今仍有提要者謂「該書每篇條列諸家說解，而後附以己見」云云，〔註22〕這或許是據前人提要之書輾轉傳錄而未嘗參閱原書。學術研究需要書籍，而書籍的獲取則並非易事，無論時間、精力

〔註18〕〔清〕阮元：《宛委別藏・詩說》，南京：江蘇古籍出版社，1998 年，第 1 頁；《揅經室集》，鄧經元點校，北京：中華書局，1993 年，第 1260 頁。

〔註19〕〔清〕丁丙：《善本書室藏書志》，杭州：浙江古籍出版社，2016 年，第 62 頁。

〔註20〕〔清〕莫友芝：《邵亭知見傳本書目》，梁光華等點校，貴陽：貴州大學出版社，2017 年，第 39 頁。

〔註21〕《續修四庫全書總目提要經部》，北京：中華書局，1993 年，第 315 頁。張壽林：《續修四庫全書總目提要稿（一）經部》，臺北：中央研究院中國文哲研究所，2009 年，第 47～48 頁。

〔註22〕中國詩經學會編：《詩經要籍提要》，北京：學苑出版社，2003 年，第 358 頁。

還是財力，都會有重重考驗。

劉坦跋文中提及朱子時用「文公」一詞，並在「文」字前空一格，以示尊重。之所以如此，這是因為在劉坦寫跋文的淳祐六年（1246）之前，宋理宗淳祐元年（1241）朱子經政府批准從祀孔廟，「其令學宮列諸從祀，以示崇獎之意。」〔註23〕（《續資治通鑑》卷一百七十）淳祐六年時，郴州學宮的先儒祭祀當有朱子，故而劉坦要在序文要特意點出，以示尊崇。劉坦還在跋文中提及了《呂氏家塾讀詩記》，這是因為當時這部書是通行的《詩經》教科書，被南宋人稱為「《詩》學之詳正，未有逾於此書者」（陳振孫《直齋書錄解題》）。〔註24〕我們從呂著有若干不同時間和地點的現存宋刊本就可窺其流傳之廣度和受歡迎之程度。劉克在跋文中將其父之書與朱子和呂祖謙兩人的《詩經》著作相提並論，未嘗沒有一種學術自信在。

顯然，如果我們只是依據提要著錄判斷一部書的內容和價值就會冒一定的風險。同樣的，我們只是依據序跋來判斷一部書的內容也有誤判的可能，特別是一部書的面貌並不太清晰的時候，我們更需要對它展開細緻的調查。

正如傅增湘所說的，劉克《詩說》在清代至民國的藏書家看來是琅嬛秘笈，他們將其視為拱璧亦不為過，即便是一部抄本，也要鄭重地鈐蓋上藏書之印，有的藏書家在所藏抄本上還鈐蓋了不止一方藏印。他們還要為之撰寫藏書題跋，以示遞藏源流。如，道光年間，藏書家馬玉堂曾收藏一部抄本。馬玉堂，字笏齋，海鹽（今屬浙江）人，藏書家，有漢唐齋藏書，「性耽書籍，聞人有善本，必輾轉購買。庋藏秘冊甚多，杜門讎校。」〔註25〕（《藏書紀事詩》卷六）馬玉堂似乎沒有編寫藏書目錄，也沒有見到他的藏書題跋。或許他就是熱衷於藏書。馬玉堂的藏書散出後，陸心源和丁丙各得到其中一部分。陸心源《皕宋樓藏書志》著錄：「《詩說》十二卷。舊抄本。馬玉堂舊藏。」又謂：「汪閬源重刊本缺三卷。此本完善。見《儀顧堂集》。」〔註26〕《儀顧堂集》卷十六《足本劉克詩說跋》謂：「《詩說》十二卷，題『信安劉

〔註23〕〔清〕畢沅：《續資治通鑑》，北京：中華書局，1957年，第4630頁。

〔註24〕〔宋〕陳振孫：《直齋書錄解題》，上海：上海古籍出版社，1987年，第39頁。

〔註25〕〔清〕葉昌熾：《藏書紀事詩》，王鍔等點校，北京：北京燕山出版社，1999年，第490頁。

〔註26〕〔清〕陸心源：《皕宋樓藏書志》，徐靜波點校，杭州：浙江古籍出版社，2016年，第78～79頁。

克學』。是書明以前未顯。至國朝秀水朱氏《經義考》始據徐氏傳是樓宋本著於錄。宋本缺卷二、卷九、卷十三卷。儀徵阮氏所進呈，缺卷與徐氏宋本同。嘉慶中，宋本歸吳中汪士鐘，汪氏又從嘉興錢氏借補第二卷付梓，其第九、第十兩卷終不可得。余得舊鈔《詩說》於書估舟中，缺七、八兩卷，而各家所缺九、十兩卷則完。因以汪氏刊本互相鈔補，成全璧焉。呼，自紹定至康熙初，閱四百年，而是書始著於錄。自康熙至今，又閱二百年，而學者復見完書。物之顯晦，自有時歟？」〔註27〕陸心源所藏舊抄本今不知所蹤，但《詩說》的故事並不因為這一抄本的晦暝而黯淡，相反，由於歷代藏書家的接續努力，它成為我們考察藏書文化的見證。

莫有芝在其《邵亭知見傳本書目》中著錄了他所知傳是樓宋刻本、阮元景宋抄本、嘉興錢香樹家藏舊抄本、道光戊子汪士鐘刻本劉克《詩說》。其後，傅增湘《藏園訂補邵亭知見傳本書目》又補充了他所知道的聊城楊氏海源閣藏宋刻本。〔註28〕《楹書隅錄》卷一著錄：「宋本《詩說》，九卷，八冊。……是書世無二本。《四庫全書》亦未收錄。朱氏《經義考》云：『劉氏《詩說》，《宋志》及焦氏《經籍志》、朱氏《授經圖》均未之載。崑山徐氏傳是樓有藏本，乃宋時雕刻。惜第二、第九、第十卷都闕。前有《總說》。楮尾有吳匏庵先生題識尚存。即此本也。』」又說：「予按克子坦跋，有『書成藏在篋中有年，恨遭攻劫，遺失數卷』云云，則第二、第九、第十三卷乃未刊前所佚失，非此本有殘闕也。此本坦跋凡二，一在克序後，一在卷尾，語意略同。惟序後之跋，多前數語，當是卷尾之跋先成，因為著明闕卷之故，遂別作一跋補為敘入，而印時偶忘撤先跋，以致兩存耳。」〔註29〕對於楊紹和的這一判斷，傅增湘予以否定。

從傅增湘開始，就對現存宋刻本的劉坦跋文有所懷疑。〔註30〕傅氏《藏園群書經眼錄》著錄宋刊本《詩說》：

> 《詩說》十二卷《總說》一卷。宋劉克撰。缺卷二、十兩卷。

〔註27〕〔清〕陸心源：《儀顧堂集》，王增清點校，杭州：浙江古籍出版社，2015年，第302頁。

〔註28〕傅增湘：《藏園訂補邵亭知見傳本書目》，北京：中華書局，2009年，第59～60頁。

〔註29〕〔清〕楊紹和：《楹書隅錄》卷一，清光緒二十年（1894）海源閣刻本，第14頁。

〔註30〕劉鵬：《清代藏書史論稿》，北京：知識產權出版社，2018年，第231～245頁。

△850。宋刊本，半葉九行，行二十二字，白口，左右雙欄，版心上記字數，下記刊工人名。卷一首葉刊工有「吉州吳刊」（注：應為「吉州吳玉」）四字，餘則但題一字（注：亦有二字者）。避宋諱不謹。用羅紋紙。序六行十七字。劉坦二跋七行十四字，低二格。其在序後者字體墨色與全書不同，紙色亦異，當是後刊補入。有明吳寬、錢同愛識語。（海源閣遺書，辛未二月十二日觀於天津鹽業銀行。）〔註31〕

1931年2月，傅氏見到了傳聞中的宋刻本《詩說》，發現了題跋存在明顯的問題，做出了「後刊補入」的判斷。即便如此，他也在同年3月13日的日記中說，海源閣「精品則有《尚書集傳》、撫本《禮記》、前四史、《詩說》、《通鑑考異》、《證類本草》、《離騷草木疏》、《駱賓王集》、《韓昌黎集》、《寶晉山林拾遺》，咸為罕秘，絕可寶玩。」不過，傅氏話鋒一轉，「然其精華亦只此數耳。若比權量力，藏園插架固未遑多讓也。」〔註32〕他承認宋刻本《詩說》絕對是陸氏藏書的代表之一，是很多藏書家夢想一見而不得的。其後，傅氏批註《楹書隅錄》時對此書尚有進一步的判斷：「劉坦二跋七行十四字，低二格（字體、墨色與全書不同，當是後刊補入）。字體樸拙。……細審在序後之坦跋，的為清刻，紙色亦異，書畫似藝芸精舍物。」〔註33〕藏書家審定版本時，要抓住每一個具體的版本細節予以分析，讓我們知曉某個版本值得關注的問題何在。

傅增湘明確提出劉坦的兩篇跋文有一篇就是清代刻印，他覺得應該是汪士鐘藝芸精舍所為。道光八年，汪士鐘影宋刊刻了《詩說》，在重刊時增加一個劉坦的跋文當有其可能。但我們並沒有什麼證據可以確定一定就是汪氏所為。傅氏是近代有名的藏書大家，也是古籍書志撰寫的大家，他的這些題跋文字廣為學界稱引，他的鑑定意見也為古籍工作者所重視。但從古籍版本的研究而言，我們不能就止於此。事實上，趙萬里見到傅氏曾經經眼的同一部書之後，也撰寫了經眼錄，二者所見的基本細節以及對該書的認識，就有明顯的不同。

傅氏所見宋刻本即國家圖書館藏本。這部書在上世紀三十年代尚未入藏

〔註31〕傅增湘：《藏園群書經眼錄》，北京：中華書局，2009年，第34頁。

〔註32〕傅增湘：《藏園群書題記》，上海：上海古籍出版社，2022年，第1268頁。

〔註33〕傅增湘：《藏園批註楹書隅錄》，北京：中華書局，2017年，第17頁。

平館，故 1933 年趙萬里編《北平圖書館善本書目》未曾著錄該書。楊氏海原閣藏書於 1927 年抵押給天津鹽業銀行，故傅氏能於 1931 年在該銀行查閱此書。之後，該書被松江韓氏韓德君之子韓繩夫（1916～？）購得。韓繩夫，一名熙，字價藩，號致軒。1933 年，王欣夫（1901～1966）曾赴松江觀書，「主人號介蘗，年僅十八，彬彬有禮，佳子弟也。」〔註34〕其後該書入藏平館，具體時間代考。1959 年《北京圖書館善本書目》著錄即此書。其後，1987 年《北京圖書館善本書目》著錄更詳細：「宋刻本，吳寬跋，錢同愛題款。八冊。九行二十一字，白口左右雙邊。存十卷，卷一、卷三至八、卷十一至十二。索書號 850。」〔註35〕

趙萬里曾在韓氏藏書樓查閱該書，故其《雲盦群書經眼錄》著錄了「松江韓氏讀有用書齋藏書」之宋刻宋印本《詩說》十二卷。〔註36〕關於刻工，趙萬里的記錄是：「版心上記字數，下記刊工姓名（吳玉、吉州吳玉、章、昇、昱、青、光禮）。……刊工字體與贛本相近。」〔註37〕趙萬里糾正了傅增湘關於刻工的記錄（比如吉州吳刊應為吉州吳玉，單雙名皆有等）。該書刻工姓名多為簡體字，如禮作礼、德作悳等。刻工尚有：道清、德辛、俊、爻、圭、玉、劉昌、悳、二人、六、邁、雲、世光、升等。趙萬里還從刻工字體和宋刻江西本相似這一點推斷該書可能是江西刊本。

對於傅增湘「後刊補入」劉坦跋文的判斷，趙萬里做出了更進一步的推斷。他說，「坦跋（即宋刻本書後跋）僅一葉，紙色黯淡，與他卷不類，乃坦官郴州州學教諭時所增入，似全書之刊尚在淳祐前也。此本自序後又別出坦跋一葉，叫卷後之跋多『書成，藏在篋中有年，恨遭攻劫，遺失數卷』十六字，則估人掩耳盜鈴之術，非原書所應有也。」〔註38〕

也就是說，傅增湘和趙萬里都認為現存宋刻本上的跋文並非原始樣貌，他們認為這是一頁偽跋，或許出自古籍善本的販賣者之手。目前，宋刻本《詩說》已入《中華再造善本》，李致忠為該書撰寫有提要。李致忠不認為該書有淳祐

〔註34〕 李軍：《松江讀有用書齋韓氏家世考》，《中國典籍與文化》，2012 年第 4 期，第 69 頁。

〔註35〕 北京圖書館編：《北京圖書館善本書目・經部》，北京：書目文獻出版社，1987 年，第 52 頁。

〔註36〕 趙萬里：《趙萬里文集第 3 卷》，北京：國家圖書館出版社，2012 年，第 417 頁。

〔註37〕 趙萬里：《趙萬里文集第 3 卷》，第 417 頁。

〔註38〕 趙萬里：《趙萬里文集第 3 卷》，第 417 頁。

之前的刻本，他分析劉坦跋文，說明該書當刻於宋淳祐六年郴州州學，且刊刻時已有缺卷尚待補全。〔註 39〕至於跋文是否有清人作偽的問題，他並沒有深究。

其後，劉鵬基於傅氏和趙氏的意見對該書進行了深入考察，提出現存宋刻本劉坦跋文當是清人作偽，且可能就是有名的書商陶珠琳或學者何元錫（1766～1829）。他認為，幾種傳世的清「抄本至少不是出自今日形態的這部宋刻，而保留了這部宋刻本在某個特殊時期的剪影——造作偽跋而未及完成的那一刻。」〔註 40〕這一論斷的前提是，《詩說》有且僅有一個宋刻本。如果這個前提不成立，後面的推理也就無法成立。宋刻本是否只有一個，從目前所知的古籍存藏而言是難以判定的。

古籍版本的研究，必須基於實際的存在。古籍的存在有很多種形態，不管是刻本、抄本，也不論是紙質版本、電子版本，這種以多種形態存在的書本身，是具體的，也是可見的。我們必須要以一個個具體的版本為依據，對它展開細緻的周密的考察，同時還要對前人的研究有所關注，結合諸家的判斷，推進我們對於這部書的認識，從而讓書籍的故事在我們這裡繼續延續下去。以下，我們就圍繞目前所知的劉克《詩說》7 個抄本進行初步的調查。

七個抄本分別是：南京圖書館藏丁丙舊藏本（簡稱南圖本）、國家圖書館藏清張氏小琅嬛福地抄本（簡稱國圖甲本）、臺館藏清張氏小琅嬛福地抄本（簡稱臺館甲本）、平館藏清乾隆間抄本（簡稱平館乙本）、平館藏舊抄本（簡稱平館丙本）、臺灣故宮藏清阮元宛委別藏抄本（簡稱阮元本）和臺館藏清抄本（簡稱臺館乙本）。

二、書之遇不遇：南圖藏丁丙舊藏本

今存國圖的宋刻本《詩說》有缺卷，而存於各館的抄本則有內容完整者。其中之一是丁丙著錄的明抄本，今藏南京圖書館藏本。丁氏《善本書室藏書記》卷二謂其藏本是汪憲（1721～1771）藏書，「有『汪魚亭藏閱書』印，非惟第二不缺，第九、第十亦全。」〔註 41〕汪憲，字千陂，號魚亭，浙江錢塘

〔註39〕中華再造善本工程編纂出版委員會：《中華再造善本總目提要・唐宋編》，北京：國家圖書館出版社，2013 年，第 44～45 頁；李致忠：《昌平集》，上海：上海古籍出版社，2012 年，第 344 頁。

〔註40〕劉鵬：《清代藏書史論稿》，北京：知識產權出版社，2018 年，第 238 頁。

〔註41〕〔清〕丁丙：《善本書室藏書志》，杭州：浙江古籍出版社，2016 年，第 62 頁。

（今屬浙江杭州）人。乾隆十年（1745）進士，曾任刑部主事、員外郎。《清史列傳》有傳，著有《振綺堂稿》《易說存悔》《說文繫傳考異》等。《清史列傳》卷七十二說：「（汪憲）性好蓄書，丹鉛多善本，求售者雖浮其值，不與較。家有靜寄東軒，具花木水石之勝。朱文藻嘗介嚴可均見憲，憲即館之東軒，偕同志數人，日夕討論經史疑義，又悉發所藏秘籍，相與校讎；稍暇則投壺賦詩為娛樂。……憲卒後，值四庫開館，購求遺書，憲子慎選善本經進，恩賜《佩文韻府》。」〔註42〕汪氏書散出後，丁丙等一眾藏書家收得其家珍藏。

丁丙藏書志著錄有汪氏舊藏本頗夥。他在元刻本《周易本義》題跋中說：「魚亭名憲，字千陂，錢塘人。乾隆乙丑進士，官刑部員外郎。性耽蓄書，有求售者，不惜豐價購之。家有振綺堂藏書，為乾隆中吾杭之冠。」〔註43〕（《善本書室藏書志》卷一）汪憲與藏書家鮑廷博（1728～1814）、嚴可均（1762～1843）等過從甚密。朱文藻（1735～1806）曾在汪氏充當家庭教師十餘年，其序《知不足齋叢書》說：「余館於振綺堂十餘年，君（鮑廷博）借鈔諸書，余皆檢集。」鮑廷博《挽汪魚亭比部》詩謂：「整整牙籤萬軸陳，林間早乞著書身。種松漸喜龍鱗老，埋玉俄驚馬鬣新。清白家聲欽有素，丹黃手澤借還頻。西風誰送山陽笛，偏感春明僦宅人（原注：先生既捐館，余尚向鄴架借書）。」〔註44〕（葉昌熾《藏書紀事詩》卷五）。汪憲之子汪汝瑮（1744～1805）也是有名的藏書家，曾在乾隆時獻書，獲得了御賜《佩文韻府》一部。汪氏振綺堂藏書在清咸豐間太平天國時期星散，「汪氏代衍甲科，門承通德，牙籤縑軸，歷百數十年而始散於庚辛之劫，至今一鱗片甲猶有存者，積厚流光，書其一端云。」〔註45〕丁丙等藏書家得以獲得汪氏部分藏書。莫棠《五十萬卷樓藏書目錄初編》中《棠陰比事》條說，該書是汪憲藏書，「前有『汪魚亭藏閱書』『振綺堂兵燹後收藏書』兩章。汪憲號魚亭，錢塘人，有《振綺堂書目》不分卷，版心下有『金石錄十卷人家鈔書』九字。凡鈔本書皆標明，間有校字。近汪氏家刊四卷本，以廚架格位排次。」〔註46〕《振綺堂書目》有

<hr>

〔註42〕《清史列傳》，王鍾翰點校，北京：中華書局，1987年，第5890～5891頁。

〔註43〕〔清〕丁丙：《善本書室藏書志》，第21頁。

〔註44〕〔清〕葉昌熾：《藏書紀事詩》，王鍔等點校，北京：燕山出版社，1999年，第387頁。

〔註45〕丁申《武林藏書錄》，〔明〕胡應麟等：《經籍會通　外四種》，北京：北京燕山出版社，2008年，第200頁。

〔註46〕莫伯驥：《五十萬卷樓藏書目錄初編》，曾貽芬整理，北京：中華書局，2016年，第468頁。

分廚本和分部類本。分廚本以「東壁圖書府，西園翰墨林。誦詩聞國政，講易見天心。位列和羹重，恩叨醉酒深。載歌春興曲，情暢為知音。振綺堂」四十三字編排，一字一廚。國家圖書館藏此《振綺堂書目》（善本書號：01450）。分廚本《振綺堂書目》著錄該抄本。在第十七廚「續收經部」之「易」字號「第二格。《詩說》，八冊。」（第 66 頁）。該書存放在「是亦樓西一」。是亦樓為汪遠孫（1794～1836）藏書樓。

　　鄭振鐸舊藏分部類本《振綺堂書目》（國家圖書館藏，善本書號 16878）詩類著錄 13 部，包括《御纂詩義折衷》《范氏詩志》《何氏詩經世本古義》《呂氏家塾讀詩記》《毛詩明辨錄》《毛詩古音考》《聖門傳詩嫡冢》《詩牗》《詩經說通》《詩闡聞》《詩故》《詩經經解經》《六家詩名物疏》。（分部類本《振綺堂書目》，第 3 頁）這部書目並未收錄分廚本《振綺堂書目》中續收的《詩說》《毛詩傳定本》《三家詩拾遺》，也未收錄分廚本（第 57～58 頁）「國」字號第三格著錄的《陸堂詩學》《詩識名解》《詩所》《味經堂詩輯》《毛詩稽古編》《詩考異補》《毛詩異議》《詩經小學》《詩古微》《韓詩外傳》和《詩經韻讀》等書。分部類本《振綺堂書目》只是著錄了汪氏的一部分藏書，沒有將汪氏 43 廚書籍收藏全部囊括。分廚本是汪氏藏書未散佚之前的情況。而分類本則與汪遠孫（1789～1835）有關。或許到汪遠孫時，振綺堂舊藏《詩說》已流通至他處了。

　　我們知道以《詩經》研究為志業的陳奐（1786～1863）曾在汪氏振綺堂坐館達二十年，其《詩毛氏傳疏》並未提及《詩說》。如果說該書當時仍在振綺堂的話，陳奐不提及它，或許是因為他看不上，或許是因為他力主《毛詩》，反對宋人解說。陳奐說，他的這部著作「成於道光庚子，杭郡西湖水北樓友人汪亞虞慫恿為之。亞虞名適孫，遠孫之弟有振綺堂，藏書極富。」〔註47〕洪湛侯以為陳奐《傳疏》「用毛義，不採鄭箋之說」、他是典型的「宗毛抑鄭」的釋經學家。〔註48〕又謂：「道光咸豐年間，治《詩經》漢學最著者有馬瑞辰、胡承珙和陳奐三家。」〔註49〕據陳錦春先生的研究，陳奐對於鄭玄的注解，凡是符合毛傳的地方，他都是引用的。但主要是對毛傳進行疏解，不像孔穎達《毛

〔註47〕　〔清〕陳奐：《詩毛氏傳疏》，北京大學儒藏編輯研究委員會：《儒藏精華編三三》，北京：北京大學出版社，2009 年，第 28 頁。
〔註48〕　洪湛侯：《詩經學史》，北京：中華書局，2002 年，第 521 頁。
〔註49〕　傅璇琮等等主編：《中國詩學大辭典》，杭州：浙江教育出版社，1999 年，第1238 頁。

詩正義》那樣對毛傳、鄭箋的差異處彌縫處理。〔註50〕丁丙在題跋中說，汪士鐘當年就沒有能夠見到完整版本的《詩說》，他的影刻本最後還是缺了兩卷，「書之遇不遇，亦關時會，豈可不慨也夫。」〔註51〕汪憲所藏《詩說》和眾多《詩經》學著作散佚，專門研究《詩經》的陳奐是沒有機會見到，豈可不慨也夫！

　　清代至民國的藏書題跋記載中，汪憲舊藏抄本是除了現存於國家圖書館的宋刻本之外最早的一部抄本。汪氏藏本從何而來，未見相關著錄，丁氏在其藏書志中僅著錄明抄本。《中國古籍善本書目》則將它改為清抄本，詳情不得而知。南京圖書館所藏「抄本」為六冊，善本書號為 GJ／KB1203。〔註52〕不知此書是否為振綺堂所藏之八冊本《詩說》，該館所藏珍本有三卷被納入到《續修四庫全書》第 57 冊。《續修四庫全書》收錄劉氏《詩說》，主體部分是國圖藏宋本，國圖本缺損部分，即卷二、卷九、卷十這三卷以南圖抄本補足。南圖本卷二有「八千卷樓丁氏藏書記」印，卷九有「小令威」藏印，皆是丁丙藏書印。南圖本全書則尚未有影印或數字版本，深藏善本書庫，待人求考而已，豈不可慨也夫。〔註53〕

　　從丁丙的著錄來看，南圖本是現存《詩說》抄本中最早且最全的。如果丁丙的判斷不誤的話，則這是目前所知的唯一一部明抄本《詩說》。朱彝尊（1629～1709）《經義考》卷一百九著錄「劉氏克《詩說》十二卷。闕。」並錄劉克自序和劉克子劉坦跋。羅振玉《經義考目錄校記》說：「崑山徐氏有藏本，第二、第九、第十都闕。案：汪閬源仿宋刊本闕第九、第十兩卷，歸安陸氏刊此二佚卷於《群書校補》中。（《詩》頁三一）」又謂「劉氏《詩說》，《宋志》及焦氏《經籍志》、朱氏《授經圖》均未之載。崑山徐氏傳是樓有藏本，乃宋時雕刻，惜第二、第九、第十卷都闕，前有《總說》，楮尾吳匏庵先生題識尚存。克，信安人。」〔註54〕清道光 8 年（1828）劉氏味經書屋分廚本《傳是樓書

〔註50〕此由陳錦春先生告之，2022 年 5 月 9 日微信通信記錄。

〔註51〕〔清〕丁丙：《善本書室藏書志》，第 63 頁。

〔註52〕南京圖書館書目檢索系統，2022 年 5 月 13 日檢索，http://opac.jslib.org.cn/F/YPI VFJQXMESTRSBM5JB2EU4X7P36CUN44LHFQT6V2IYR6N5ILB-09899?func =find-b&find_code=CAL&request=GJ%2FKB1203&local_base=

〔註53〕丁延峰曾見此鈔本，並著錄於《海源閣善本敘錄》（第 46～47 頁），他以該鈔本的前十頁與宋本相對勘。

〔註54〕〔清〕朱彝尊撰、林慶彰等主編：《經義考新校》，上海：上海古籍出版社，2010 年，第 2031～2032 頁。

目》著錄：地字格有「說詩說，十二卷。宋劉克。八本。抄本。」（第19頁，
國家圖書館藏本，善本書號02809）一種分部類的簡本《傳是樓書目》著錄「詩
說，十二卷。宋劉克。八本。」（平館藏書，善本書號CBM1326）另一種分部
類詳注本《傳是樓書目》則未著錄該書。按照分廚本《傳是樓書目》的記載，
徐乾學收藏的《詩說》當為一種抄本，而且是已經缺失了幾個卷次的本子。這
一抄本若是徐氏所抄，則這一抄本當是見於目前記載的最早的清抄本。不過，
這個本子現在不知所蹤，無法知曉其源流與遞藏。

　　除了丁氏藏本、徐乾學藏本之外，剩下的幾個抄本都出自乾嘉時期。雖然
乾嘉學術以考據為旗幟，但他們對於劉克的《詩經》解讀並沒有太多的熱情，
更多的是把它視為一種賞玩的故物。

　　除了丁氏藏本為完整的之外，陸心源也藏有一完整版本的抄本。陳樹灼
（字星村）為其祖父陳徵芝藏書編《帶經堂陳氏藏書目》，其卷一著錄：「《劉
氏詩說》十二卷，鈔本。宋劉克撰。《四庫全書》未著錄。前有紹定壬辰自序，
後有淳祐六年克子坦跋。缺卷二、卷九、卷十三卷。」陸心源等批註：「四庫
未著。蘇州汪氏有繙宋刻。」又補注：「嘉慶中吳中汪氏刊此書，第二卷從嘉
興錢氏本補入。近歸安陸氏得有舊抄本，九、十兩卷無缺，互相抄補，是書
復還舊觀，亦藝苑中一大快事也。」（國家圖書館藏抄本，善本書號17982）
陳徵芝字蘭鄰（又作蘭麟），號韜庵，福建閩縣（今福州）人。嘉慶七年（1802）
進士。閩南名藏書家，有「帶經堂」「愛日堂」「陶舫」等藏書樓，收有黃丕
烈、張蓉鏡等人的藏書，陳氏去世後其書歸周星詒、陸心源。〔註55〕陸氏所
得全本抄本今不得見，但他在刊刻的《群書校補》卷二、卷三即一眾藏家，
特別是汪士鐘刊本所缺失的兩卷《詩說》。〔註56〕丁、陸兩家內容完整的抄
本，難以見到，而缺了三卷的抄本則多見於著錄。比如，羅振玉（1866～1940）
《大雲書庫藏書題識》卷一記載：「《劉氏詩說》十二卷。（上海徐氏藏精鈔
本）。此書《宋史・藝文志》未著錄。《經義考》有之，所據乃傳是樓所藏宋
本，卻第二、第九、第十凡三卷。國初（清初）以來，藏書家所藏鈔本，大
率缺此三卷。此本亦然。殆皆自傳是樓本出也。惟泉唐（錢塘）丁氏善本書

〔註55〕李玉安、黃正雨：《中國藏書家通典》，香港：中國國際文化出版有限公司，
　　　　　2005年，第596～597頁。
〔註56〕陸心源：《群書校補》，潛園總集本，清光緒十九年（1893）刊本，天津圖書館
　　　　　藏。

室所藏有汪魚亭鈔本，首尾完足，異日當就彼本迻錄，補成完帙。此本前有『紫珊所得善本』印，後有『石畫書樓』印，乃上海徐氏舊藏。後歸南海孔氏嶽雪樓，予又得之孔氏者。」〔註57〕徐渭仁（1788～1855）字文臺，號紫珊，上海人，藏書萬冊，有宋元秘本，其名藏有今藏國圖的《唐女郎魚玄機詩集》。〔註58〕孔廣陶（1832～1890）字鴻昌，號少唐，廣東南海人，以鹽業富，藏書處稱三十三萬卷書堂、嶽雪樓。清末，孔氏藏書散出，康有為（1858～1927）、羅振玉等得到了孔氏的部分藏書。〔註59〕羅振玉曾想著要借丁氏舊藏全本補抄成一完整版本的《詩說》，不過此事並未完成。羅振玉舊藏缺三卷抄本《詩說》，今藏遼寧省圖書館（書號：善61568）。〔註60〕羅振玉在題跋中說，清抄本大都是從徐乾學的傳是樓宋本的抄本而來，此為傳聞。

　　1912年2月，張元濟似曾得到了一個內容完整的抄本。張元濟致書繆荃孫說：「小山老前輩大人賜鑒：迭奉初九、廿三日手書，開緘誦悉。補鈔劉克《詩說》三卷收到，第二卷並蒙代校，感謝感謝。其第九、十兩卷當取陸氏《群書校補》校勘也。」張元濟在這封信中提到他請繆荃孫幫忙抄錄了劉克《詩說》三卷，當是長期以來諸家抄本所缺失的部分。清汪士鐘道光間汪士鐘重刊《詩說》時仍缺二卷，故張元濟請繆荃孫抄錄時不大可能依據這一刻本抄錄。繆荃孫在京師圖書館任職時，該館已有《詩說》抄本入藏，張元濟或許是請繆氏以抄本為底本傳抄。值得我們注意的是，張元濟在該書信中還接著說：「《士禮居題跋》元濟只見潘刻六卷，江刻二輯尚未寓目。近假得一鈔本，有書七十種，有與潘刻本重出或類似者，然不多，未知即是江刻本否，然不宜與潘刻本重出。現已趕緊錄副，異日當寄呈清覽。敝處購入之書有蕘老跋者，已屬典守者檢出匯錄寄奉，綜計不及十種也。」〔註61〕以張元濟所見古籍之富，尚且要「趕緊錄副」，他所購得的古籍中有黃丕烈題跋者也要讓典守者匯錄，藏書家之間互通有無，傳錄善本或善本題跋已然成為

〔註57〕羅振玉：《羅振玉學術論著集第7卷大雲書庫藏書題識》，上海：上海古籍出版社，2010年，第263頁。

〔註58〕李玉安、黃正雨：《中國藏書家通典》，第474頁。

〔註59〕李玉安、黃正雨：《中國藏書家通典》，第651頁。

〔註60〕遼寧省圖書館藏善本6200餘部12萬餘冊，其中羅振玉舊藏善本16010冊、家刻本4萬餘冊，其中有宋元刻本30餘部，明刻本100餘部，明清抄本200餘部，羅氏題跋本60餘部。此《詩說》抄本有羅氏題跋。王榮國主編：《遼寧省圖書館藏古籍精品圖錄》，瀋陽：瀋陽出版社，2008年，第1～3頁。

〔註61〕張元濟：《張元濟全集第3卷書信》，北京：商務印書館，2007年，第495頁。

他們的常識。早於張元濟的乾嘉時期，藏書家得到一善本，更是有此種心態，更有此種行為，劉克《詩說》的張氏小琅嬛福地抄本有至少兩種存世，其原因就在於此。

三、精鈔的祕帙：國圖藏清張氏小琅嬛福地抄本

　　國家圖書館（包括其前身京師圖書館、北平圖書館）藏《詩說》抄本多種，分別是張氏小琅嬛福地抄本（善本書號 3796，簡稱國圖甲本）和徐乃昌舊藏本（善本書號 CBM0379，簡稱平館乙本）、京師圖書館藏本（簡稱平館丙本）。1933 年，趙萬里編《北平圖書館善本書目》著錄《詩說》抄本兩種，這兩種皆僅存九卷（即卷一、卷三至八和卷十一至十二）。〔註62〕趙氏著錄的兩種抄本（即平館乙本與丙本）如今悉數在臺灣。民國時，這兩種書皆在善本南遷書之列，後轉運至美國，1965 年運至臺北，先寄存於臺北央圖，後寄存於臺北故宮。1987 年，《北京圖書館善本書目》著錄該館藏一宋本、一清張蓉鏡（1802～1866）家抄本（國圖甲本）。〔註63〕上述寄存臺北者未列入。臺館也有一部清抄本。1947 年，屈萬里《國立中央圖書館善本書目初稿》著錄該館所藏清抄本一部（此即臺館甲本）。

　　臺館甲本與國圖甲本皆為張氏小琅嬛福地抄本。其中，國圖甲本有張氏過錄的孫原湘跋並黃丕烈跋。六冊。九行二十一、二十二字不等，無格。存十卷，卷一、卷三至八、卷十一至十二。索書號 03796。〔註64〕這是常熟翁氏後裔翁之憙（1895～1972）於上世紀五十年代初捐贈北京圖書館之書。〔註65〕該書鈐有張燮、張蓉鏡和姚氏藏書印。

　　據《中國藏書家通典》可知：A. 張燮（1753～1808）字子和，號蕘友，江蘇常熟人，乾隆五十八年（1793）癸丑進士，官至刑部員外郎。著有《味經書屋集》《小琅嬛隨筆》。藏書處名小琅嬛福地，藏書與黃丕烈相媲美，黃丕烈詩謂「琉璃廠裏兩書淫，蕘友蕘翁是素心。我羨小琅嬛福地，子孫世守到如今」。張燮之子張定球，亦收集古籍，藏書印有「秘殿紬書」「瀛海仙班」

〔註62〕趙萬里：《北平圖書館善本書目》，北京：人民文學出版社，2011 年，第 785 頁。
〔註63〕北京圖書館編：《北京圖書館善本書目‧經部》，北京：書目文獻出版社，1987年，第 52 頁。
〔註64〕北京圖書館編：《北京圖書館善本書目‧經部》，第 52 頁。
〔註65〕北京圖書館編：《北京圖書館善本書目‧經部》，北京：中華書局，1959 年，第 13 頁。

「張定球印」「倚青閣」。〔註66〕關於張燮的生卒年有幾種不同說法。張燮的妹夫孫原湘為其撰墓誌銘說：「張君字字和，以嘉慶十三年（1808）春由刑部郎中擢浙江寧紹臺兵備道，蒞任甫一月，卒於官。……君諱燮，字字和，世為常熟人。……四十一成進士。……春秋五十有六。」（《天真閣集》卷四十七《誥授奉政大夫浙江江寧紹臺海防兵備道張君墓誌銘》，第17～18頁）則張燮生於乾隆十八年（1753），卒於嘉慶十三年。

B. 張蓉鏡字伯元，號芙川，江蘇常熟人。張燮之孫，張定球長子。藏書樓為雙芙閣、小琅嬛仙館，其藏書印章有40餘種。〔註67〕

C. 姚覲元（1823～1890），字彥侍，歸安（今浙江湖州）人，道光舉人，曾任廣東布政使。姚氏藏書樓為咫進齋，有《咫進齋書目》，並編有《清代禁燬書目》。姚氏藏書在清末與徐乃昌「積學齋」舊藏同歸京師圖書館（今國家圖書館）。姚氏藏書印有「姚氏彥侍」「勿忘思齋藏本」「吳興姚伯子覲元鑒藏書畫之印」「吳興姚伯號覲元鑒藏書畫圖籍之印」。〔註68〕姚覲元祖父為姚文田（1733～1807），字經田，號秋農，嘉慶四年（1799）年進士，官至禮部尚書，謚文僖。著有《邃雅堂集》《邃雅堂學古錄》等，有邃雅堂藏書。《中國著名藏書家書目彙刊明近代卷》收錄的四卷本《咫進齋善本書目》並未著錄劉氏《詩說》。

D. 翁之憙，字克齋，原籍江蘇蘇州，居於天津。是著名藏書家翁同龢後裔。翁氏藏書自翁心存（1791～1862）、翁同書（1810～1865）、翁同龢（1830～1904）以降，四代收藏。1950年，趙萬里等應邀訪問翁之憙家，遴選其家中珍藏凡善本500餘種2400冊，捐給北京圖書館。其中有海內孤本《北堂書鈔》明抄本，海內珍本宋刊本《鑒誡錄》、景定本《施注蘇詩》、宋刊《後漢書注》等。〔註69〕翁氏所藏小琅嬛福地抄本《詩說》即在此列。

此書藏印有：「張燮字字和號蕘友」「張燮」「蕘友」「癸丑詞臣」等印，這些藏印為張燮之印。劉鵬認為，張燮藏印皆為張蓉鏡鈐蓋。〔註70〕張蓉鏡

〔註66〕 李玉安、黃正雨：《中國藏書家通典》，第474頁。
〔註67〕 李玉安、黃正雨：《中國藏書家通典》，第579頁；陳宇：《小琅嬛福地藏書事蹟鈎沉》，《圖書館雜誌》，2017年第10期，第115～120頁。
〔註68〕 李玉安、黃正雨：《中國藏書家通典》，第655頁。
〔註69〕 李玉安、黃正雨：《中國藏書家通典》，第922頁。
〔註70〕 書林有張蓉鏡造偽印的故事。比如，沈津氏在其《書海揚舲錄》中曾說，元刻本《兩漢詔令》上有文徵明「停雲」印和毛晉「毛晉秘籍」「汲古閣」三方偽印，潘景鄭告訴沈氏偽印皆為張蓉鏡所為。沈氏又謂，萬曆間稿本《常熟私

鈐蓋他本人的藏印有：「蓉鏡私印」「張伯元別字芙川」「芙川張氏小琅嬛福地藏書」「小琅嬛清閟精鈔秘帙」「小琅嬛清閟張氏收藏」「庀此書費辛苦後之人其鑒諸」「小琅嬛福地」「小琅嬛福地繕鈔珍藏」「在在處處有神物護持」「詞垣珥簫秘殿紬書版部持籌雲樓定律」等。張蓉鏡之後歸姚氏收藏，其鈐印為「吳興姚氏邃雅堂鑒藏書畫圖籍之印」。

　　該抄本另摹有「鼎」「元」連珠印、「伯雅」印。此為摹明人王世貞鈐印。〔註71〕王世貞字元美，號弇州山人，明太倉（今屬江蘇）人。嘉靖二十六年進士，官至刑部尚書。藏書樓為小酉館，有爾雅樓宋刻本專藏。王世貞跋宋刻本《漢書》說：「余生平所購《周易》《禮經》《毛詩》《左傳》《史記》《三國志》《唐書》之類，過三千餘卷，皆宋本精絕，最後班、范二書，尤為諸本之冠。前有趙吳興象，余失一莊而得之。」〔註72〕（《天祿琳琅書目》卷二）藏書印有「貞（鼎）」「元」「乾坤清賞」「默然守吾口」等。其「伯雅」「仲雅」「季雅」三朱文方印鈐蓋於宋元本上。葉昌熾《藏書紀事詩》卷三引毛晉的說法：「王弇州藏書，每以『貞』『元』二字印鈐之，又別以『伯雅』『仲雅』『季雅』三印。」葉氏又說「貞字從籀文作鼎，故《天祿琳琅（書目）》凡遇『鼎』『元』印，皆誤作鼎。」〔註73〕王世貞所藏《漢書》《後漢書》鈐「伯雅」，《呂氏家塾讀詩記》《衛生家寶產科備要》鈐「仲雅」，《夏侯算經》《欒城集》鈐「季雅」。〔註74〕嘉慶初，彭元瑞等編《天祿琳琅書目後編》時已將王世貞「貞（鼎）」「元」準確釋讀為「貞」，如宋本《周易》說：「明王世貞

志》上的項元汴與毛晉印章、明初刻本《壽親養老新書》上的黃丕烈印章、舊抄本《廣成集》上的黃丕烈與毛晉印章，悉數為偽印，都是張蓉鏡所為。他認為原因是：「由於書估或個別藏家處有前代名藏書家的各種偽印，卻又生怕別人不知道某書之珍貴，於是在所得的珍本上遍鈐名家偽印。」（沈津：《書海揚舲錄》，桂林：廣西師範大學出版社，2016年，第225頁。）問題是，張蓉鏡並不需要以黃丕烈藏書印來揚名，他可以直接請黃丕烈為他的藏書寫題跋，還需要弄一方假的印章來證明？這實在有點不可理解。我們認為，張蓉鏡鈐蓋其祖父之印並非「偽印」，恰恰相反，張氏鈐印有其十分明確的目的，絕非為了作偽而作。至於張蓉鏡是否有鈐蓋其他藏家印章，則並無十分有力的證據來證明，只能略備一說。

〔註71〕劉鵬：《清代藏書史論稿》，北京：知識產權出版社，2018年，第237頁。
〔註72〕〔清〕于敏中：《天祿琳琅書目》，上海：上海古籍出版社，2007年，第22頁。
〔註73〕〔清〕葉昌熾：《藏書紀事詩》，王鍔等點校，北京：北京燕山出版社，1999年，第186頁。
〔註74〕王玥琳：《中國古代藏書印小史》，北京：中國長安出版社，2015年，第189頁。

家藏，『貞』『元』、『伯雅』皆其家印，它書亦有『仲雅』『季雅』印，皆取三雅之意，以表書之品第也。」〔註75〕（《天祿琳琅書目後編》卷二）《後編》長期沒有刊本，光緒七年（1882）王先謙在北京購得舊抄本予以刊刻，〔註76〕此書才廣為人知。

此影寫本上的「鼏」字已作「鼎」字。從葉昌熾的說明中我們可以確定，「鼎」字印在天祿館臣時期全面著錄的，則此抄本的年代當在《天祿琳琅書目》成書（乾隆四十年，1775）之後。乾隆以後，藏家傳抄古籍時把王世貞的鈐印中的「鼏」字作「鼎」字，也就有了合理的依據。

張蓉鏡所藏《詩說》抄本並非一部。其中一部，鈐有張燮藏印，是很早就已經出讓的藏品。而另外一部則未見張燮在世時出讓的證據，只有其一眾藏書友人的印記。此本今藏臺館，由於這部抄本的存在，讓我們對國圖甲本有了新的認識。

為何張蓉鏡要在《詩說》上加蓋其祖父之印呢？令人困惑。這一困惑的解決當從平館（即今國圖前身）舊藏抄本上的黃丕烈和孫原湘（1760～1829）的跋文予以揭示。

國圖甲本孫氏題跋沒有鈐印，臺圖甲本有孫氏三方印，分別為「孫原湘印」「字子瀟」和「心青居士」。孫原湘（1760～1829）字子瀟，號心青，昭文（今江蘇常熟）人。嘉慶十年（1805）進士，著有《天真閣集》。孫氏與張蓉鏡友善，張氏藏抄本《續世說》、抄本《營造法式》、抄本《新刊張小山北曲聯樂府》、抄本《碧雲集》、刊本《大宋寶祐四年丙辰歲會天萬年具注曆》、刊本《國朝名臣事略》等皆有孫氏題記。〔註77〕臺圖甲本當是孫、黃二氏所題的正本，而國圖本題跋則是張蓉鏡過錄兩人題跋之副本。

孫原湘《天真閣集》卷四十三收錄《跋劉克詩說》一文。孫氏說：

> 淳祐中，信安劉坦刊行其父克所著《詩說》十二卷，《宋志》及焦氏《經籍志》均未之載。朱竹垞《經義考》稱，崑山徐氏傳是樓藏有宋雕本，後有吳鮑庵題識，而第二、第九、第十卷都闕。近年何夢華購得徐氏本，影寫兩分，以售〔吾邑〕陳子準、張月霄。張

〔註75〕〔清〕彭元瑞等：《天祿琳琅書目後編》，上海：上海古籍出版社，2007年，第398頁。

〔註76〕〔清〕彭元瑞等：《天祿琳琅書目後編》，第814頁。

〔註77〕吳芹芳、謝泉：《中國古代的藏書印》，武漢：武漢大學出版社，2015年，第189頁。

生伯元從兩家轉抄見示，予得借讀其書。……〔道光元年九月，昭
文孫原湘讀畢謹識。〕（《天真閣集》卷四十三，清嘉慶刻清道光增
刻本，第10～11頁。〔〕中文字為題跋中有而文集無者。）

　　孫原湘文中所說的：「近年何夢華購得徐氏本，影寫兩分，以售〔吾邑〕陳
子準、張月霄。張生伯元從兩家轉抄見示」，也即他聽說何元錫得到了徐氏傳是
樓的本子，並且寫至少傳抄了兩份，分別賣給陳揆（1780～1825，字子準）和
張金吾（1787～1829，字慎旃，號月霄）。陳揆藏書樓為稽瑞樓，《稽瑞樓書目》
著錄所藏善本2300餘種，該目錄並未著錄劉克《詩說》。曹培根說，陳揆去世
後，其書一部分為翁心存購得，一部分則歸瞿紹基收藏。〔註78〕張氏《愛日精
廬藏書志》確有著錄該抄本。張金吾說：「《詩說》十二卷，抄本。……《經義
考》云，崑山徐氏藏有宋雕本。此則從徐氏傳抄本過錄者。缺卷二、卷九、十
三卷。」〔註79〕（《愛日精廬藏書志》卷三）也即張金吾很明確地表示，他藏的
那部抄本是從徐乾學家藏抄本再抄錄的本子。但他並沒有提及何元錫。

　　孫原湘以為張蓉鏡的抄本要麼是從陳揆，要麼是從張金吾那裏傳抄的。
是否真的如此呢？不論哪一種，都是何元錫的手筆。我們認為未必如此。這
需要從黃丕烈的跋文中尋找答案。道光辛巳（道光元年，1821）孟冬月黃丕
烈跋文說：「今伯元又傳錄，以丐題識。」伯元即張蓉鏡。顯然，張蓉鏡的確
有抄錄之本。這一年張蓉鏡小二十歲，他請作為長輩的黃丕烈為他收藏的抄
本寫一道跋文，黃氏欣然從之。黃丕烈為何說「又」抄了一部呢？顯然他知
道此前有一部抄本就在張氏家中，否則「又」就只能解釋為他知道張蓉鏡抄
了不止一部了。黃丕烈比張蓉鏡大了不少，張氏不可能跟他說他抄了好幾部
《詩說》，而且新抄錄的一部除了鈐蓋上幾十個印章之外，似乎也沒有做其他
用。所以，我們認為黃丕烈確知張氏家藏有舊抄本。

　　若干年後，張蓉鏡將有張燮印的抄本售予姚覲元邃雅堂，並在該抄本上
附上了黃丕烈跋文。姚覲元在道光二十三年（1843）中舉，雖然未中進士，
做官卻順風順水，入江蘇巡撫徐有壬幕府，以軍功保升員外郎。同治元年
（1862）簽分戶部雲南司，同治十年（1871）川東分巡兵備道，光緒四年（1878）
升湖北按察使，不久轉任廣東布政使，光緒八年（1881）削職歸里。張蓉鏡

〔註78〕　《蘇州通史》編纂委員會編：《蘇州通史　人物卷　中　明清時期》，蘇州：蘇
　　　　　州大學出版社，2019年，第317頁。

〔註79〕　〔清〕張金吾：《愛日精廬藏書志》，馮惠民整理，北京：中華書局，2012年，
　　　　　第38～39頁。

比姚觀元大二十歲，但他只是國子監生，任直隸布政使司理，恩加鹽課司理提舉而已。他要將一部舊藏珍籍轉讓給比他做官更擅場的人，也就在情理之中了。或許就是在出讓之前，張蓉鏡在該書上面鈐蓋了張燮的藏書印。〔註80〕鈐蓋張燮藏印，對張蓉鏡而言，意味著此書的故去。

四、鑒藏的秘笈：臺館藏清張氏小琅嬛福地抄本

臺館甲本也是張蓉鏡抄本，是民國間南京中央圖書館藏書，索書號103.200264。1947年屈萬里《國立中央圖書館善本書目初稿》卷一著錄「《詩說》，存九卷，六冊。宋劉克撰。舊鈔本。缺卷二、卷九、卷十凡三卷。」〔註81〕該館「古籍與特藏資源」現著錄為：清道光元年（1821）張伯元傳鈔宋淳祐間刊本。張伯元即張蓉鏡。這一藏本的鈐印有：「平生減產為收書三十年來萬卷餘寄語兒孫勤雒誦莫令棄擲飽蟫魚蕘友氏識」「琴川張氏小琅嬛清閟精鈔秘帙」「蓉鏡珍藏」「張蓉鏡讀書記」「小琅嬛福地秘笈」「曾藏張蓉鏡家」「張伯元別字芙川」「蓉鏡」「虞山張蓉鏡鑒藏」「清河」「味經」「味經書屋」「墨莊」「秘帙」「惟有梅花是知己愛看明月認前身」「禮蓮室」「芙初女士姚畹真印」「方氏若蘅曾觀」「佛桑仙館」「皖桐女史方若蘅法號性如字曰叔芷」「菦圃收藏」「國立中央圖書館」。〔註82〕

這些藏印中「菦圃收藏」印，是民國收藏家張鈞衡（1871～1927）之子張乃熊藏印。張鈞衡字石銘，號適園主人，浙江吳興人。清光緒二十年（1894）舉人。張氏藏書注重抄本，藏書樓為適園，收藏朱氏結一廬、張氏小琅嬛福地、吳氏拜經樓、顧氏芝海樓等舊藏。〔註83〕張乃熊字芹伯，號菦圃，清光緒三十一年（1905）秀才，繼承其父藏書，編有《菦圃善本書目》。1941年，經鄭振鐸、徐森玉介紹，張乃熊將其家藏古籍以70萬元的價格出售給南京中央圖書館。張鈞衡《適園藏書志》卷一著錄了這部抄本：

> 《詩說》十二卷。影鈔本。宋劉克撰。克，信安人。克之學出

〔註80〕當然，還有一種可能，張氏抄本是在張蓉鏡去世後，他的後人轉讓給姚氏的。不論如何，姚氏的地位要高於張氏，不管是張蓉鏡本人，抑或是他的後人，在出讓珍藏書籍時，當有所考量。

〔註81〕屈萬里：《屈萬里全集16·國立中央圖書館善本書目初稿》，臺北：聯經出版事業公司，1985年，第6頁。

〔註82〕臺館「古籍與特藏文獻資源」檢索系統，https://rbook.ncl.edu.tw/NCLSearch/Search/SearchResult/0

〔註83〕李玉安、黃正雨：《中國藏書家通典》，第788～789頁。

於東萊。其子坦跋稱其書每篇條列諸家之解而繫己意於後，其所纂輯視東萊《詩記》加詳。後以卷帙炬富未易鋟梓，乃盡刪舊解，獨存克說，已非原本。阮文達公進呈，始顯於世。此即從傳是樓宋本鈔出者，缺第二、第九、第十卷。汪閬源從鈔本刻補第二卷，陸存齋又得第九、十兩卷，為完書矣。〔註84〕（《適園藏書志》卷一，第27～28頁）

《適園藏書志》出自繆荃孫之手。〔註85〕該藏書志還全文抄錄了孫原湘、黃丕烈二人的跋文。張氏此藏書志並沒有提供太多關於此書內容的信息，更多的是關於該書的版本信息，其中說到的阮元進呈本，今存臺北故宮，下文將論及此部抄本。藏書志說到了晚清汪士鐘、陸心源分別從舊抄本中得到了其他抄本所缺的內容，說的是汪氏與陸氏的刻本。藏書志說張氏此抄本是從傳是樓宋本抄錄的本子，這只能是書志作家的推測。

除了適園之子的藏印外，這部抄本上的鈐印基本上都是張蓉鏡夫婦的鑒藏賞玩印鑒。〔註86〕「方氏若蘅曾觀」等鈐印表明這部抄本不僅是張蓉鏡本人賞玩之書，也是他與同好欣賞的本子。相較於前述國圖甲本，此臺館甲本的非流通性質在藏書印上就十分顯明，所以張蓉鏡沒有在這部書上鈐蓋張燮的人名章，只有一「平生減產為收書」的雅識之印。

張氏小琅嬛福地抄本很多，最為學術界所關切的是《營造法式》。和《詩說》一樣，這部書只有宋刻本，元明兩代皆無刊本，它們的傳承多靠抄本。《營造法式》的清抄本有張金吾愛日精廬藏本、張氏小琅嬛福地藏本、瞿氏鐵琴銅劍樓藏本、陸氏皕宋樓藏本、蔣氏傳書堂藏本、丁氏八千卷樓藏本等，這些抄本大都源自錢曾述古堂。〔註87〕張氏抄本後歸常熟翁氏。〔註88〕此張氏抄本原以為已遺失，上世紀末在翁氏藏書中發現，2000入藏上海圖書館。由此可知，常熟翁氏收藏多種張氏小琅嬛福地抄本，其中《詩說》一部由翁

〔註84〕張鈞衡：《適園藏書志》，1916年南林張鈞衡家塾刻本，載：中國書店編：《海王村古籍書目題跋叢刊》第6冊，北京：中國書店，2008年，第267頁。

〔註85〕《繆荃孫全集》未收此書，或許因為該書為葉昌熾、繆荃孫編寫，而署名為張鈞衡？楊洪昇：《繆荃孫研究》，上海：上海古籍出版社，2008年，第211頁。

〔註86〕陳宇：《小琅嬛福地藏書事蹟鈎沉》，《圖書館雜誌》，2017年第10期，第115～120頁。

〔註87〕項隆元：《營造法式與江南建築》，杭州：浙江大學出版社，2009年，第57～58頁。

〔註88〕上海圖書館：《翁氏藏書與翁氏文獻》，上海：上海書畫出版社，2016年。

之熹捐贈給了北圖，而《營造法式》一部則由翁萬戈賣給了上圖。傅熹年說，翁氏藏書宋元刻本之外的名鈔，「尤值得注意的是清嘉慶年間張蓉鏡家精鈔《營造法式》三十四卷。書後有黃丕烈、孫原湘、潛泳諸名家跋。此本是內閣大庫殘宋本及故宮藏錢曾鈔本未被發現前此書最重要的傳本。二十年代朱啟據以影印、三十年代陶湘據以付雕所據之南京圖書館藏丁氏八千卷樓鈔本即從此本影鈔而來，陸氏皕宋樓所藏郁氏宜稼堂鈔本也以此本為底本，故此本可以說是近現代影響最大的一個《營造法式》傳本。」〔註89〕（傅熹年《常熟翁氏藏書圖錄前言》）此書今藏上海圖書館，該藏本除了張蓉鏡夫婦藏印外，卷三十二末有「成此書費辛苦後之人其鑒諸」和「平生減產為收書」兩長文印，此為張燮藏印。另有「孫原湘」「天真閣」「錢泳曾觀」「鞠人借觀」「熙載曾觀」等印，由此可見該書是張蓉鏡抄寫後供一眾友人借閱的書籍。

　　此張蓉鏡抄本的跋文相當有名，若干藏書家的書志題跋都全文抄錄了張氏跋。張蓉鏡說：「《營造法式》自宋槧既佚，世間傳本絕稀，相傳吾邑錢氏述古堂有影宋鈔本。先祖觀察公（張燮）求之二十年，卒未得見。庚辰歲，家月霄先生得影寫述古堂本於郡城陶氏五柳居，重價購歸，出以見示。以先祖想慕未見之書，一旦獲此眼福，欣喜過望。假手自影寫，圖像界畫則畢仲愷高弟王君某任其事焉。……吾邑藏書家自明五川楊氏以來，遞有繼起，至汲古、述古為極盛。百餘年來，其風浸微。今得月霄之愛素好古，搜訪秘笈不遺餘力，儲蓄之富幾與錢、毛兩家抗衡。以蓉有同好，每得奇籍，必以相示，或假傳鈔，略無吝色。其嘉惠同志之雅，尤世俗所難。錄竣，因書數語以識欣感，而又以傷先祖之終不獲見也。道光元年辛巳夏六月琴川張蓉鏡識於小琅嬛福地，時年二十歲。」〔註90〕（《皕宋樓藏書續志》卷三，《靜嘉堂秘笈志》卷六）從張氏跋文可知，張金吾於嘉慶二十五年（1820）從陶珠琳五柳居購得影鈔錢曾述古堂鈔本《營造法式》。隨後，他讓張蓉鏡借去傳抄。文字部分由張氏本人抄錄，

〔註89〕　中國嘉德國際拍賣公司編：《常熟翁氏藏書圖錄》，上海：上海科學技術文獻出版社，2000年。該圖錄中張氏小琅嬛福地抄本《營造法式》為第28號，版本定為「清張蓉鏡小琅嬛福地抄繪本」。拓曉堂為該書撰寫的提要稱：「此本過錄錢遵王跋，當為從述古堂抄本影抄而來。據考證，此本『三柱』亭誤為『四柱』挺，當係晚於故宮錢氏述古堂抄本，而臺北中央圖書館藏之愛日精廬抄本，當為從此本而影抄。」

〔註90〕　〔清〕陸心源：《皕宋樓藏書志》，徐靜波點校，杭州：浙江古籍出版社，2016年，第2190～2191頁；〔日〕河田羆：《靜嘉堂秘籍志》，杜澤遜等點校，上海：上海古籍出版社，2016年，第161頁。

圖畫部分則請名工為之。張蓉鏡說到他的祖父張燮曾花了二十餘年尋找這部書，終究沒有見到，張蓉鏡一面為他有幸得到一部抄本而慶幸，一面又為他的祖父終其一生未能見其所想見之書而悲歎。由此，學者推斷張氏在他的手抄本上鈐蓋祖父張燮的印章，或許是出於一種寄託哀思的想法。〔註91〕

　　有趣的是，《營造法式》的張氏小琅嬛福地抄本並不止上圖所藏這一部。臺圖就收藏了另外一部。據該館發表信息可知，這一部抄本上面有褚逢椿、張蓉鏡、孫鋆、孫原湘、張金吾、黃丕烈、鄭德懋、邵淵耀、陳鑾、錢泳等人的題記。收藏印有：「張蓉鏡」「芙川氏」「渭仁借觀」、「蓉鏡珍藏」「郁印松年」「泰峰」「莁圃收藏」。〔註92〕這部書沒有上圖所藏翁氏本那般有諸多借閱者的印章，主要是張蓉鏡本人的鈐印，我們可以認為這部書是張蓉鏡本人賞玩之書。這樣的抄本就沒有張燮藏印。這部抄本後歸郁松年（1821～1888）。郁松年字萬枝，號泰峰，藏書家。郁松年得到張蓉鏡藏本《營造法式》後，又照樣傳錄了一部，今藏日本靜嘉堂文庫。據傅熹年於上世紀九十年代初的目驗，靜嘉堂文庫藏本「大字書名及諸跋都是雙鉤廓填或臨摹之本，不是手跡。據此，此帙應是據張蓉鏡家抄本傳抄而來的。……此書鈔手甚新，紙黃色，近於毛邊紙，當即是郁氏家塾中傳鈔之本」〔註93〕（傅熹年《參觀靜嘉堂文庫札記》）郁氏所藏舊抄本，即張氏小琅嬛福地抄本後歸張乃熊，他鈐蓋「莁圃收藏」藏書印。

　　除了《營造法式》之外，葉德輝《郋園讀書志》還記載的兩種張氏抄本，為我們進一步瞭解張氏小琅嬛抄本提供了線索。其一為《李群玉詩集》三卷《後集》五卷，其一是《碧雲集》，皆是影宋陳道人書棚本。〔註94〕（《郋園藏書志》卷七）葉氏記載，該書有「臨安府棚北大街睦親坊南陳解元書籍鋪印」字一行。卷第五末有「泰興季振宜滄葦氏珍藏」字一行。葉氏說，宋本原來是季振宜的藏書，所以有這麼一行字。正集的目錄下面有「小琅嬛福地繕鈔珍藏」「成此書費辛苦後之人其鑒我」印。目錄後面還有「江南昭文張

〔註91〕陳先行：《古籍善本》，上海：上海人民出版社，2020年，第471頁。
〔註92〕此一信息由樊長遠先生提示。古籍與特藏文獻資源，https://rbook.ncl.edu.tw/NCLSearch/Search/SearchDetail?item=50fa0e1df6974bb5b19206ff128f2213fDMxOTA4MQ2&page=&whereString=&sourceWhereString=&SourceID=0&HasImage=
〔註93〕傅熹年：《參觀靜嘉堂文庫札記》（上），《書品》，1991年第1期，第55～56頁。該文收入氏著《傅熹年論文選》，北京：中華書局，2020年。
〔註94〕葉德輝：《郋園讀書志》，楊洪昇點校，上海：上海古籍出版社，2010年，第359～362頁。

夑子和小琅嬛福地藏書記」「平生減產為收書三十年來萬卷餘寄語兒孫勤雜誦莫令棄擲飽蟫魚蕘友氏識」兩印。還有張蓉鏡夫婦藏印。末有「宋廛一翁」跋文和「道光甲申清和月中浣九日百宋一廛主人蕘夫識」跋文。葉氏並未錄此跋文全文，或為《黃丕烈題跋集》中收錄的《李群玉詩集三卷後集五卷（影宋鈔本）》這篇題跋。〔註95〕這一題跋落款時間與葉氏所說相同，都是道光四年（1824）。

黃氏題跋說，他得到《碧雲集》《李群玉詩集》在1823春，這是他憑眼力偶然獲得的珍本。聽聞此事後，「海虞友人張君欲丐余讓之。」海虞張君是張蓉鏡。黃丕烈說，這部書他得到的機緣很巧，是他送三孫黃美鎬入學時得到的，十分看重，並讓他的三兒黃壽鳳專門刻一印章，文曰「碧雲群玉之居」，自然也就沒有同意把原書轉讓給張蓉鏡。後來，他同意張氏傳抄，並請張金吾出資，「既而允為之錄副，月霄欣然從予請，不惜重貲酬鈔胥。」〔註96〕張金吾出錢請抄工謄抄，張蓉鏡就得到了其中的一份抄本。既然《李群玉集》和《碧雲集》是一同得到的，張蓉鏡要他轉讓的也是兩種，同時抄錄的也就不止這篇跋文中的提及的《李群玉集》了。

葉德輝的著錄非常詳細，他在讀書志中不憚其煩的寫明瞭每一顆藏印及位置。比如他說，他收藏的《碧雲集》首序邊欄上有「小琅嬛福地」印，下有「小琅嬛福地繕鈔珍藏」印，和「成此書費辛苦後之人其鑒我」印。卷下末葉有「張夑」「癸丑詞臣」印。另外還有多處張蓉鏡夫婦鈐印。〔註97〕和上圖藏《營造法式》一樣，張蓉鏡也為他本人所得的抄本鈐蓋了他祖父張夑的藏印。何以如此？葉氏藏本今未得見。但臺館藏有一部張氏抄本，索書號402.43 09920。臺館著錄為「清琴川張氏小琅嬛福地影鈔南宋臨安府陳宅書籍鋪刊本」。該抄本上並沒有張夑藏書印，只有張蓉鏡夫婦及其一眾朋友的題跋和觀款。

從上圖藏《營造法式》、葉德輝舊藏《碧雲集》、臺館藏《碧雲集》、國圖藏《詩說》等四部小琅嬛福地抄本可知，張氏抄書往往不止抄錄一部，好幾種書都抄錄了兩部，凡是鈐蓋了張夑藏書印的張氏抄本皆非張蓉鏡用於把玩的書籍，凡是張氏用於同好欣賞的抄本皆無其祖父藏書印。張蓉鏡鈐蓋其祖父張夑之印，或許也不是為了紀念他的祖父，當然也不是為了作偽。

〔註95〕葉德輝：《郋園讀書志》，第359～361頁。
〔註96〕〔清〕黃丕烈：《黃丕烈藏書題跋集》，上海：上海古籍出版社，2013年，第425頁。
〔註97〕葉德輝：《郋園讀書志》，第361～362頁。

另外，臺館藏《碧雲集》抄本末有單學傅跋文一則：「右唐李中字有中《碧雲集》三卷，亦係芙川張君與月霄兄各倩工借士禮居藏宋刊本影寫，故先著錄於《愛日廬書志》。其原本曾藏季滄葦家，毛子晉未見此書，僅得元刊本，重付剞劂，故多缺文也。」單學傅在跋文中明確說，《碧雲集》是張蓉鏡和張金吾兩人從黃丕烈處借來宋刻本影鈔的。或許也如《營造法式》故事，張金吾先得到抄本，張蓉鏡再從他這裡傳抄。這則跋文不足為奇，但這一跋文的出現讓我們對翁氏能夠收藏張蓉鏡的若干抄本有了新的認識。單學傅，生卒年不詳。單氏妻為翁心存從姊翁光珠。翁氏藏書也正是從翁心存開始的。或許，翁氏收藏張蓉鏡家抄本正是因為單學傅、翁光珠夫婦的從中引介，至少他們見到了張蓉鏡的一些本子，知曉其珍藏，這些信息也傳遞給了熱衷於藏書的翁氏第一代藏家。

如今，北京、臺北兩部書都有在線書影可供比勘。我們從兩館提供的書影可見，臺館所藏抄本（張氏自藏）在書寫上要略遜於國圖本（姚氏舊藏）。在沒有其他證據的情況下，我們可以遵從此前的判斷，即張蓉鏡先後抄寫了不止一部《詩說》。一部留下賞玩，它則用於流通。同樣的情況也發生在了《營造法式》《碧雲集》等張氏抄本之上。

由此，我們可以對小琅嬛福地抄本同時有張燮、張蓉鏡祖孫藏印做出這樣的推測，即張蓉鏡鈐蓋其祖父張燮之印的抄本，多是流通借閱者或他在世轉讓者，而他本人及親近人等賞玩者則無。如同他的祖父已經離去一般，張蓉鏡精心製作的一部抄本也離開張家了。

張蓉鏡抄錄時往往將其賞玩之本上的題跋一併抄錄，也就形成了所謂的過錄題跋。原題跋有作者鈐印，抄錄本則無。臺館藏本黃跋有其「黃丕烈印」，此是黃氏真跋，孫氏跋文也是如此。而國圖本並沒有黃孫二氏印章，當是過錄跋文。

孫原湘在《詩說》的題跋中說，張金吾得到的抄本也是何元錫傳抄的。這也是他的聽聞故事，因為我們看到了張金吾的藏本有黃丕烈的藏印，如果黃丕烈藏印不誤的話，則這部書與何元錫的關係沒有那麼大。張金吾藏本原為北平圖書館舊藏，今存臺北故宮。

五、士禮居舊本：平館藏清乾隆間抄本

平館藏乙本是黃丕烈舊藏，臺北故宮書號為平圖 000114-000119。該館

著錄為清乾隆間抄本。該書鈐有「平江黃氏圖書」「士禮居藏」「宋本」「張印月霄」「秘冊」「愛日精廬藏書」「延古堂李氏珍藏」「南陵徐乃昌校勘經籍記」「積學齋徐乃昌藏書」「國立北平圖書館收藏」。〔註98〕張金吾、徐乃昌、王重民等先後撰有善本提要。相較於張蓉鏡喜歡抄書，喜歡鈐蓋自家印章，張金吾更願意讀書寫書志，這或許與張氏季父張海鵬有關，張海鵬曾說：「藏書不如讀書，讀書不如刻書。讀書只以為己，刻書可以澤人。」〔註99〕（黃廷鑒《第六弦溪文鈔卷四·朝議大夫張君行狀》）在這種思想觀念的影響下，張金吾刻《詒經堂續經解》八十種一千四百三十六卷，又寫下了大量藏書記錄，並最終匯為《愛日精廬藏書志》四十卷，著錄古籍 782 種。張金吾曾感歎道：「金吾少學為詩，稍長讀書照曠閣，與校《太平御覽》諸書，為校讎之學有年。其後泛濫六籍，為考證之學者有年。又其後究心經術，尊漢學，申古義，為聲音訓詁之學者又有年。既而講求古籍，考核源流，則雜以簿錄之學；纂集經說，採輯金文，則雜以匯萃之學。迄今年垂四十，學問無聞，蓋藏而不讀，讀而不專之過也。」〔註100〕由此可見，張金吾不單單是一個藏書愛好者，而是有明確的學術目標的。因此他的藏書志也就別具一格。我們看到其《愛日精廬藏書志》對此劉克《詩說》有詳細的著錄。除了著錄版本信息外，他還對劉氏書中談到《卷耳》《樛木》《蒹葭》《正月》《鴻雁》《綢繆》《晨風》《雞鳴》《羔裘》《渭陽》等篇的解釋予以抄錄，並說這些篇章的解釋「俱能不襲陳言，自抒心得。然其穿鑿之處，未免近於武斷。讀者節取焉可也。」另外，他還抄錄了明人吳寬的題識。〔註101〕（《愛日精廬藏書志》卷三）由此可見，張金吾是認真閱讀了《詩說》一書的讀者，他從事過校讎、考證、簿錄等學問，自然也就在他的書志中有所體現，這絕非那些僅翻閱序跋流可比。

現存張氏本有黃丕烈藏印，但張金吾在他的書志中沒有提及。我們可以認為這是他並不需要用黃丕烈的藏印來證明某書的價值，抑或者黃氏鈐印乃

〔註98〕 圖書文獻數位典藏資料庫，https://rbk-doc.npm.edu.tw/npmtpc/npmtpall?ID=251&SECU=2121358356&PAGE=rbmap/2ND_rbmap_rbmeta_tree&ACTION=TQ%2Crbmap%5Frbmeta%5Ftree%2C%28000017358%29%40NO%2Crbmap%2F2ND%5Frbmap%5Frbmeta%5Ftree%2Crbmap%2F2ND%5Fcontent%5Frbmeta@@1628835636#JUMPOINT

〔註99〕 轉引自馮惠民《愛日精廬藏書志整理說明》，〔清〕張金吾：《愛日精廬藏書志》，馮惠民整理，北京：中華書局，2012 年，第 1 頁。

〔註100〕〔清〕張金吾：《愛日精廬藏書志》，第 2 頁。

〔註101〕〔清〕張金吾：《愛日精廬藏書志》，第 38～39 頁。

後來增補？張金吾告訴我們這部抄本的來源，即「《經義考》云，崑山徐氏藏有宋雕本。此則從徐氏傳抄本過錄者。」〔註 102〕過錄抄本的人，黃丕烈是知道的。所以黃丕烈在他給張蓉鏡藏本跋文中說：「即如子瀟以為近年何夢華購徐氏本，影寫兩份，以售吾邑陳子準、張月霄，此得諸售者之侈言耳。其實已從吾鄉本傳錄者也。」〔註 103〕這就是明確提醒我們，他已經知道孫原湘關於劉克《詩說》抄本的信息有問題，黃丕烈自己做的事情，不可能不明白內情。黃丕烈原跋中「吾鄉」作「五柳」。五柳是著名的書商陶珠琳（字蘊輝，號五柳）。黃丕烈的藏本或許又通過陶珠琳轉讓給了張金吾（張月霄）。

黃丕烈還在他給張蓉鏡的抄本中為他的抄錄工作做了辨解：「坊友射利，往往以祖本售人，先於未售之前錄副，以為別售之計。此其初心止為射利起見。然余謂此法良善，使一本化為無數之本，則其流傳廣矣。唯流弊有不堪言者，錄副時豈能纖悉無誤？烏焉帝虎，從此日多矣。且源流斷不肯明以示後人。」〔註 104〕他說，為珍惜書籍抄錄副本是非常好的辦法，這樣可以讓更多的人看到某一部書。張蓉鏡倒是貫徹了黃丕烈所謂的「一本化為無數之本」的主張，把所得到的珍惜書多抄錄了幾份，將副本轉讓給需要抄本的藏書之家了。

張金吾藏本後歸天津李氏延古堂，再歸徐乃昌（1869～1943）。徐氏《積學齋藏書記・經部》著錄：「詩說十二卷。經部詩類。題『信安劉克學』。舊抄本。首有總說，紹定壬辰自序。末有淳祐六年其子坦跋。四庫未收是書。《宋・藝文志》、焦氏《經籍志》、朱氏《授經圖》均未之載。朱氏《經義考》云，崑山徐氏傳是樓有宋刻本，惜第二、第九、第十卷都缺。有吳匏庵題識。此本同宋本，吳題識亦錄。蓋即由傳是樓藏本傳鈔。宋本由徐氏歸汪閬源。又得鈔本補第二一卷，仿宋寫刊，其九、氏二卷仍缺。嗣陸存齋得舊鈔九、十二卷，已刊入《群書校補》。是書已成完璧。此本筆意古雅，洵為精鈔。末有黃蕘圃手書《經義考》一則。有『平江黃氏圖書』朱文方印、『士禮居藏』朱文長印、『宋本』朱文腰圓印、『愛日精廬藏書』朱文、『張印月霄』朱文兩方印，『秘冊』朱文方印。」〔註 105〕按照徐乃昌的說法，這部抄本中朱氏《經

〔註 102〕〔清〕張金吾：《愛日精廬藏書志》，第 39 頁。
〔註 103〕〔清〕黃丕烈：《黃丕烈藏書題跋集》，第 33～34 頁。
〔註 104〕〔清〕黃丕烈：《黃丕烈藏書題跋集》，第 33～34 頁。
〔註 105〕徐乃昌：《積學齋藏書記》，柳向春等整理，上海：上海古籍出版社，2014 年，第 5 頁。

義考》關於《詩說》的文字是黃丕烈的手筆。

徐氏藏書在民國間成為平館藏品。此書在民國時南遷，轉至美國，今藏臺北。王重民《中國善本書提要》有詳細書錄：

> 《詩說》十二卷《總說》一卷。六冊。《四庫未收書目》卷四。北圖。抄本。九行二十二字。宋劉克撰。是書元明以來不顯。徐氏傳是樓藏宋刊本，闕第二、第九、第十凡三卷，朱氏《經義考》據以著錄。其書後歸汪氏藝芸精舍，又從嘉興錢氏藏抄本抄補卷第二，道光戊子重付剞劂。阮元進呈本仍闕三卷，知從宋本出也。陸心源得舊抄本，卷七、八闕，而卷九、十在焉，刊於《群書校補》卷二至三。於是舊帙復完。此本有：「宋本」「士禮居藏」「平江黃氏圖書」「秘冊」「張印月霄」「延古堂李氏珍藏」「積學齋徐乃昌藏書」等印記。孫原湘《跋劉克詩說》云：「近年何夢華購得徐氏本，影寫兩分，以售陳子準、張月霄。(《天真閣集》卷四十三，頁十上)此本有月霄印，即何氏售與張氏之本也。〔註106〕

孫氏此跋在臺館藏張蓉鏡抄本卷末。王重民採信了孫原湘的題跋，認為這部抄本是何元錫售予張金吾的本子。我們在前文中已經明確了孫氏跋文對於版本的情況說明是有問題的，他的跋文中關於版本情況的說法不能採信，因此所謂「何氏售與張氏」的說法也就不能成立了。

六、得書費辛苦：平館藏蔣維基舊藏本

平館藏《詩說》抄本，除了前述張氏小琅嬛福地抄本之外，尚有另一種蔣維基舊藏本。此即平館藏丙本，現存臺北故宮博物院，索書號：平圖 000120-000127。張宗祥《京師圖書館善本書目》著錄此書：

> 【張0040】劉氏詩說十二卷。八冊。宋劉克撰。傳鈔本。半頁九行，行二十字。首有紹定壬辰十月信安劉克自序，末有淳祐年迪功郎彬州州學教授劉坦二跋。第一頁有「蔣維基印」「茹古主人」朱文二方印，第一卷首頁有「蔣維基印」「子壆」朱文二方印，卷末有「茹古精舍」朱文長方印、「蔣氏子壆」朱文方印，末頁有「得此書費辛苦後之人其鑒我」朱文方印、「蔣維基一名載之字子壆」白文方印。附錄朱竹垞《經義考》一節。存卷一、三之八、十一、十二。案，此

〔註106〕 王重民：《中國善本書提要》，上海：上海古籍出版社，1983年，第12頁。

書《四庫》未錄，阮元進呈時缺第二、第九、第十三卷，蓋從傳是樓宋本影寫。宋本後歸汪士鐘，道光時又假得錢香樹家舊抄本補第二卷刊行，今此部第二卷仍缺，是即從阮氏進呈本傳抄者。〔註107〕

　　張宗祥以為這部抄本不是從徐乾學家藏宋本傳抄的本子，而是從阮元《宛委別藏》進呈本傳抄的。王重民《中國古籍善本提要》或許就依據張宗祥的著錄判斷這一部為轉錄本。王重民沒有確信這一抄本與阮元抄本之間的直接傳承關係。我們今天能夠看到阮元本，經比勘就會發現阮元抄本的確已經改變了宋刻行款字數，但蔣維基舊藏本和阮氏本的行款字數也不同，這一抄本當非從阮氏本而來。

　　臺館《善本書目》著錄：「詩說，存九卷，六冊。宋劉克撰。舊抄本。缺卷二、卷九、卷十。今該本鈐有『茹古主人』『蔣印維基』『秘冊』『子垕』『茹古精舍』『蔣氏子垕』『蔣維基名載之字子垕』『得此書費辛苦後之人其鑒我』『學部圖書之印』『國立北平圖書館收藏』諸印。」〔註108〕可知此書為蔣維基收藏善本。王重民《中國善本書提要》注意到此抄本「雖變宋刻行款，闕卷闕字與前本（即平館乙本）同，蓋又轉錄之本也。」〔註109〕王重民著錄鈐印順序為：「秘冊」「蔣印維基」「茹古主人」「茹古精舍」「蔣氏子垕」「蔣維基名載之字子垕」「得此書費辛苦後之人其鑒我」。〔註110〕王重民的提要和張宗祥一樣，皆未有著錄學部藏印和平館藏印。從王重民對於入藏國圖前的私人藏書印的排序來看，他似乎也認為「得此書」印當為蔣維基之後的某人。

　　蔣維基字子垕，號垕軒，又號蟄安居士，清南潯（今屬浙江）人。與其弟蔣維培各聚書數萬卷，藏書處名茹古精舍和儷籯館，編有《儷籯館書目》，記宋本22種、元本37種、明本43種、《永樂大典》6冊、抄本195種。〔註111〕蔣維基之孫蔣汝藻（1877～1954）亦以藏書有名，蔣汝藻藏書樓為密韻樓。南潯蔣氏經營絲業致富。蔣維基有儒商的雅意，為附貢生。其子蔣錫紳在光緒五年（1879）己卯中舉，曾任職禮部，後仍從商，與實業家張謇交厚，參與創辦

〔註107〕　此文由林振岳先生提供。

〔註108〕　國立中央圖書館：《國立中央圖書館善本書目》，臺北：中華叢書委員會，1958
　　　　　年，第14頁。

〔註109〕　王重民：《中國善本書提要》，第12頁。

〔註110〕　王重民：《中國善本書提要》，第12頁。

〔註111〕　王河主編：《中國歷代藏書家辭典》，上海：同濟大學出版社，1991年，第410
　　　　　頁。

大生紗廠。王國維《傳書堂記》和《樂庵寫書圖序》說，蔣氏在當地已是有名的藏書家，「專攻小學，兼精校讎，精槧名鈔，靡走其門。」太平天國時，蔣氏兄弟為避難，變賣藏書以維持生計。蔣汝藻字元采，又字孟蘋，號樂庵，光緒二十九年（1903）舉人，曾任學部總務司郎中，辛亥革命後從商。《傳書堂善本目錄》著錄蔣汝藻藏書有宋本 83 部 563 冊、元本 102 部 2097 冊、明本 862 部 6753 冊、抄本 3808 冊、《永樂大典》20 冊。〔註 112〕

王國維《傳書堂藏書志》並未著錄劉氏《詩說》。由此我們可以認為這部抄本在王國維編纂書志前就已轉手，隨後成為京師圖書館的藏書。據《北京圖書館館史資料彙編》可知，1910 年 7 月京師圖書館有了「學部圖書之印」的鈐印，「擬仿照度支鹽茶印、欽天監時憲書印之例，請飭下禮部，添鑄印信一顆，文曰『學部圖書之印』，尊藏館中，用鈐圖籍。……宣統元年七月二十五日奉旨依議，欽此。」〔註 113〕（《（學部）奏為籌建京師圖書館折附奏請鑄圖書館印信片》）1912 年 5 月，京師圖書館改用「京師圖書館」印章，「教育部為札發事……梓刊有『京師圖書館』印章一顆，合行札發鈐用，以資信守。札到即便遵照繳回舊用印信。」〔註 114〕鈐有「學部圖書之印」的書籍皆在 1912 年 5 月前收藏入館。

此書中的「得此書／費辛苦／後之人／其鑒我」一印值得注意。有此印的藏書家有陳鱣（1753～1817）和章鈺（1865～1937）。陳澧字仲魚，號簡莊，浙江海寧人。嘉慶四年（1799）舉人，有向山閣藏書樓，所藏宋元本甚夥。陳澧藏書印有名的是「仲魚圖像」肖像印和「得此書費辛苦後之人其鑒我」印。〔註 115〕章鈺字式之，號汝玉，江蘇長洲（今屬蘇州）人，光緒二十九年（1903）進士，曾任外務部一等秘書、京師圖書館編修。章氏藏書處為四當齋，所藏抄本較多。章氏去世後，其藏書一部分歸燕京大學，一部分後歸北圖。章氏拓片在國圖有專藏。藏書印有「四當齋」「長洲章氏珍藏善本書籍」「長洲章鈺」「得此書，費辛苦，後之人，其鑒我」等。〔註 116〕章氏四當齋藏書整體入

〔註 112〕 劉榮華編：《湖州百年收藏》，杭州：浙江古籍出版社，2012，第 58～74 頁。
〔註 113〕 北京圖書館業務研究委員會編：《北京圖書館館史資料彙編 1909～1949》，北京：書目文獻出版社，第 8 頁。
〔註 114〕 北京圖書館業務研究委員會編：《北京圖書館館史資料彙編 1909～1949》，第 25～26 頁。
〔註 115〕 李玉安、黃正雨：《中國藏書家通典》，第 592～593 頁。
〔註 116〕 李玉安、黃正雨：《中國藏書家通典》，第 759 頁。

藏國圖在 1952 年 10 月，共計 46 箱及零本 247 冊。〔註117〕章氏「得此書」
印鑒此前並沒確見實物。

疑為章鈺藏印　　　　　　　長州章氏四當齋珍藏書籍記

　　平館藏抄本《詩說》卷末兩方鈐印，蔣維基印在下，「得此書」印在上，
所以該藏印不可能是陳鱧的藏印，現存陳鱧藏印與此印也不太相同。故我們
推測這或為章鈺的藏印。章鈺任京師圖書館編修是到館的，《繆荃孫日記》中
宣統三年（1911）《辛亥日記》多次提及在館中會晤章式之。〔註118〕若是章
鈺藏書的話，這部抄本入藏的時間就在 1912 年左右，此時章鈺正在京師圖
書館任職。若是章氏藏書的話，這部書就是比他去世後四當齋藏書入藏國圖
更早的古籍了，但這部書沒有留在北京，而是去了美國，再輾轉到了臺灣。
顧廷龍編《章氏四當齋藏書目》著錄章氏所藏《詩經》類文獻（第 348 頁）
包括抄本《詩經通義》、翁方綱寫本《惠氏詩說》、清道光咸豐間刻本《詩毛
氏傳疏》、清光緒刊本《韓詩外傳》。〔註119〕章鈺生前捐給平館的書未能留在
北京，而他沒有想到的是他的藏書有一大批最後的歸宿就在國圖。

七、宛委有別藏：臺灣故宮藏阮元抄本

　　1925 年，北平故宮博物院清點故宮養心殿時發現了存在正殿書架上的《宛
委別藏》，共 164 種 797 冊。袁同禮撰《宛委別藏現存書目》著錄：「《詩說》
十二卷，宋劉克撰，影宋鈔本，（半葉）九行行二十二字，八冊。《未收書目》
卷四第二葉。缺卷第二、第九、第十。」〔註120〕其後，袁同禮又撰《宛委別

〔註117〕汪桂海：《章鈺四當齋藏書入藏國家圖書館始末》，《文津學誌》，2011 年，第
　　　　275～279 頁。
〔註118〕繆荃孫：《繆荃孫全集・日記③》，張廷銀等主編，南京：鳳凰出版社，2014
　　　　年，第 125、129、132、135 頁。
〔註119〕顧廷龍：《顧廷龍全集著作卷　章氏四當齋藏書目》，第 348～349 頁。
〔註120〕袁同禮：《袁同禮文集》，北京：國家圖書出版社，2010 年，第 199 頁。

藏現存書目及其板本》，文中記錄：「《詩說》十二卷，宋劉克撰，影宋鈔本。半葉九行行廿二字。（其他版本）汪氏仿宋刊本（缺卷第二、第九、第十）。」〔註121〕阮元抄本已改變了宋刻本的行款，在文字上也與現存宋刻本不一致，我們不能將其稱之為「影宋抄本」，只能說它是一個抄本。

臺灣故宮博物院藏阮元抄本，為清嘉慶間阮元進呈影宋鈔本，清宮舊藏，故善 010712-010719。〔註122〕據該館發布的數字影像，該本為紅格抄本，半葉九行，行二十二字，左右雙邊。八冊。原題名《宛委別藏本詩說》。臺灣商務印書館 1981 年影印和江蘇古籍出版社 1988 年影印的《宛委別藏》第 5 冊即以該本為底本。阮元《揅經室外集》卷四《四庫未收書提要》有《詩說》。《四庫未收書提要》是阮元採購書籍進呈給皇室的，每一部書都寫了提要。這些提要由鮑廷博、何元錫等人完成，阮元也承認「此篇（即《四庫未收提要》）半不出於己筆，即一篇之中，創改亦復居半」。〔註123〕那是一個集體項目的成果，所以提要一百餘篇全部收錄在《揅經室外集》中。《詩說十二卷提要》在《宛委別藏》叢書中也有收錄，在《詩說》一書卷首充當序言。該提要說：

> 宋劉克撰。克，信安人。事蹟未詳。朱彝尊《經義考》云：「此書《宋·藝文志》、焦氏《經籍志》、朱氏《授經圖》均未之載。崑山徐氏傳是樓有藏本，乃宋時雕刻，前有總說。惜第二、第九、第十卷都闕。」此為影宋抄本，闕卷皆對，即從徐氏藏本錄出者。前有克自序，作於紹定壬辰。壬辰，宋理宗紹定五年。克乃理宗時人也。宋儒說《詩》，有攻《小序》者，有守舊說者。廢《小序》者，朱子也。尊古注者，呂祖謙也。克之學，出於祖謙。其子坦跋稱，其書每篇條諸家之解，而繫己意於後，其所纂輯家數，視東萊《詩記》加詳。克之學本之呂氏，從可知矣。體例雖與《詩記》相同，然互有去取，亦不盡從祖謙之說也。坦以纂輯各家卷帙繁富，未易鋟梓，乃盡刪舊解，獨存克說。則是書非克之原本矣。《鄭風·大

〔註121〕 袁同禮：《袁同禮文集》，第 209 頁。

〔註122〕 圖書文獻數位典藏資料系統，https://rbk-doc.npm.edu.tw/npmtpc/npmtpall?ID=330&SECU=1465396850&PAGE=rbmap/2ND_rbmap_rbmeta_tree&ACTION=TQ%2Crbmap%5Frbmeta%5Ftree%2C%28000000723%29%40NO%2Crbmap%2F2ND%5Frbmap%5Frbmeta%5Ftree%2Crbmap%2F2ND%5Fcontent%5Frbmeta@@436042207#JUMPOINT

〔註123〕 〔清〕阮元：《揅經室集》，鄧經元點校，北京：中華書局，1993 年，第 1183 頁。

叔于田》，今本脫「大」字。此書與唐石經、注疏本同，亦可證近
世坊本之誤。〔註124〕

　　該提要說從劉坦的跋文可知劉克的《詩經》研究與呂祖謙有著學術上的傳
承關係。如果我們只是閱讀了劉坦的跋文，或許能得出這樣的結論。但，從目
前所見的《詩說》文字來看，劉氏絕非擁護《毛詩》的學者。劉克跋文中所謂
條列諸家解說之類的，只是在編纂的方法上和呂祖謙《呂氏家塾讀詩記》相同
罷了，而且，該書並沒有保留《毛詩序》，劉克在他的「己意」中對序說的批
評幾乎篇篇可見，所以我們可以認為他不是嚴格意義上的守舊說的釋經學家。
提要的撰寫，大都是集體項目，難以有充足的時間去仔細查勘原書，只能根據
所知略加討論罷了。正是這略加討論的部分值得我們注意。

　　提要作者說，阮氏抄本的底本是「從徐氏藏本錄出」，而所謂的徐乾學傳
是樓藏本今未得見，如果提要作者所說不誤的話，我們可以認為阮氏抄本保留
了這一版本的某些特點。值得注意的是，提要作者僅以「闕卷」與《經義考》
記載相一致即認定兩本存在同源關係，這一判斷未必準確，因為極有可能是再
傳抄。通過校勘我們會發現，即便是張蓉鏡藏的兩種抄本，都存在著文字的差
異，如果是從同一底本傳抄，則抄手定然不是一人。

　　我們僅以《詩說》卷一前幾篇進行一點文字的校勘，有以下明顯的文字異
同：

表　《詩說》抄本文字異同

篇名	宋刻本	清刻本	國圖甲本	平館乙本	臺館甲本	平館丙本	阮元本	臺館乙本
	止于丘隅，丘之	止於丘（丘缺筆）隅，丘之	止于丘隅，丘之	止於邱隅，邱之	止于丘隅，丘之	止於邱隅，邱之	止於邱隅，邱之	止於邱隅，邱之
關雎篇	不但如所止	不但如所止	不但如所止	不但如所止	不但如所止	不但如所止	不但知所止	不但如所止
	大姒之德幾同於	大姒之德幾同於	太姒之德幾同於	太姒之德幾同於	太姒之德幾同於	太姒之德幾同於	大姒之德幾同於	太姒之德幾同於
	其徽美	其徽美	其微美	其微美	其微美	其微美	其徽美	其微美

〔註124〕〔清〕阮元：《宛委別藏·詩說》，南京：江蘇古籍出版社，1998 年，第 1～2
　　　　頁；《揅經室集》，第 1260～1261 頁。

	惟關關雎鳩在河之洲	惟關關雎鳩在河之洲	惟關關雎鳩在河之洲	惟關關雎鳩在河之洲	惟關關雎鳩在河之洲	惟關雎關鳩在河之洲	惟關關雎鳩在河之洲	惟關雎關鳩在河之洲
	妃嬪之貞（貞缺筆）潔	妃嬪之貞潔	妃嬪之貞潔	妃嬪一貞潔	妃嬪之貞潔	妃嬪一貞潔	妃嬪之貞潔	妃嬪之貞潔
	十亂在朝，大姒在宮，大任在上	十亂在朝，大姒在宮，大任在上	十亂在朝，太姒在宮，大任在上	十亂仕朝，太姒在宮，太任在上	十亂在朝，太姒在宮，太任在上	十亂仕朝，太姒在宮，太任在上	十人在朝，太姒在宮，大任在上	十亂在朝，太姒在宮，太任在上
葛覃篇	詩辭	詩辭	詩辭	詩辭	詩辭	詩辭	詩辭	詩辭
	覃既為延	覃既為延	覃既為延	覃既為延	覃既為延	覃既為地	覃既為延	覃既為延
	鳴聲和暢	鳴聲和暢	鳴聲和暢	鳴聲和暢	鳴聲和暢	鳴聲和諧	鳴聲和暢	鳴聲和諧
	實事	實事	實事	實事	實事	寔事	實事	寔事
卷耳篇	強為之說	強為之說	強為之說	強為之說	強為之說	強為之託	強為之說	強為之說
	詩人之旨，去古既遠	詩人之旨，去古既遠	詩人之旨，去古既遠	詩人之旨，去古既遠	詩人之旨，去古既遠	詩人之旨矣，古既遠	詩人之旨，去古既遠	詩人之旨，去古既遠
	文王與紂之事耶。殷周	文王與紂之事耶。殷周	文王與紂之事，即殷周	文王與紂之事，即殷周	文王與紂之事，即殷周	文王興紂之事，即殷周	文王與紂之事耶。殷周	文王與紂之事，即殷周
	其所可證者	其所可證者	其所可證者	其所可證者	其所可證者	其所可謀者	其所可證者	其所可證者
	當橫逆患難之時	當橫逆患難之時	當橫逆患難之時	當橫逆患難之時	當橫逆患難之時	當橫逆患難之時	當此之時	當橫逆患難之時
樛木篇	無此旨。止於葛藟之蔓施，不在木也。故榮陽公有不取其木之言。竊詳	無此旨。止於葛藟之蔓施，不在木也。故榮陽公有不取其木之言。竊詳	無此旨。止於葛藟之蔓施，不在木也。故榮陽公有不取其木之言。竊詳	無此旨。止於葛藟之蔓施，不在木也。故榮陽公有不取其木之言。竊詳	無此旨。止於葛藟之蔓施，不在木也。故榮陽公有不取其木之言。竊詳	無此旨。止於葛藟之蔓施，不在木也。故榮陽公有不取其木之言。竊詳	無此旨。□□□□□□□□□□。□□□□□□□□□□。□竊詳	無此旨。止於葛藟之蔓施，不在木也。故榮陽公有不取其木之言。竊詳
	其辭曰南。南，二南之南	其辭曰南。南，二南之南	其辭曰南。南，二南之南	其辭曰南。南，二南之南	其辭曰南。南，二南之南	其辭曰南。南，二南之南	其辭曰南，二南之南	其辭曰南。南，二南之南
	而不可解故首章	而不可解故首章	而不可解故首章	不可而解故首章	不可而解故首章	而不可解故首章	而不可解故首章	而不可解故首章
	實與祿相遠	實與祿相遠	實與祿相遠	實與祿相遠	實與祿相遠	寔與祿相遠	實與祿相遠	寔與祿相遠

　　從初步的校勘來看，平館丙本不可能是從阮元本而來。它或許是從張蓉鏡本傳抄而來。而且，阮元的抄本和其他幾種版本也有明顯的差異，故而我們認為阮元抄本的底本或為另外一個版本。上述抄本之前的文字差異，有些應該屬於傳寫的誤差，字形、避諱等，都可能導致源出一本而異；有些差異就不是傳寫本身的問題，而是底本的不同所造成的。這也說明了另外一個問題，即現存的宋本雖然只有一個，但歷史上卻極有可能是一個以上。

　　阮元本人也被視為乾嘉時期重要的學者，但他也並未對劉克《詩說》有多少學術上重視。其門人嚴傑於道光九年在《皇清經解總目》之後說道：「《欽定四庫全書總目》云：『我國家經學倡明，一洗前明之錮陋。』……解經貴通乎訓詁。《廣雅》一書，依乎《爾雅》，王觀察之疏證，尤宜奉為圭臬也。徐氏《說文》，凡經師異文莫不畢採，段大令積數十年心力而成是注，悉有根據，不同臆說。如此類並為編入，更足補注疏所未逮，經術之盛，洵無過於昭代矣。」（《皇清經解》卷首，第 17～18 頁）他們所推重的是王念孫《廣雅疏證》、段玉裁《說文解字注》之類的訓詁著作，對於劉克之類的義理闡釋之書興致缺乏。這是當時的學術主流，劉克的釋經學著作無法與當時的主流接軌，也就不能產生多大的學術影響了。

　　前文我們提到陳奐在汪氏振綺堂坐館多年，但他的《詩經》著作並未提及劉氏《詩說》，或許他就沒有見到振綺堂所藏《詩說》抄本。但陳奐「先後師事阮元、段玉裁」，其《詩經》研究方法直接承繼段玉裁，阮元得到了《詩說》抄本，並鄭重其事的進呈，而曾為阮元「十三經書局」主要負責人的段玉裁也未對該書有所關注，實在令人稱奇。陳奐說他編纂《詩毛氏傳疏》「始於嘉慶壬申，從學段氏若庸先生於蘇郡白蓮橋枝園，親炙函丈，取益難數」。〔註125〕阮元第一次進呈四庫未收書是嘉慶十二年（1807）丁卯，第二次則在嘉慶戊辰己巳（十三至十四年，1808～1809）間。進呈諸書還有副本存於文選樓中。〔註126〕（〔清〕阮亨《瀛舟筆談》卷十一）即便是劉克《詩說》是第二次進呈，也在陳奐從學段玉裁的嘉慶十七年（1812）之前，因此段氏師生兩人未必不知道阮元收集到的劉氏《詩說》，未必就沒有機會看到該書，但他們根本不太在意，其原因無非是他們主張：「讀《詩》不讀序，無本之教也。讀《詩》

〔註125〕〔清〕陳奐：《詩毛氏傳疏》，《儒藏精華編三三》，北京：北京大學出版社，2009 年，第 28 頁。
〔註126〕轉引自：《宛委別藏述略》，《故宮博物院院刊》，1998 年第 2 期，第 76 頁。

與《序》，而不讀《傳》，失守之學也。文簡而義贍，語正而道精，洵乎為小學之津梁，群書之鈐鍵也。」〔註127〕劉氏的《詩經》解釋多是他的個人心得之學，更多的是宋人對於經書的重新解釋，這對於段陳二氏而言，大概是不可接受的。陳奐明確他著述的主張是：「凡毛氏之學，其源出於荀子，而善毛氏者，唯鄭仲師、許叔重兩家。《周禮注》《說文解字》多所取說，其餘先儒就說不悉備載，亦不復駁難。有足以申明毛氏者，鄭箋、孔疏與近人說《詩》家，亦皆取證。」〔註128〕如此看來，陳奐不取劉克《詩說》未必是沒有見過該書，而是他認識到這部書不是申明毛氏者，所以不予取證。

八、修竹吾廬藏：臺館藏清抄本

最後，我們看看臺館乙本。這部清抄本共 6 冊，缺第二、九、十等三卷，索書號：103.2 00263。有「修竹吾廬」印。〔註129〕這部抄本只有這一方藏印。它是否為顧廣圻（1766～1835）的鈐印？朱屺瞻（1892～1996）有「修竹吾廬」藏印，明顯與臺館不同，可以排除。天一閣藏顧廣圻校《儀禮注疏》「思適齋」「顧潤賁手校」「顧廣圻印」「修竹吾廬」「治書軒」「蕭山朱氏別宥齋藏書印」等諸印。〔註130〕

天一閣藏《儀禮鄭注疏》　　臺館藏《詩說》　　　顧潤賁手校

據駱兆平《別宥齋藏書與贈書》可知，「治書軒」「別宥齋」等為蕭山朱鼎煦（1868～1972）藏印。〔註131〕而「修竹吾廬」則不太確定為何人。經比勘，臺館印章與天一閣基本上相同，兩印左上角的缺損較為一致，印文也大體相

〔註127〕〔清〕陳奐：《詩毛氏傳疏》，第 24 頁。

〔註128〕〔清〕陳奐：《詩毛氏傳疏》，第 28 頁。

〔註129〕臺館「館藏目錄查詢系統」，https://aleweb.ncl.edu.tw/F/H9FLVV4XH1H6NVX3 VB1VJGQ6LSQ7E97I9RLJ8FKCBAYVSFBYU6-06962?func=full-set-set&set_ number=005703&set_entry=000011&format=999

〔註130〕周慧惠：《天一閣藏顧廣圻校〈儀禮注疏〉考述》，《文獻》，2016 年第 1 期，第 70～85 頁。

〔註131〕駱兆平：《書城瑣記》，上海：上海古籍出版社，2000 年，第 244 頁。

同，則此「修竹吾廬」或為顧廣圻藏書印。當然，這種非直接體現人名的印章，並不能完全確定是否一定就是某某之鈐印，我們只能予以推測。

顧廣圻字千里，號澗蘋、思適居士，江蘇元和人，著有《思適齋集》，王欣夫整理有《顧千里集》。顧氏曾應阮元之邀，參與《十三經》《全唐文》校勘。〔註132〕顧氏不僅與黃丕烈、汪士鐘等藏書家過從甚密，與阮元等學術官僚也有較為接近的交往，故而他們之間有大量的書籍交流故事。顧廣圻曾校勘《毛詩》《韓詩》，在宋刻本《毛詩詁訓傳》、明野竹齋刻本《詩外傳》等書上留下了題跋。很可惜，他沒有為我們留下劉克《詩說》的文字。阮元《四庫未收書提要》的《詩說》提要，是否出自顧氏手筆？據《顧千里年譜》，顧廣圻於嘉慶六年（1801）年赴杭州，謁見阮元，受孫星衍、段玉裁等人的推薦進入《十三經》校書局，並任《毛詩》校勘。〔註133〕嘉慶八年（1803）八月，顧氏離開校書居。阮福說：「家大人（阮元）在浙時，曾購得四庫未收古書進呈內府。每進一書，必仿《四庫提要》之式，奏進提要一篇。」〔註134〕阮元得到的《詩說》，究竟是從哪一藏家而來，提要並沒有說明，我們也不得而知。

《四庫未收書提要》「《鄭風·大叔于田》，今本脫『大』字。此書與唐石經、注疏本同，亦可證近世坊本之誤。」〔註135〕這裡所謂的「今本脫大字」，是朱子《詩集傳》等所採信的《詩經》經文。朱子還特別引用了兩位釋經學家的解說來說明何以《大叔于田》首章「叔于田，乘乘馬」不用加「大」字：「陸氏曰：『首章作「大叔于田」者誤。』蘇氏曰：『二詩（《叔于田》和《大叔于田》）皆曰「叔于田」，故（詩題）加「大」字以別之。不知者乃以段有「大叔」之號，而讀曰「泰」，又加「大」字於首章，失之矣。』」〔註136〕

我們知道，阮元《十三經注疏校勘記》中的《毛詩注疏》由顧廣圻完成。今本《毛詩注疏校勘記·大叔于田》條謂：「大叔于田。唐石經、小字本、相臺本同。案，此《正義》本也。《釋文》云：『叔于田，本或作「大叔于田」者誤。』《正義》標起止云：『大叔至傷女。』下文云：『毛以為大叔在田獵之時。』又，上篇《正義》云：『此言叔于田，下言大叔于田，作者意殊。』是

〔註132〕李慶：《顧千里研究》，上海：上海古籍出版社，1989年。
〔註133〕李慶：《顧千里研究》，第83頁。
〔註134〕〔清〕阮元：《揅經室集》，鄧經元點校，北京：中華書局，1993年，第1183頁。
〔註135〕〔清〕阮元：《宛委別藏·詩說》，南京：江蘇古籍出版社，1998年，第1～2頁；《揅經室集》，鄧經元點校，北京：中華書局，1993年，第1260～1261頁。
〔註136〕朱熹：《詩集傳》，趙長征點校，北京：中華書局，2017年，第77頁。

與『或作』本同。此詩三章共十言『叔』，不應一句獨言『大叔』，或名篇自異，詩文則同，如《唐風‧杕杜》《有杕之杜》二篇之比其首句，有『大』字者援序入經耳。當以《釋文》本為長。」〔註137〕（《毛詩注疏校勘記》卷二）顧氏校訂《毛詩注疏》，熟悉校勘成果，故而很自然地把劉氏《詩說》與《毛詩注疏》加以比較。李慶《顧千里校書考》指出顧廣圻校訂詩類文獻兩種，即《毛詩正義》和《韓詩外傳》。〔註138〕此《詩說十二卷提要》可入顧氏佚文之待考部分。

但是我們從阮元本和臺館丙本的文字內容中看到兩部書並不一致，也就是說這部書未必就是從阮元本傳抄而來。那麼，是否還存在另一種可能，即這是顧廣圻為汪士鐘校勘書籍時得到的呢？

道光二年壬午（1822），顧廣圻寫《藝芸書舍宋元本書目序》，文中說：「宋元本，其距今日，遠者甫八百餘年，近者且不足五百年，而天壤間乃已萬不存一。……然則物無不敝，時無不遷，後乎今日之年何窮，而其為宋元本者竟將同三代竹簡、六朝油素，名可得而聞，形不可得而見，豈非必然之數哉。然則為宋元本計當奈何？曰：舉繼不可少之書，覆而墨之，勿失其真，是縮今日為宋元也，是緩千百年為今日也。」〔註139〕魏隱儒《中國古籍印刷史》中說，顧廣圻「代人刻了很多書籍，……代汪士鐘校刻的有宋單疏本《儀禮疏》、宋刻本《雞峰普濟方》、《劉氏詩說》，衢州本《郡齋讀書志》……凡是顧氏校刻的書，都是選擇最好的本子作底本。」〔註140〕（《顧千里集》卷十二）顧廣圻認為宋元人當年幾乎無處不有書籍刊刻，但五百八百年後，能留下來的能有多少呢？即便是像毛晉、季振宜、徐乾學等以藏書為志業的大藏書家所藏宋元本並著錄於他們的藏書目錄的，也很快就散佚了，能有十之一二保存下來並為人所知已是相當幸運之事，更何況是宋元本？所以他建議有選擇地對宋元本進行影刻，這樣就能為後人留下「相尋而無窮」的珍貴典

〔註137〕劉玉才主編：《十三經注疏校勘記》，北京：北京大學出版社，2015 年，第 691 頁。
〔註138〕李慶：《顧千里研究》，第 300〜301 頁。
〔註139〕〔清〕顧廣圻：《顧千里集》，王欣夫輯，北京：中華書局，2007 年，第 192 頁。
〔註140〕魏隱儒：《中國古籍印刷史》，北京：印刷工業出版社，1988 年，第 161 頁。魏隱儒的這一說法被李致忠《歷代刻書考述》（成都：巴蜀書社，1990 年，第 347〜348 頁）、李致忠《古書版本學概論》（北京：書目文獻出版社，1990 年，第 237〜238 頁）等書所採信，廣為古籍版本學者所知。

冊。他有這樣的主張，也就積極推動汪士鐘等人進行影刻的出版事業。

　　道光八年（1828）汪士鐘影刻《劉氏詩說》。李慶《顧千里研究》中所附《新訂顧千里年譜》於道光八年記錄顧廣圻本年跋汪士鐘藏宋本《王摩詰文集》、代汪氏撰《重刻宋本雞峰普濟方序》、跋影宋抄本《班馬字類》等，未見所謂校刻《劉氏詩說》。〔註141〕《顧千里校書考》中也未開列此書。汪士鐘跋其所刻《劉氏詩說》謂：「楮尾吳匏庵先生題識用禿豪，作兩短行，更得顧孝廉摹其筆意，付梓存之。此書頓還舊觀。」可見，汪士鐘刊刻《劉氏詩說》並非顧廣圻督工，他只是模仿了吳寬的跋文而已。汪刻本已補足此前阮元所見抄本所缺的第二卷，而此抄本仍缺第二卷。道光八年時，顧廣圻已63歲，他大概對於早年的經學校勘已經不再有太高的興致，所以也未見他將這一舊抄本補足，抑或者已有了汪氏仿宋刻本，也就未再抄寫一份。

　　顧氏對劉氏《詩說》並未置一詞的另一種可能是，他對劉氏反對《毛詩》的經典闡釋並不看重。顧氏與段玉裁的通信中說：「今大說反將凡所舉出者，遇一經改一經，遇一注改一注，遇一正義掊擊一正義，期於祭義經西學等，又用六經注我之故智，以就所欲說。……鄙人之期期不可者，愛護經注、正義，亦即愛護閣下，方冀仍然開悟，將大說、拙辨拉雜摧燒，歸諸太虛，則盛德為失為日月之更，而經注、正義仍與閣下咸受其福，若竟銳意不解，鄙人懼矣，不敢面從，亦不敢更諫，正恐明文自在，斷不因欲抹殺而便抹殺也。天下後世必皆知經注非如是其譌者，必皆知正義非如是其誤者，必有知鄙人非漫然佞孔者，必有能詳觀他經與注而知其本旨云何者，必有能剖白異義而知其非可假借者。」〔註142〕（《顧千里集》卷七《與段茂堂大令論周代學制第二書》）雖然顧氏說他本人「非漫然佞孔」，但他旗幟鮮明地維護《毛詩》的立場是毫無疑問的。

　　臺館乙本到底從何種版本《詩說》作底本抄錄而來，尚不能確定。這是抄本本身之複雜所在。其實不止抄本如此，刻本也不例外。我們能比較肯定某一個刻本的「板」，但對於「印板」卻未必能有清晰的判斷。比如汪士鐘藝芸書舍刊《劉氏詩說》，一般都只根據汪士鐘等人的序跋著錄清道光戊子刻本。但我們見到有一日本早稻田大學圖書館藏本卷十二末葉有「蘇州閶門外洞涇橋

〔註141〕　李慶：《顧千里研究》，第233～234頁。
〔註142〕　〔清〕顧廣圻：《顧千里集》，第105頁。

西／吳青霞齋刊刻刷印」戳記，〔註143〕天津圖書館藏本則沒有這一刷印戳記。
天津圖書館藏《昭德先生郡齋讀書志》卷二十末有「蘇州閶門外洞涇橋西／吳
青霞齋刊刻刷印」戳記，國家圖書館藏藏本（善本書號02835）無此戳記。中
山大學圖書館藏本有戳記，編目員注意到它，並將該館藏本的版本信息著錄為
「清嘉慶二十四年（1819）吳門汪氏青霞齋刻本」。〔註144〕

天津圖書館藏《德昭先生郡齋讀書記》	早稻田大學藏《詩說》

　　「刊刻刷印」汪士鐘本《詩說》《昭德先生郡齋讀書志》的青霞齋，是一
個書籍鋪。《感應篇彙編》有一序稱：「《（感應篇）直講》自道光壬辰（十二
年，1832），我吳劉子綱重刻已復行。今重刻《彙編》書成，板存蘇州城內師
林寺閶門外洞涇橋西吳青霞齋刷印。」（《重刻感應篇彙編跋》）《感應篇直講》
扉頁中央為書名，書名右方有「道光己亥孟冬吳郡第三刻」一行，書名左方
有「板存蘇州閶門外上塘洞涇橋／西吳青霞齋刻字店刷印裝訂」兩行。〔註145〕
可見，嘉慶道光時期，青霞齋在蘇州是有名的書鋪，和汪氏有著密切關係。
汪士鐘刻成《詩說》《昭德先生郡齋讀書志》之後，發行流通是以書鋪的形式
來操作的，所以才有了青霞齋「刊刻刷印」戳記的《詩說》遠渡重洋。

〔註143〕據早稻田大學圖書館書目信息，該書為錢恂（1853～1927）藏書，https://www.
　　　　wul.waseda.ac.jp/kotenseki/html/ro12/ro12_00373/index.html
〔註144〕中山大學圖書館編：《中山大學圖書館古籍善本書目》，1982年，第124頁。
〔註145〕游子安：《勸化金箴　清代善書研究》，天津：天津人民出版社，1999年，第
　　　　237頁。

小結

　　以上，我們從民國年間學人對《詩說》的判斷所存在的疑問出發，基於現存《詩說》的幾種抄本，考察了幾代圖書館人及清代乾嘉以來學者、藏家對所見不同版本的《詩說》的著錄、題識和見解，並對相關的歷史記載進行了梳理。這部書在清代乾嘉時期，曾經有過一段特別的經歷，從清初朱彝尊著錄這部書之後，引起了黃丕烈、汪士鐘、張金吾、阮元、顧廣圻、張蓉鏡、孫原湘等人興趣，他們或者傳抄、或者傳閱、或者傳刻，用他們的眼光、筆觸和行動，製造了一個別具特點的書籍史。與此同時，段玉裁、陳奐等從事於經典解釋的專家們則對此書視而不見。這部書的價值，更多的是被藏書家從珍本的角度加以講述的。

　　因此，我們可以由一部具體的書的傳承、傳播過程略窺乾嘉考據學風影響之下，書籍作為一種故物的價值被版本目錄學家所關注的具體情形，書籍作為一種文化記憶和歷史遺產的價值被重建起來，它不再因為學術意識形態的判定而確定一部書的現實價值，它不再因為主流學術群體的聚焦與否而衡量一部書的歷史意義。人們對書籍的價值開始有了多元的認識。正是有了他們的努力，我們才能二百年後〔以道光元年〔1821〕孫原湘見到張蓉鏡抄本並作跋文計〕的今天重溫這段書籍的歷史。我們認為，正是由於一種別具特色的書籍文化觀念，書籍作為一種文化的記憶和歷史的遺產才得以成立。

　　古籍圖書，在近代以前更多的是私人藏家的愛好，私人著錄與揭示成為世人瞭解一部書存藏的關鍵；近代以來，它更多地成為一種國家的文化事業，越來多的古籍成為公藏機構的藏品。新的事業，有著新的要求和新的準則。古籍的故事就在這一代代人的講述中不斷更新，學術也在此中得以前行。李致忠《古書版本鑒定（重訂本）》說：錢謙益、季振宜、黃丕烈等人鑒定的版本基本上是可信的，「其他如徐乾學、盧文弨、陳鱣、顧千里、汪士鐘、張蓉鏡、阮元、孫星衍、楊紹和、瞿紹基、翁同龢、楊守敬、葉德輝、葉昌熾、張元濟、傅增湘、周叔弢、趙元方等，也都是很有名的藏書家和版本鑒定家。這些人見多識廣，學識都很豐富。凡經他們鑒定過，再蓋上自己的藏書印記的書，一般說是比較可靠的。」〔註146〕很多古籍在漫長的歷史中就在這些大藏家的手中遞傳，留下了古籍傳承的佳話，同時他們也製造版本，為我們留下了很多疑難

〔註146〕李致忠：《古書版本鑒定（重訂本）》，北京：北京聯合出版社，2021年，第317頁。

問題。劉克《詩說》一書曾經上述藏書大家之、曾經他們過眼，瞭解這部書不僅有助於我們瞭解宋人的經說特點，也有助於我們瞭解明清以來的藏書生態。

當藏書成為一項專門的活動之後，藏書活動就不單單是一種藝文雅好和長物之志了，古籍的收藏、守藏和典守也不單單是一種短期的個人行為。在嚴肅的古書收藏之中，版本的著錄與鑒別、書志題跋的撰寫，已成為基本的要求；在職業的古籍守護之中，蒐集版本，編寫書目，典守研究，也已成為基本的準則。無論是古籍的收藏活動或古籍的保護，都要求藏書家和藏書機構廣羅善本、異本，四部要籍琳琅滿目，版本鑒定大體無誤，藏書著錄要有體例，如此方成其為一藏書或存藏「善本書目」。同時，還要求撰寫書目書志的人對書籍之學有充分的學識，要知鑒藏、懂版本且學殖深厚，並且需要對古籍本身有一種文化的情感在。正是有了這樣的收藏與版本的結合，才有了古籍版本之學的成立、拓展和進步。而新時代的古籍版本之學，則要利用前賢的成果，對古籍展開更為細緻的討論，將其歷史的故事變成一種可供我們思考的敘事。

第七章　攬流光繫扶桑：葉盛
《水東日記》

四朝十帝盡風流，建業長安兩醉遊。唯有一篇楊柳曲，江南江北為君愁。

—— 崔塗《讀庾信集》

　　2023 年 9 月 3 日，鮑國強先生在微信上將他撰寫的《也談古籍書版「轉手」》一文發我學習。該文以楊成凱先生《古籍版本十講》中關於「板片轉手」問題的討論出發，[註1] 論及鮑先生所見三種不同類型的板片轉手事例。鮑先生認為，古代的書籍既可以以書本的形式傳承，也可以以板片為主體傳承。從同一部書的不同印本上看到了板片的所有者的不同，即有板片的轉手。板片轉手在明清古籍印本中較為常見，造成板片轉手的原因很多，除了商業的因素之外，還有文化的、歷史的、政治的影響。書籍板片的所有者在同時代，或不同時代發生變更後，新的所有者會對其擁有的板片做一定的處理後再行刷印書籍，同一部書同一個版本的不同印本流傳開來。這些不同印次的書籍，既有同版不同批次之間的差異，也有修版補版不同印本之間的區別，更有不同藏板者之間的區分，情況極為複雜。在古籍的著錄中，若遇到板片轉手時，古籍編目者應該盡可能著錄新舊板片的歸屬情況，以便於學者瞭解相關信息。對此我素無研究，但正翻閱《鄧之誠文史箚記》一書，恰有一段文字提及了一個板片轉手的例子：

　　　　閱葉盛《水東日記》四十卷本，六世孫重華明季所刻。有康熙庚申七世孫方蔚識語，補刊數頁，並列目及俞仲蔚序。蓋《日記》先刻於常熟徐氏，凡三十八卷。至嘉靖中，板歸文莊玄孫恭煥，為（刪改語句雜沓者，並）補刻後二卷，凡四十卷。重華又復刻之，

[註1] 楊成凱：《古籍版本十講》，北京：中華書局，2023 年，第 422 頁。

然則《日記》〔板本〕（之刻）有四：一為徐氏刻本，一為恭煥（改）補徐氏本，一為重華刻本，一為方蔚補重華本。今世但稱明刻為三十八卷本，康熙刻為四十卷本，未免失之，〔且〕不知康熙本仍重華之舊，皆明本也。〔註2〕（注：（）中文字為鄧氏《桑園讀書記》修改或增補者。）

我將此信息發給鮑先生，他回覆我說：「依鄧氏云，《水東日記》有徐氏本、重華本，前者轉手再補刻二卷，後者由下一代康熙時補刊數葉，均為明版。惜目前不方便見到原書，否則或又能有所發現，再玩一篇隨筆。」我們看到，《水東日記》是一部明人葉盛（1420～1474）撰寫的具有歷史影響的古籍，已有今人整理本、節錄注釋本，以及多種影印本。學界對於葉氏日記引用頗多，對該書版本問題的討論也不少，但似乎溢出四庫館臣結論的不多，所以余嘉錫《四庫提要辯證》和魏小虎《四庫全書總目匯訂》就未收錄任何相關考訂或訂補的信息。〔註3〕《辭源》一書有該書的詞條，謂：「《水東日記》，明葉盛撰，三十八卷。記明代制度及遺聞軼事，引據諸書，以博洽見稱。」〔註4〕顯然，《辭源》編纂者並未注意到該書的不同版本，是以某一個版本或者前人著錄（比如《四庫全書總目》）撰寫的詞條。傅增湘（1872～1949）《藏

〔註2〕鄧之誠：《鄧之誠文史劄記》（修訂本），南京：鳳凰出版社，2016年，第141頁。此日記文字已經收入鄧氏讀書記，見：鄧之誠：《桑園讀書記》，鄧瑞點校，瀋陽：遼寧教育出版社，1998年，第21～25頁。鄧氏《桑園讀書記》是其抗戰期間在北京閒居時的讀書筆記，合提要、札記為一，共收錄四十五種書的筆記，生活‧讀書‧新知三聯書店1955年初版，1998年由鄧瑞點校整理再版。前者為繁體豎排，只有傳統的句讀；後者為簡體橫排，用新式標點，附《柳如是事輯》。

〔註3〕四庫館臣的著錄是：「水東日記三十八卷，兩淮鹽政採進本。明葉盛撰。盛有《葉文莊奏草》，已著錄。是書紀明代制度及一時遺文逸事，多可與史傳相參。其間徵引既繁，亦不免時有牴牾。又好自敘居官事蹟，殆不免露才揚己之病。王士慎作《居易錄》，多自記言行，有如家傳，其源濫觴於此。古人無是體例也。至於辨請禁官捨家人採習一疏，謂人誣其子與官舍鬥鶴鶉不勝，因有是奏，深自剖析，連篇不已，抑又淺之甚者矣。然盛留心掌故，於朝廷舊典，考究最詳，又家富圖籍，其《菉竹堂書目》，今尚有傳本，頗多罕覯之笈。故引據諸書，亦較他家稗販成編者特為博洽。雖榛楛之勿翦，亦蒙茸於集翠。取長棄短，固未嘗不可資考證也。」（魏小虎：《四庫全書總目匯訂》，上海：上海古籍出版社，2012年，第4452頁。）後來的藏書志作者往往抄錄四庫館臣著錄，比如河田羆《靜嘉堂秘籍志》（杜澤遜等點校，上海：上海古籍出版社，2016年，第1147頁）即是如此。

〔註4〕何九盈等主編：《辭源》（第三版），北京：商務印書館，2015年，第2276頁。

園群書題記》、謝國楨（1901～1982）《江浙訪書記》、王重民（1903～1975）《中國善本書提要》均有該書的題跋文字，但皆未如鄧之誠那樣指出該書的板片轉手問題。

如此看來，從古籍版本的角度進一步討論《水東日記》一書實有必要，畢竟版本的著錄和書籍分類都是古籍版本學的核心課題，版本學的知識對於其他學科，比如辭源之學、文史之學，都有一定的助益。而且，傅增湘曾說，該書「卷中於圖籍碑刻舉述尤備，足以供考證之資」，〔註 5〕也即這是一部重要的書籍史著作，古籍善本學者不能不予以關注。故本章以《水東日記》的不同版本為個案，用古籍善本的理論眼光對該書的版本情況做一簡略的考察，並進而對葉盛的書籍史觀作一概要式的反思。

一、書目著錄：分類的困惑

作為古籍的《水東日記》非孤罕之書，但早期刻本卻較為罕見。國內外多家存藏單位收藏有這部書的清代初年修補版本，以「明末葉重華賜書樓刻清康熙十九年（1680）葉方蔚重修四十卷本」的版本信息最為清晰，國家圖書館、天津圖書館、福建省圖書館等皆有多部收藏；另有所謂的明刻三十八卷本數部，分藏於國家圖書館、上海圖書館等機構。〔註6〕上世紀八十年代，中華書局出版《水東日記》整理本，以版本信息明確者為底本校點。整理者指出該書版本源流清晰，從弘治間常熟徐氏刻三十八卷本，到嘉靖三十二年葉恭煥修補四十卷本，再到明末葉重華覆刻本和明末刻清初修補本，各版本是後出轉精，文字校勘工作以最後一版為依據即可。〔註7〕為何古籍整理者可以將明刻本明確為「弘治間常熟徐氏刻本」、「嘉靖三十二年葉恭煥修補本」，而古籍的版本目錄中只標注「明刻本」？不同的「明刻本」之間是否有版本的差異？我們又能否以古籍善本的研究來確定這部書的版刻信息呢？這就需要我們對它展開細緻的考辨、分析和判斷。

就古籍善本而言，我們對一部書的考察，可以從內容、形式方面展開個體的研究，也可以從分類、版本方面展開整體的分析。書籍世界中整體與個體混雜膠著，以單部書籍組成的書籍世界，以目錄形式呈現樣貌，以文本內容傳承文化。目錄就是把書籍信息予以著錄，需要以一定的分類原則部次之。我們先

〔註 5〕傅增湘：《藏園群書題記》，上海：上海古籍出版社，2022 年，第 505 頁。
〔註 6〕可查閱：全國古籍普查登記基本數據庫，http://202.96.31.78/xlsworkbench/publish
〔註 7〕〔明〕葉盛：《水東日記》，魏中平校點，北京：中華書局，1980 年，第 2～3 頁。

看看《水東日記》的分類問題。陳先行等編寫《柏克萊加州大學東亞圖書館中文古籍善本書志》時注意到了該書在不同書目中的分類不同：「此書所記多明代制度與掌故，《四庫全書》入小說家類，《中國古籍善本書目》入雜家類雜記之屬。」〔註8〕孫殿起《販書偶記續編》同意四庫館臣的說法，將該書歸入小說家類雜事之屬；〔註9〕陳氏等人同意《中國古籍善本書目》的意見，將該書歸於雜家類雜記之屬。很明顯的是，我們今天所認識的小說與四庫館臣所知的小說概念有了很大的差別，在小說範疇之中討論《水東日記》遠不如在雜事筆記中對它展開研究，〔註10〕所以當代的版本學家就將它從小說家挪移到雜家。

　　一部古籍的著錄，按理只需要根據現存的書據實登記即可。所謂目驗原書，據以著錄。然而，書籍世界中的古籍並非以唯一的不變的狀態出現，人間孤本往往是極為罕見的，絕大部分書籍的內容和形制都會改變，自然的／非自然的、人為的／非認為的各種原因影響著具體的書籍呈現方式。同一部書有若干版本，又有若干印本，版刻源流關係複雜。在這中間，版本學家的認識至為關鍵。有一種觀點認為，古籍版本學的知識只是為學術研究提供一些導引性的服務，甚至以為版本學家的工作除了為研究者服務而外別無所長。在他們看來，版本學的任務在於對給定的一個書做出時代和版本的判定，至於其他的問題，則是歷史學、文獻學、校勘學的任務，版本目錄不成其「學」，也更無所謂「學問」。這種極端的人文學科主義，並不是個別學人持有的觀點，有些版本學家事實上也接受了這類觀點，自認版本只是做點書皮子的學問，談不上真正意義的學術研究，也就沒有談不上什麼學術貢獻了。版本目錄的知識對於人文學科主義式的學術而言，似乎也無關緊要。比如前述提及《辭源》的《水東日記》條，所謂「三十八卷」本只是一種情況，而我們指出有「四十卷」本的存在，指出這部書同時具有「史部雜家」（即具有考訂意義的歷史著作）、「子部小說」（即具有個人特點的記述著作）和「子部雜說」（即具有個人特質意義的學術著作）的性質，似乎也未必能對學術的發展產生實質性的影響。〔註11〕

〔註8〕　柏克萊加州大學東亞圖書館編：《柏克萊加州大學東亞圖書館中文古籍善本書志》，上海：上海古籍出版社，2005年，第194～195頁。

〔註9〕　孫殿起：《販書偶記附續編》，上海：上海古籍出版社，1999年，第179頁。

〔註10〕　《中國古代小說總目提要》收錄《水東日記》，並認為該書是文言小說集。見：朱一玄等：《中國古代小說總目提要》，第238～239頁。

〔註11〕　石昌渝認為，《水東日記》這類著作具有札記隨筆特點，是一種可以廣見聞、資考證的具有史料價值的筆記體，是中國史學著作的重要文體，有其文體的獨立性和歷史承繼性，可以稱之為野史筆記。野史筆記和筆記小說不同，後者

但，若是這種知識上的問題累積得多了，成百上千的詞條存在這樣那樣的問題，極端的人文學科主義可能就無法立足了，因為學術必須要為讀者提供更為準確的知識，古籍版本學的任務之一就在於此。

所謂的古籍分類，雖然僅僅傳統上就經、史、子、集幾個大類，看似簡單。其實質卻是要根據某一書籍的主要內容、成書時代和學術思考等相關要素進行綜合判斷，以書目方式予以歸類、列目和著錄，從大部小類到細目類屬的區分，是為了我們更好的使用書籍，更好的定位書籍，也便於我們瞭解一個時代、一個專題的學術發展動態。書籍的分類迭變不居，不同的學術風氣和編纂要旨之下有不同的分類思想，因此分類的變化也是一個時代學術思潮的變化的指標。分類即定性。古籍的性質自然是由其書的內容決定的，但內容到底分屬於何種類別，某些類別到底包含了哪些書籍，這都與編目者所處的時代、編目的意圖有密切關係。比如，楊明照研究《文心雕龍》時，首先對歷代著錄中的分類問題做了細緻梳理，歷代書目將其分屬於或歸子部、或歸集部，小類則或為總集、別集、文集、古文、詩文名選、雜文、子部諸子、子部雜家、文史類、文說類、詩文格評、詩文評等 13 個不同的類別。《文心雕龍》自劉勰在南朝時撰寫以來，在一千五百多年的書籍發展史中，經歷了寫本到雕版，從抄本到印本，從早期版印到成熟版刻的歷史發展，歷朝歷代的讀者面對同一部書的不同讀本，總會有他們自己的看法，這種看法自然而然就反映在書目的分類上了。楊明照認為四庫館臣將該書歸入集部的詩文評類較為恰當，也是近世較為通行的歸類。他總結道：「《文心》著錄，始於《隋志》；自爾相沿，莫之或遺。雖卷帙無殊，而部次則異。蓋由疏而密，漸歸允當，斯乃簿錄之通矩，不獨舍人一書為然也。」〔註12〕同樣的，《水東日記》也分屬於不同的類別。現代整理本將該書列入史料筆記系列，可見出版界是

文學色彩濃厚，記述故事為主，具有傳奇、志怪等特點；後者史學色彩濃厚，記載史料為主，具有考訂、叢談等特點。石昌渝列舉的明代野史筆記名著包括：金幼孜《北征錄》，王瓊《雙溪雜記》，王錡《寓圃雜記》，尹直《謇齋瑣綴錄》，黃瑜《雙槐歲鈔》，陸容《菽園雜記》，葉盛《水東日記》，胡應麟《少室山房筆叢》，楊慎《丹鉛總錄》《升菴外集》，焦竑《玉堂叢語》，祝允明《罪知錄》，顧起元《客座贅語》，何良俊《四友齋叢說》，朱國楨《湧幢小品》，謝肇淛《五雜俎》，沈德符《萬曆野獲編》等。石昌渝：《中國小說源流論》（修訂版），北京：生活・讀書・新知三聯書店，2015 年，第 135～138 頁。

〔註12〕〔南朝梁〕劉勰著，〔清〕黃叔琳注，〔清〕李詳補注，楊明照校注拾遺：《文心雕龍校注》，北京：中華書局，2021 年，第 699 頁。

將此書視為筆記類著作的。這種筆記，歸屬於歷史類；而當代的古籍學者將《水東日記》視為子部雜家類的書，屬於雜記的著作類型。這種分類出自《四庫全書總目》。編纂《中國古籍善本書目》的古籍工作者明確表示，在分類問題上要依據傳統，同時也做一些必要的改動，「大體上依四庫分類，各部類目酌予增刪修訂。」〔註13〕四庫館臣將這部書歸入子部的小說家類的雜事之屬，因為「紀錄雜事之書，小說與雜史最易相淆。諸家著錄，亦往往牽混。今以述朝政軍國者入雜史，其參以里巷閒談詞章細故者則均隸此門（小說家雜事之屬）。《世說新語》古俱著錄於小說，其明例矣。」〔註14〕在他們看來，雖然葉盛此書「記明代制度，及一時遺文逸事，多可與史傳相參」，但它又「有如家傳」，「古人無是體例」。〔註15〕所以，《水東日記》這種記錄國家大事與個人見聞的書，不歸於史部的雜史，而是子部的小說雜事。

在《中國古籍善本書目・子部》中的小說已單獨成類，不再依附於雜家，這是近代以來小說研究的成果，也意味著對於小說類書籍的重視。而雜家類則以雜學雜說、雜考、雜記和雜纂四個小類目。像《水東日記》之類的著作也就從雜事轉入了雜記。這種變動意味著我們對於古籍性質認定並不一定是根據書籍本身的樣貌，而是用某個標準來衡量某些內容，將它們歸入某個範疇，也就是說，分類本身就是一種學術思想的表達。沿襲《四庫全書總目》分類的《國立中央圖書館善本書目》則仍將《水東日記》歸入子部小說類，但以「筆記之屬」來重新定義了本書及《世說新語》《雲溪友議》等書的性質。該目錄著錄了明刊黑口三十八卷本和明萬曆間崑山葉重華刊四十卷本。〔註16〕其中，所謂明刊黑口本，是盧氏抱經樓、劉承乾嘉業堂舊藏，有「四明盧氏抱經樓珍藏」「四明盧氏抱經樓藏書印」「吳興劉氏嘉業堂藏」「吳興劉氏嘉業堂藏書記」等印；所謂萬曆間刊本，則有典型的晚明版刻風格。這兩條版本著錄信息皆有含糊處。

當然，也有古籍目錄將該書歸於史部的。比如葉德輝認為此書與《菽園雜記》當列入史部雜史類瑣記之屬，〔註17〕王重民《中國善本書提要》、今人《崑

〔註13〕中國古籍善本書目編輯委員會：《中國古籍善本書目・經部・編例》，上海：上海古籍出版社，1996 年，第 5 頁。

〔註14〕〔清〕永瑢等：《四庫全書總目》，北京：中華書局，2003 年，第 1204 頁。

〔註15〕〔清〕永瑢等：《四庫全書總目》，第 1203～1204 頁。

〔註16〕國立中央圖書館編：《國立中央圖書館善本書目甲編卷三》，臺北：中華叢書委員會，1959 年，第 148 頁。

〔註17〕來新夏等：《書目答問匯補》，北京：中華書局，2011 年，第 714 頁。

山歷代藝文志》將該書歸入史部雜史類，魏隱儒《書林掇英》則將該書歸入史部政書類。明代以來諸家目錄著錄《水東日記》頗多，分類不一，具體情形如下：

表一　明清書目著錄情況表

編號	書　目	大類	細　目	信息著錄	出　處
1	晁瑮《晁氏寶文堂書目》卷中	子	子雜	水東日記	〔明〕晁瑮：《晁氏寶文堂書目》，上海：上海古籍出版社，2005年，第91頁。
2	徐𤊹《徐氏紅雨樓書目》卷三	子部	小說類	水東日記三十八卷，崑山葉盛。	〔明〕徐𤊹等：《徐氏家藏書目》，上海：上海古籍出版社，2014年，第323頁。
3	陳第《世善堂藏書目錄》卷上	史部	稗史野史並雜記	水東日記三十八卷，葉盛。	〔明〕陳第：《世善堂藏書目錄》，上海：商務印書館，1937年，第23頁。
4	高儒《百川書志》卷八	子部	小說家	水東日記三十八卷，皇明崑山葉盛著，紀政典及雜事也。	〔明〕高儒：《百川書志》，上海：上海古籍出版社，2005年，第115～116頁。
5	周弘祖《古今書刻》上編		蘇州府	水東日記	〔明〕周弘祖《古今書刻》，上海：上海古籍出版社，2005年，第338頁。
6	焦竑《國史經籍志》卷四下	子類	雜家	水東日記三十八卷，葉盛。	王承略、劉心明主編：《二十五史藝文經籍志考補萃編第23卷》，北京：清華大學出版社，2014年，第388頁。
7	祁承爜《澹生堂藏書目》	史部	國朝史類	水東日記四卷，四冊，葉盛。又摘本，載《金聲玉振》。又，水東日記摘抄，載《紀錄彙編》。	〔明〕祁承爜：《澹生堂藏書目》，鄭誠整理，上海：上海古籍出版社，2015年，第343頁。
8	范欽藏《天一閣書目》	史	史	水東日記，四本。〔註18〕	清初抄本（國家圖書館藏，善本書號17987）

〔註18〕王國維曾見過此書，他說：「水東日記三十八卷，明刊本。崑山葉盛。明刊黑口本。無序跋。末卷又脫佚。天一閣藏書。」《傳書堂藏書志》將《水東日記》歸於子部小說家類。見：王國維：《傳書堂藏書志》，王亮整理，上海：上海古籍出版社，2014年，第771頁。

9	朱睦㮮《萬卷堂書目》卷三	子部	小說家	水東日記三十八卷，葉盛。	羅振玉《玉簡齋叢書》本，清宣統二年（1910），第 32 頁。
10	金檀《文瑞樓藏書目錄》卷五	子類	小說家／國朝史類／明人小說／正統朝	水東日記四十卷，崑山葉盛著。	桐川顧修《讀畫齋叢書》本，清嘉慶十六年（1811），第 4 頁。
11	錢謙益《絳雲樓書目》卷二	子部	小說類	水東日記三十八卷，葉盛，諡文莊。葉文莊集二卷。	中國書店編：《海王村古籍書目題跋叢刊1》，北京：中國書店，2008 年，第 28 頁。
12	祁理孫《奕慶藏書樓書目》	子	稗乘家雜筆之書	水東日記，四十卷，一套，八本，崑山葉盛著。	國家圖書館藏清抄本
13	錢曾《也是園藏書目》卷五	子部	雜家	葉盛水東日記三十八卷。	中國書店編：《海王村古籍書目題跋叢刊1》，北京：中國書店，2008 年，第 153 頁。
14	《虞山錢遵王藏書目錄彙編》卷五	子部	雜家	葉盛水東日記三十八卷。	〔清〕錢曾著，瞿鳳起編：《虞山錢遵王藏書目錄彙編》，上海：古典文學出版社，1958 年，第 132 頁。
15	范邦甸《天一閣書目》卷三之二	子部	小說類	水東日記二十八卷，刊本，明崑山葉盛錄。	〔清〕范邦甸等：《天一閣書目》，上海：上海古籍出版社，2010 年，第 295 頁。
16	黃虞稷《千頃堂書目》卷十二	子部	小說類	葉盛水東日記三十八卷。吳（吳騫）校云：一作四十卷。	〔清〕黃虞稷：《千頃堂書目》，瞿鳳起等整理，上海：上海古籍出版社，2001 年，第 333 頁。
17	萬斯同《明史藝文志》三	子部	小說家類	葉盛，水東日記三十八卷	王承略、劉心明主編：《二十五史藝文經籍志考補萃編第 24 卷》，北京：清華大學出版社，2014 年，第 262 頁。
18	張廷玉《明史藝文志》三	子部	小說家類	葉盛水東日記三十八卷	王承略、劉心明主編：《二十五史藝文經籍志考補萃編第 25 卷》，北京：清華大學出版社，2014 年，第 283 頁。
19	徐乾學《傳是樓書目》	子部	雜家	水東日記四十卷，葉盛，四本。	中國書店編：《海王村古籍書目題跋叢刊1》，北京：中國書店，2008 年，第 347 頁。

20	敘秉義《培林堂書目》	子部	雜家	葉盛水東日記二十卷，四冊	中國書店編：《海王村古籍書目題跋叢刊1》，北京：中國書店，2008年，第475頁。
21	沈初等《浙江採集遺書總錄》己集	子部	說家類一總類	葉盛水東日記四十卷，刊本。右明侍郎崑山葉盛撰。雜記朝野之事，可備掌故者。葉藏書盛富，世所傳《菉竹堂書目》是也。	中國書店編：《海王村古籍書目題跋叢刊2》，北京：中國書店，2008年，第218頁。
22	永瑢等《四庫全書總目》卷一百四十一	子部	小說家類雜事之屬	水東日記三十八卷，兩淮鹽政採進本。	〔清〕永瑢等：《四庫全書》，北京：中華書局，2003年，第1203頁。
23	《欽定續文獻通考》卷一百七十九	子部	小說家	葉盛水東日記三十八卷。盛見史類。臣等謹按，是書記明代制度文章及一時逸文逸事，多可與史傳相參。	清乾隆四十九年（1784）武英殿刻本，第8頁。
24	阮元《文選樓藏書記》卷五	無明確分類		葉盛水東日記四十卷，明侍郎葉盛著，崑山人。刊本。是書雜記朝野瑣事	〔清〕阮元：《文選樓藏書記》，王愛婷等整理，上海：上海古籍出版社，2009年，第393頁。
25	丁丙《善本書室藏書志》卷二十一	子部	小說類瑣語之屬	水東日記四十卷，明刊本，山陰祁氏舊藏，崑山葉盛著，六世孫重華較梓。	〔清〕丁丙：《善本書室藏書志》，曹海花點校，杭州：浙江古籍出版社，2016年，第893頁。
26	丁仁《八千卷樓書目》卷十四	子部	小說家	水東日記三十八卷，明葉盛撰，明刊四十卷本。別本水東日記一卷，明葉盛撰，金聲玉振本，紀錄彙編本。	〔清〕丁丙：《善本書室藏書志（外一種）第8冊》，曹海花點校，杭州：浙江古籍出版社，2016年，第2493頁。
27	周中孚《鄭堂讀書記》卷六十五	子部	小說家類雜事	水東日記四十卷，康熙中重刊本，明葉盛撰。	〔清〕周中孚：《鄭堂讀書記》，黃曙輝等標點，上海：上海書店出版社，2009年，第1064頁。

| 28 | 張之洞《書目答問》卷三 | 子部 | 小說家 | 水東日記四十卷，明葉盛，康熙間刻本。明刻本三十八卷。 | 來新夏等：《書目答問匯補》，北京：中華書局，2011年，第714頁。 |
| 29 | 楊紹和《海源閣書目》 | 子部 | 小說家雜事之屬 | 明本水東日記三十八卷。明葉盛撰，明刻本。八冊。 | 王紹曾等整理訂補：《訂補海源閣書目五種下》，濟南：齊魯書社，2002年，第997頁。 |

在以上諸家書目中，除了明人或將《水東日記》歸於史部之外，清代人（不管是明史館臣，還是四庫館臣）編纂權威著作將該書歸入了子部，後世受他們的影響，多將該書歸入子部，或屬小說家，或屬雜家。今人沿襲之，一般將該書列入子部，不過不再將其視為小說，而是雜家、雜事。德勒茲說：「分類方式就像一本書的骨架，它就像一部辭典或字典。它不是最本質的東西，但是是不可或缺的步驟。……所有的分類都很簡單：這些分類都很靈活，根據情況的表現，分類的標準會發生變化，分類具有一個回溯性效應，我們可以無限提煉或重新組織分類。……一個分類方式就是症候學。」〔註19〕所謂的症候學，就是以某種方式來理解世界，在書籍世界裏我們是通過分類的方式來回溯歷史，截取片段，希望能夠更好的去把握浩瀚的書籍知識。按理說，對於一部書的性質的認識，只需要我們閱讀該書即可得出結論，但書籍本身的複雜性讓讀者的判斷往往各有不同。這些判斷往往被讀者、藏書家和版本學家寫進了題跋、書志和提要之中，我們需要對這些文字加以梳理。

二、提要書志：版刻的認識

目前傳世的古籍，一般而言都是已經被歷代書目著錄過的，是版本確定了的。我們可以依據前人的意見予以著錄，如果發現前人著錄的問題則需要更訂，更訂必須要有強有力的文獻依據，否則難以得到認可。我們看到，自《水東日記》傳播開來以後，明清學人對此書多有記錄，特別是清代以來的藏書家們各以所見版本對《水東日記》做過版本的考訂。從明中期以來，讀過該書並留下題跋文字的學人不少，比如明代的吳寬（1435～1504）、盧世㴚（1588～1653），清代的汪沆（1704～1784）、錢大昕（1728～1804）、周中孚（1768～1831）、路慎莊（清嘉慶道光間人）、丁丙（1832～1899），近代的傅

〔註19〕〔法〕德勒茲著，〔法〕拉普雅德編：《兩種瘋狂體制：文本與訪談》，藍江譯，南京：南京大學出版社，2023年，第265頁。

增湘（1872～1949）、王國維（1877～1927）、鄧之誠（1887～1960）、謝國楨、王重民，直到陳先行等學人，皆在各自閱讀和撰述中寫出了相應的心得、提要或書志。目前可知最早記錄《水東日記》的是吳寬。他的《跋水東日記抄本後》一文說：

> 右《水東日記》三十八卷，故吏部侍郎葉文莊公所著也。議者以其間頗有臧否之論，其子孫固在，不當傳出，於是公之子始祕之，則已為湖廣刻木，而都下家有之矣。顧其本，模寫無法，提行過多，讀者厭之。近世紀載家幾絕，幸文莊為此，足以考見時事，因錄本稍便觀覽，不忍棄去，惟多譌字，雖加校正，不能免耳。〔註20〕（《匏翁家藏集》卷五十四）

吳寬有一部傳抄的《水東日記》，他又見到了湖廣的刻本。比對之下，發現抄本錯字不少，刻本較為可靠，但刻本也有問題，比如提行過多之類的。從閱讀的感受來說，抄本更方便，於是沒有放棄抄本，還慎重寫上一篇跋文記錄之。吳寬作這篇跋文的時間未知。今觀《匏翁家藏集》卷五十二至五十五所收的題跋文字，是以時間排序的，如卷五十二有成化二十三年（1487）丁未《題虞邵庵趙子昂鄧文原諸家書後》、弘治三年（1490）庚戌《跋文信公墨蹟》、弘治四年（1491）辛亥《書嘉魚縣湖西義學記後》，卷五十三有弘治五年（1492）壬子《跋張氏尺牘》，卷五十四有弘治十一年（1498）戊午《題奐兒所藏王守溪詩墨後》、弘治十年（1497）丁巳八月後二年（1499）己未六月《恭題院使王玉被賜藥方後》、弘治十二年己未《書重刻寶光寺碑後》《恭題尚書屠公被賜朝覲官敕文後》，卷五十五有弘治十五年（1502）壬戌《題東莊記石刻後》、弘治十六年（1503）癸亥《跋芸窗父師集》《書韋齋先生集後》。《跋水東日記抄本後》被置於弘治十一年季冬前，由此可推知，吳寬寫作時間當在弘治六年至十一年（1493～1498）之間。《水東日記》初刻完成並傳播於京師自當早於此，也即該書在湖廣的刊刻時間不會晚於弘治十一年。吳寬的這段文字後來被傳增湘加以引用，作為判斷常熟徐氏刊本首刊時間的重要文獻依據。〔註21〕

吳寬之後，有人得到了一部《水東日記》刻本，這是現存最早的一部刻本。

〔註20〕〔明〕吳寬：《匏翁家藏集》卷五十四，國家圖書館藏明吳爽正德三年刻（1508）本，第8頁。

〔註21〕傅增湘：《藏園群書題記》，第506頁。

讀者在藏書卷三十八末留下一行文字：「嘉靖甲寅仲秋既望，吳郡後學吳邑庠生王玉芝謹識。」〔註22〕嘉靖三十三年（1554）王玉芝不知從何人手中得到此書，慎重鈐下多方藏印，並留下了自己的名字。這樣的讀者不止王氏，很多人會在自己的藏書上寫兩句，不管是評論書籍內容，還是發表感歎，都為我們瞭解這部書的流佈、閱讀提供了歷史的印記。如《標點善本題跋集錄》一書中著錄了一部「萬曆葉重華刊本」《水東日記》，有清康熙三十一年（1692）陳昂的題跋：

> 往予讀葉文莊公《涇東稿》，知公文章經濟卓爾不群。今年移居澱角，與公里接壤，復得《水東日記》讀之，語無泛談，言有根柢，益信公讀書人也。是日同得者，宋人陳應行《吟窗雜錄》、葉成圭《海錄碎事》、明人陳絳《山堂遺集》。絳，故上虞人，另有《金罍子》行世。康熙壬申立冬日，後學陳昂記。〔註23〕

所謂萬曆本並不存在，當是崇禎刻本。陳昂在葉盛老家附近得到了一部《水東日記》，閱讀之後留下了一點記錄。與大多數讀者一樣，陳昂只是在藏書上隨筆書寫，並未對該書有多少評論，也未提及版本情況。值得我們注意的是，康熙十九年（1680）時，葉盛後裔已修補了明末刊本，既然陳昂是在葉盛老家附近得到的葉氏著作，或許正是此修補印本。顯然，陳昂對於古籍版本沒有什麼研究，他的記錄也就沒有給我們提供多少版本的信息。注意到版本信息的是汪沆和錢大昕。汪氏說：

錢塘汪沆（1704～1784）《小眠齋讀書日箚》著錄了一部《水東日記》。汪氏說：

> 《水東日記》四十卷。明崑山葉文莊公盛著。其書專於紀事，叟古綜今，關諸軍國，號為通博。以其書（事）成於淞水之東，故名水東日記云。此書舊不分卷帙。公七世孫方蔚因書賈疑非完書，意為標題，析為四十卷。異日當訪舊本正之。〔註24〕（《小眠齋讀書日箚》）

作為文學家的汪沆，諸生出身，沒有科舉功名，但他以詩歌著稱清初士

〔註22〕 傅增湘：《藏園群書經眼錄》2版，北京：中華書局，2009年，第645頁。

〔註23〕 國立中央圖書館特藏組編：《標點善本題跋輯錄》，臺北：中央圖書館，1992年，第400頁。

〔註24〕 國家圖書館編：《國家圖書館藏古籍題跋叢刊》第4冊，北京：國家圖書館出版社，2002年，第157頁。國家圖書館另藏有勞權跋清抄本，與《國家圖書館藏古籍題跋叢刊》本不僅有字句的差異，篇目次序也截然不同。

林，楊鍾羲《雪橋詩話餘集》稱其詩「淡沱透迤，豐容流美」；汪沆還喜歡經
世致用的學問，〔註25〕記載有前朝政事的《水東日記》也就成為他的讀本。
汪沆所讀的本子是康熙年間的修補印本，前有葉方蔚新編的目錄和說明，汪
氏據此以為《水東日記》早期的刻本是不分卷帙的，此種判斷正誤不必論，
他這種讀書的存疑精神和想要以不同版本來對一部書的內容進行比較的方
法，正是版本學理論和方法的不自覺使用。

與汪氏一樣，錢大昕也看到了四十卷的新印本《水東日記》。錢氏說：

> 葉文莊公《水東日記》，初刻於湖廣，止三十八卷，吳匏庵嘗為
> 之跋。此本多後二卷，則公之元孫恭煥取家藏本增入也。記成於巡
> 撫宣府之日，意還朝以後當更有紀錄，而今失傳矣。公歿於成化十
> 年。匏庵為祭文稱為『國之名臣、鄉之老師』。又云：『公之文章，
> 宜在館閣，典雅渾成，不露圭角。南豐之純，臨川之約，而復劬書
> 矻矻，窮年手不停披，以考以研。碑文鼎銘，竹簡韋編，鄴侯之富，
> 歐公之全。』其傾倒至矣！公所撰有《涇東稿》及《奏議》，予所見
> 者，惟《菉竹堂書目》與此耳。〔註26〕（《潛研堂文集》卷三十）

作為乾嘉鉅子、一代儒宗的錢大昕對《水東日記》的版本還是有所考訂
的。他注意到早期版本只有三十八卷，他拿到的是四十卷本，因此他認定這
是葉恭煥的增補本。用卷數來判定一個書的早晚，這是版本鑒定常用的方法。
至於錢氏拿到的本子到底是何種版本，他就未予說明了。錢氏跋文提到了吳
寬（1435～1504）對葉盛的尊崇，也提及葉盛著述罕為學人所見的情況，即
便是富於圖書收藏的錢氏也僅見到《水東日記》和《菉竹堂書目》兩種而已。
錢氏提及的吳寬的記載為考訂版本提供了線索，後來傅增湘正是據吳氏的說
法對《水東日記》的初刻時間地點做了推斷。

錢大昕之後，周中孚看到了康熙修補《水東日記》。周氏說：

> 《水東日記》四十卷，康熙中重刊本，明葉盛撰。盛，字與中，
> 崑山人。正統乙丑進士，官至吏部侍郎。諡文莊。《四庫全書》著錄，
> 作三十八卷。《明史·藝文志》同。是本多後二卷，為其玄孫恭煥補
> 刻也。是編乃其巡撫宣府時所作，所記當代制度及前輩遺文軼事，

〔註25〕錢仲聯等總主編：《中國文學大辭典》，上海：上海辭書出版社，1997 年，第
　　　　1167 頁。

〔註26〕〔清〕錢大昕：《潛研堂集》，上海：上海古籍出版社，2009 年，第 544～545 頁。

足為史家徵信，即片言璅語可助談塵者亦復採錄。然徵引緐而議論
夥，其牴牾在所不免。又好著己長，創古今未有之例，亦其一失。
惟其身歷三朝，諳習掌故，而藏書又富，終有根據，究不同於道聽
途說也。是書始刻於常熟徐氏，止三十八卷，至萬曆癸丑，恭煥取
家藏本校閱，遺後二卷，因補刻完之，繫以識語。至國朝康熙庚申，
恭煥子方蔚又合舊鈔本、舊刻本參互讎勘，重錄付梓，又繫以跋。
〔註27〕（《鄭堂讀書記》卷六十五）

周中孚認為《水東日記》可以作為史料引用，但這種初創的體裁，未必就
是合宜的著作方式，這自然是周氏的讀書心得，無可置喙。但周氏關於該書內
容版本的記述，幾乎沒有準確的。其一，在內容方面。周氏抄撮四庫館臣和葉
恭煥跋文對該書內容做了評價。他認為《水東日記》是葉盛在巡撫宣府時寫就
的，概據葉方蔚跋文「會從族人處覓得舊鈔本兩冊，上有巡撫宣府關防，蓋先
公當時錄本也」而來，事實上書中所記從正統、景泰、天順、成化間事蹟皆有，
不單是巡撫宣府（景泰間）時所寫日記。其次，在版本方面。周氏以清康熙刻
本所附序跋文字對《水東日記》的版本做了簡要梳理，即常熟徐氏初刻，萬曆
葉恭煥再刻，康熙時葉方蔚三刻。初刻時間未知，但萬曆四十一年（1613）癸
丑至康熙十九年（1680）庚申，葉氏家族兩次刊刻此書，間隔時間不足七十年，
是否有這個必要？當然不能排除這種可能。然而，正如鄧之誠所注意的，葉恭
煥的跋文說的是嘉靖三十二年（1553）癸丑而不是萬曆癸丑就已經補足了四十
卷：「徐氏刻行已久，嘉靖中始持板求售。先君命予購之，止三十八卷。取家
藏本校閱，遺後二卷。癸丑歲補刻完之。」〔註28〕而葉方蔚的跋文不是說重
刻，而是補刻了明崇禎本缺損的幾頁：「乙酉兵燹，兩書板幸存，顧先君自國
變後臥病不問家事，書板庋置塵閣中，遂無省記者。比年予始舁出簡點，已失
數葉，《奏議》所失尤多，因命工補刻。」〔註29〕也即，周中孚的版本判斷誤
判太多，想當然耳。周中孚讀書時，可能匆匆一翻，查了下四庫的著錄，隨意
寫下一段感想，故不足訓。

周中孚之後，路慎莊也為所藏康熙修補印本撰寫過題跋文字。他說：

《水東日記》四十卷。康熙庚申葉氏刻本。一函六冊。明葉盛

〔註27〕〔清〕周中孚：《鄭堂讀書記》，黃曙輝等標校，上海：上海書店出版社，2009
年，第 1064 頁。

〔註28〕〔明〕葉盛：《水東日記》，第 5 頁。

〔註29〕〔明〕葉盛：《水東日記》，第 6 頁。

撰。紀明代制度及一時遺聞佚事，多可與史傳相參。蓋盛本練習掌故，又家富藏書，所著《菉竹堂書目》頗多人世罕見之本，故所著述與道聽途說者迥異。惟好著己長，未免自詡耳。此書始刻於常熟徐氏，祇三十八卷，闕後二卷。此本其元孫恭煥購得徐氏舊板而又以家藏足本補刻。刻竣尚未及印行，恭煥遂臥病，書板度置塵閣中。迨康熙庚申，其七世孫方蔚始重理而校刻之。詳後跋語。〔註30〕（《蒲編堂路氏藏書目》卷二十）

與周中孚類似，路氏對於該書也只是據《四庫全書總目》和康熙修補本的序跋對該書進行了簡單的著錄，沒有提供更多的信息。路氏對於早期刻本、修補本的情況未曾深究，故所論版刻次序有誤。至於說葉恭煥臥病云云，都是自行腦補歷史。周中孚和路慎莊都只有一部清康熙年間的修補印本，他們沒有對《水東日記》的不同版本有直接的觀察，也就只能依據前人的意見加以判斷了。像他們這樣的讀書人不在少數，他們有點藏書，有些學識，愛好文史，信筆寫點張冠李戴的文字，後來人將其整理出來，也足以稱為「大作」。

之後，丁丙也為其收藏的明刊本《水東日記》寫了一篇題跋：

水東日記四十卷，明刊本，山陰祁氏舊藏。崑山葉盛著，六世孫重華校梓。文莊所記皆明代制度及一時遺文逸事。館臣謂其留心掌故，於朝廷舊典考究最詳。又家富圖籍，《菉竹堂書目》頗多罕覯之笈。故引據亦較他家稗販成編者特為博學。四庫著錄三十八卷，今為四十卷，殆分併不同歟？卷首有「阿李燈下課，壬辰七月廿七日開卷」尾書「壬辰二月十九日覽竟」小字，有「理孫之印」「奕慶」「李孫」三印。按壬辰為順治九年，理孫為祁察院忠敏公之幼子，時方弱冠，正排日誦讀也。忠敏盡節寓山，故卷口有「寓山藏」三字。理孫字奕慶，其兄班孫字奕喜。朱竹垞《曝書亭集》中所稱祁五六公子是也。理孫坐事戍瀋陽，錢塘趙谷林、意林兩徵士其宅相也。嘗思得外家遺書藏之小山堂以慰萱親，卒不可得，僅構曠亭於春草園。讀此書，增三百年故家喬木之慨云。〔註31〕（《善本書室藏書志》卷二十一）

〔註30〕　〔清〕路慎莊：《蒲編堂路氏藏書目》，杜以恒整理，濟南：齊魯書社，2021年，第618頁。

〔註31〕　〔清〕丁丙：《善本書室藏書志》，曹海花點校，杭州：浙江古籍出版社，2016年，第893頁。

作為藏書家和版本學家的丁丙，其跋文與前述三者皆不同。他的跋文主要論及祁彪佳（1603～1645）之子祁理孫（1625～1675）在該藏本上留下了讀書記錄。前述祁理孫《奕慶藏書樓書目》著錄四十卷本《水東日記》，可知丁氏所見的是崇禎年間的葉重華刊本。這樣的本子對於善本書室主人而言並不算珍貴，但他由該書想到了故家喬木，由藏書印記想到了晚明藏書家和他們的一生故事，此書的價值也就有所不同。祁理孫之父祁彪佳在弘光元年（1645）不接受清廷招撫投湖殉難，成為忠敏之人。入清後，祁理孫兄弟被人告發，兄弟皆被逮繫獄，班孫服罪被發戍東北寧古塔，即坐戍瀋陽。理孫為了給弟弟脫罪，變賣家產前往京師，錢花光了仍沒有給班孫脫罪。〔註32〕書籍史是書與人的歷史，離開了人的書籍，是乏味的。雖然丁丙沒有論及該書的版刻信息，只是注意到了四庫著錄卷數與明刻本的差異，但為該書的流傳增添了一段佳話。校之周中孚的肆意批評，高自標榜，要更有歷史韻味和人世關懷。古籍版本就是要給書籍增添人間的氣息，讓一本書從書籍世界回到人的世界，或者說讓書籍世界與現實世界產生必要的關聯，否則僅為帳目清單而已。

從上述諸家的記載可以看出，他們都看到了某部書，並依據所見之本對一部書發表了評論，同時又對具體一本書的遞藏情況進行了說明。至此，版本學完成了兩項主要的任務，即其一揭示某書的基本信息，其二揭示某本的傳承信息。這兩項任務只需要依據一個印本就能完成，可以依據此本的相關信息對一部書的版刻情況進行推斷，並對該書的讀者故事做一個說明。然而，版本學並未就此止步，也不能停留於此，因為一部書的版刻往往並非一個，印本也不止一本。當我們能夠見到不同的版本和同版的不同印本時，就不得不對這些印本以及其所依據的版刻做比較、鑒定和分析。就《水東日記》一書而言，對它做細緻且精密的版本分析的學者首推傅增湘。在傅增湘所處的時代，古籍善本之學經明清兩代人的努力，已成為一種較為成熟的學問，古籍的著錄和提要的撰寫也有了比較規範的樣式。顧葆龢（1869～1922）為《水東日記》撰寫的提要就是一例。顧氏寫道：

　　《水東日記》四十卷，明刊本。明葉盛著。盛字與中，崑山人，
　　正統十年進士。土木之變，奏對稱旨，特擢山西右參政，監督宣府

〔註32〕錢亞新：《浙東三祁藏書和學術研究》，南京：江蘇省圖書館學會，1981年，
　　　　第70頁。

糧餉，兼管屯田獨石馬營等處軍務。英宗復辟，起公喪中，升為右
僉都御史，巡撫兩廣。憲宗朝，轉左僉都御史，巡撫宣府。尋遷禮
部右侍郎，吏部左侍郎，卒於位，賜諡文莊。此書成於淞水之東，
故名水東日記。刊始於常熟徐氏，嘉靖中有持板求售者，盛之後裔
購得之，止三十八卷，缺後二卷。公元孫恭煥取家藏舊本另繕，補
刊。書中所錄，於朝章國典為多，下至瑣事軼聞、詩文金石，亦皆
博採兼收，廣紀載而資談助。生平著述猶有《奏議》《菉竹堂書目》
各種，卷末有『見復借觀』朱文小方印。〔註33〕（國家圖書館藏鄭
振鐸舊藏《顧氏小石山房佚存書錄》）

　　顧氏藏書頗多，他撰寫提要的方式也為我們熟悉。現在常見的書志體例即
如此這般：先著錄書名、卷數和版本，然後介紹作者和書籍內容、遞藏（主要
以藏印為據）。這種規範的書志，大多泛泛而談，既不能為我們提供關於該書
版本和遞藏的有效信息，也沒有作者本人的閱讀體驗，卻因其簡潔的方式和體
例的明確備受版本學家推重，甚至成為一時的書志典範。

　　這種「規範」的體例式的書志寫作，對於古籍善本的學術訓練而言有其
必要性，但對於學者來說若僅僅如此是遠遠不夠的。古籍善本要能夠對版本
的判斷有些想法，要博觀的思考，要周密的調查，還要能夠從版本而歷史，
這是傅增湘等一眾前賢給我們的範例。傅增湘所見的《水東日記》不止一部，
他也對前人的記錄予以了關注。比如，他注意到了丁丙收藏的祁理孫舊藏本。
傅氏《藏園群書經眼錄》還著錄兩種不同版本的三十八卷本《水東日記》，
其一謂「明正嘉間刊本，十行二十字，黑口，四周雙欄。此本殊罕覯，似是
閩中所刊。（余藏。）」其一謂：「明刊本，十行二十字，字體古雅而逸宕。」
〔註34〕傅氏的著錄提醒我們有兩部早期的刊本，版式上存在著差異。兩部古
籍的行款一致，板心、邊框和字體不同。民國二十二年（1933）癸酉，傅氏
為後一部藏本撰寫了跋文。起初，傅氏以為他所得到的是一部活字本，並著
錄在目錄之中，創造了一部正德活字本，影響了後世書籍史研究者。（下文
將對此予以說明。）後來，傅氏改變了看法，認為早期刊本弘治間的湖廣刊
本。在詳細著錄藏書的藏印信息之後，傅氏說：

〔註33〕顧葒蘇：《顧氏小石山房佚存書錄》，國家圖書館編：《國家圖書館藏古籍題跋
　　　　叢刊》第 23 冊，北京：國家圖書館出版社，2002 年，第 563～564 頁。
〔註34〕傅增湘：《藏園群書經眼錄》2 版，北京：中華書局，2009 年，第 645 頁。

頃閱明吳文定公《鮑翁家藏稿》，知叢書堂中藏有此書鈔本，公自為之跋……。予據公所言，更取藏本披觀終卷，因見篇中語涉朝廷文皆別起，即述及前代帝后亦一律頂格，與公所識模寫無法提行過多一一相合，乃知此本即鮑翁所稱湖廣刻木者，亦即此書行世之第一刻本。《邵目》載有常熟徐氏刊本，為卷亦三十有八，然以裔孫方蔚跋考之，則湖廣所刻即徐氏也。至萬曆時，六世孫重華再刊，增補二卷，為四十卷。洎康熙庚申，七世孫方蔚重校復再刊之，近世通行者皆是本也。萬曆重華本丁氏善本書室有之，為山陰祁理孫舊藏。此書自明正德以迄於清初，凡刊版三次，其源流可以考見者大氐如此。若其文字之異同，讎勘之疏密，非羅合數本而薈校之，殆不能定其何本為最善耳。……倘是書能得正嘉以來舊鈔，其補闕訂訛必當不尠。第予數十年來聞見所及更無有舊於茲刻者，叢書堂藏本雖鮑翁嘗其多譌，然披沙揀金，宜有佳勝，惜乎蕭條異代，渺不可尋。海內名家有知其綜緒者乎。予日夜引領而望之矣。癸酉五月十四日藏園識。〔註35〕（《藏園群書題記》卷八）

傅氏對於《水東日記》的版本判斷超出了之前的諸家。他的題跋和經眼記錄說明，版本學在傅氏這裡已經擴展到了對同一個書的多個不同版本的比對，以及對書籍史記錄的詳細考察，兩者相互配合，形成了較為完善的古籍版本之學。傅氏之所以成為現代古籍版本學的宗師人物，與他不斷的探究有莫大關係。和前述錢大昕一樣，傅氏也注意到了吳寬對葉盛著作的記錄，但傅氏主要是以吳寬的記載來確定早期刻本的刻書地點。在題跋中傅氏提及三個刻本，加上他在經眼錄中的記錄，共有四個不同刻本：

字體古雅白口三十八卷本（第一個刻本，常熟徐氏湖廣刻本）

→正德、嘉靖間黑口三十八卷（第二刻本，葉恭煥補刻本）

→萬曆葉重華重刻本四十卷（第三刻本）

→康熙葉方蔚重校再刊本四十卷（第四刻本）

傅氏關於該書的版本判斷存在兩個明顯的問題：其一，關於正德本。〔註36〕

〔註35〕 傅增湘：《藏園群書題記》，第 506～507 頁。

〔註36〕 傅氏關於《水東日記》為正德間刊本的判斷影響較大，比如陳方權《湖北刻書考略》即將《水東日記》歸於明代正德年間湖北地區的家刻本類型：「正德年間（1506～1511），徐氏在湖廣刻《水東日記》三十八卷，傅增湘《藏園群書題記》跋曰：『此書為近世通行之第一刻本。』」（范軍主編：《崇文書局及晚清

雖然在題跋中他認為是正德刊本，說「此書自明正德以迄於清初」云云，即是認定這部書大概就是正德間的刻本。但其藏書書籤卻寫作弘治本，可見對於這部書的刊刻時間，他並沒有拿定主意。今《藏園群書題記》索引中也作「明弘治湖廣刊本」。〔註37〕傅氏剛開始把《水東日記》的第一刊本的時間擬定在正德年間，或許是觀風望氣的判斷，後來看到吳寬《匏翁家藏稿》（《藏園群書題記》著錄有吳奭明正德三年（1508）刻本《匏翁家藏集》，當為此書）的記錄，即推翻了此前假設，更訂為弘治刻本。其二，關於萬曆重刊。傅氏所謂萬曆時葉重華再刻的說法並不準確。葉重華重刊此書已在崇禎間。關於葉氏在崇禎間重刻此書的情況下文將予以說明。

康熙年間，葉氏賜書樓刊刻了葉盛的文集多種，並修補明末刻本《水東日記》，這部書書在民國時期仍有印本能在市場獲得，謝國楨和鄧之誠各有藏本。謝氏亦寫有題跋：

> 是書前有明嘉靖常熟徐氏刻本三十八卷，有著者葉盛玄孫恭煥刻本，增補二卷為四十卷。此本為其七世孫方蔚清康熙庚申（1680）據舊版補刻，卷數仍舊，而增補目錄於前，以便省閱。是書每行首字皆空一格，惟寫至帝號時頂格，足以見明清時代專制嚴威統治之下，不得不對於帝王名號之尊崇。……《水東日記》者，以其書成於淞水之東，故題是名也。是書以著者身在其位，與謀其政，當土木之變，英宗被俘北狩，戎馬倉皇之際，盛身當其衝，籌策謀劃，致夫景泰當國，天順復辟，時事蜩螗之時正為盛立朝居官之日，故是書於軍政糧儲，墩臺設備，以及賦役官情，邊陲地理，道路遠近，置備設防，皆言之特詳，足以裨考史之資。而以治事之暇，博涉經史，旁記別聞，藝文考訂，亦潔而不蕪，信而可徵，但兼涉及迷信風鑒之事，重男輕女之說，為時代所局限，亦無足怪者。大抵明代人著述，抄撮雜陳，語無倫次，信筆拈來，不能作為憑證。……但著者徵引諸書，皆取諸目驗，述其源流，具其本末，非如上述抄撮成書者可比，故其菉竹堂藏書，有名於時，其鈔藏之本，至今寶之，是著者不愧有明一代政論家而兼藏書鑒別家也。〔註38〕（《江浙訪書

官書局研究論集》，武漢：崇文書局，2017年，第234頁。）

〔註37〕傅增湘：《藏園群書題記・索引》，第14頁。

〔註38〕謝國楨：《江浙訪書記》，北京：生活・讀書・新知三聯書店，2007年，第169～170頁。

記・瓜蒂庵自藏書》）

謝國楨對該書的版本源流做了說明，又對該書書名做了推斷。前者是根據葉氏序跋而來，後者是據生活在嘉靖時期的俞允文（1513～1579）《水東日記序》而說。〔註39〕由於沒有見到早期版本，謝氏關於該書的版刻情形的敘述就欠準確，他所謂「嘉靖常熟刻本」或據葉恭煥跋文中「嘉靖中始持版求售」一語而來。雖然對該書的版本有諸多誤解，謝氏按照他所見的本子和他所在時代的觀念對這部書做了書評，比如認為該書的書寫格式是明清專制的反映，認為葉盛有很多封建迷信思想是他的時代局限，認為該書之所以有價值是葉氏不是抄書而是有讀書心得，認為葉盛可以視為政論家兼藏書鑒別家等等，這些評論對於我們認識該書的內容和性質有直接的助益。

和鄧之誠一樣，謝國楨對《水東日記》的閱讀都從各自的認識出發，揭示了這部書的一些價值因素。和傅增湘不同，謝國楨和鄧之誠都不是版本學家，也就沒有對該書的版本進行過多本的比勘，或許也沒有那樣的條件，所以他們就沒有從版本學上推進我們對該書的認識。但如前所述，鄧之誠關於《水東日記》的版本都是明刻的提法，為我們提供了一些啟示，即我們不能滿足於前人的著錄，需要對一部書展開更為細緻的調查。

三、善本調查：現存的版本

從上世紀三四十年代開始，王重民就開始了古籍善本的調查，撰寫了大量提要。在其《中國善本書提要》一書中提及此書：

> 《水東日記》四十卷，六冊。（《四庫總目》卷一百四十一）（北圖）。明嘉靖間修印本。十行二十字（20.9×14）。原題：「崑山葉盛。」卷末有盛玄孫恭煥跋云：「此先高祖之所記日記，而始刻於常熟徐氏者。嘉靖間，徐氏始持版□售，先家君欲余購之，殆三十八卷耳。參之家集，□遺後二卷。癸丑歲始命工刻完之。」四庫本凡三十八卷者，依徐刻原本著錄也。康熙本作四十卷者，翻刻此本者也。余見康熙本有俞允文序，即為恭煥作者。葉恭煥跋。〔註40〕

王重民著錄這部書是北平圖書館藏甲庫善本（以下簡稱「甲庫本」），今存臺北。王氏的著錄不僅在分類上與四庫館臣不同，且在版本的認定上與上

〔註39〕俞允文說：「以其書成於淞水之東，名為水東日記云。」〔明〕葉盛：《水東日記》，第4頁。

〔註40〕王重民：《中國善本書提要》，上海：上海古籍出版社，1983年，第120頁。

述周氏、傅氏也有差異。王重民對於此書的版本認定依據是康熙本和嘉靖本的兩篇序跋文字。在王重民看來，《水東日記》的版本情況是：

常熟徐氏刻本三十八卷

→（→嘉靖間葉氏修印本四十卷）

→（→→康熙間翻刻本四十卷）

→《四庫全書》本三十八卷

王重民依據嘉靖和康熙兩種版本的跋文，推定《水東日記》的刻板出自常熟徐氏，葉氏後裔於嘉靖三十二年（1553）癸丑時購得徐氏刻板並對該版刻進行修補增加二卷，故四十卷本的嘉靖本可以稱之為嘉靖三十二年修印本。其次，康熙間的新刻本翻刻了嘉靖三十二年的修印本。第三，乾隆《四庫全書》本以未修補的嘉靖原本著錄。由於王氏未曾注意到或者未能看到明末崇禎本，所以在對康熙本的判定上出現了誤判。可見，《水東日記》的現存版本情況尚需進一步調查。本世紀初，陳先行等人為美國柏克萊加州大學東亞圖書館藏本撰寫了書志：

水東日記三十八卷，明葉盛撰，明刻本，四冊。匡高 20.6 釐米，廣 13.9 釐米。半葉十行，行二十字，四周雙邊，黑口，雙魚尾。……按此本無刻書序跋，觀其版式字體，當於弘治、正德之間，葉恭煥稱『始刻於常熟徐氏者』，殆即此本。恭煥又言『徐氏刻行已久，嘉靖中始持板求售，先君命予購之，止三十八卷，取家藏本校閱，遺後二卷，癸丑歲補刻完之』。所謂『家藏本』者，當為稿本或據稿本傳鈔者，而非刻本。恭煥補刻之本曾印行，今與稿本並未見流傳。迨至明末，六世孫重華曾據恭煥補足之四十卷本重刻，鼎革之際，板片略有殘損。康熙十九年，七世孫方蔚修補重印，除補刻殘損者外，又據恭煥補刻本、舊鈔本及重華本校勘，是正文字訛誤，並增編目錄及增刻俞允文序，使此書趨於完善。今以此本與方蔚修補本相校，缺文頗多，如卷三十八末即缺「此吾家所藏范德樓先生《海角亭記》石本」至「吾家子弟尚有以知予意也」一段共三百零六字。鈐有「毘陵俞泰國昌圖書」白文長方、「劉承幹印」白文方、「南林劉氏求恕齋藏」朱文方印。」〔註41〕

〔註41〕柏克萊加州大學東亞圖書館編：《柏克萊加州大學東亞圖書館中文古籍善本書志》，上海：上海古籍出版社，2005 年，第 194～195 頁。

　　書志作者注意到了《水東日記》一書的版刻情形。他們認為據葉恭煥的跋文以及康熙補刻本的說明，可知該書的版本情況是：

葉氏家藏本（稿本或傳抄本）

→常熟徐氏刻本三十八卷（弘治正德間刻本）

→（→嘉靖間葉氏修補本四十卷，未見）

→（→康熙間重修本四十卷，增補目錄，校訂文字）

　　柏克萊本為藏書家劉承幹舊物，出自毗陵藏書家俞國昌。《圖繪寶鑒》卷六載：「俞泰，字國昌，號正齋，無錫人，弘治壬戌仕戶科給事中。寫山水絕類黃子久、王叔明。為人溫雅，詩文書畫皆似之。」〔註42〕俞泰生平事蹟不詳，他是弘治十五年（1502）進士，曾任山東參議，留名於明代繪畫史。俞泰在這部書上鄭重其事地鈐上他本人的圖書之章，說明這部書應該有出處，比如友朋贈送之類。不論如何，經過版本學家的比勘，我們知道這部古籍在文字上尚不能與明末刻康熙修補本相比，有明顯的疏漏，雖然是較早的刻本，但就文本而言，不如後來的本子。

　　另外，上海圖書館藏《水東日記》四十卷（線善834577-85），其中三十八卷與柏克萊本一致，後二卷和目錄是藏書家以康熙本抄補的。藏書家有一段跋文論及該書版本情況：「葉文莊公《水東日記》三十八卷，壬申春為澄中先生購自南昌掃葉山房，蓋常熟徐氏初刊本也。其後，公之玄孫恭煥據家藏本補刊二卷。康熙庚申，其七世孫方蔚復增編目錄及俞序梓行之。茲手錄一通，附於卷尾，俾後之覽者知其顛末云。癸酉元宵前一日，公威識。」〔註43〕公威是晚清民國人宋育德（字瀚生，光緒二十九年舉人，曾留學日本），長期從事教育事業。癸酉是民國二十二年（1933），壬申是民國二十一年（1932）。宋育德不是版本學家，他認定的初刊本只能作為一個參考。

　　前人整理《水東日記》時也對該書的版本做了調查。點校者魏中平提及該書有四個刻本，包括：①明弘治間常熟徐氏刻本，只有三十八卷。②嘉靖三十二年（1553）葉恭煥補刻本，四十卷。③明末葉重華覆刻葉恭煥本，四十卷。④康熙十九年（1680）葉方蔚補刻葉重華本。魏中平認為，第一種刻工不精，雖然是該書第一個刻本，但問題不少，不足為據；第二個刻本是該書定型的本

〔註42〕于安瀾編：《畫史叢書3》，開封：河南大學出版社，2015年，第1047頁。

〔註43〕陳先行、郭立暄：《上海圖書館善本題跋輯錄附版本考》，上海：上海辭書出版社，2017年，第443頁。

子，第三個刻本在明末清初板片有損壞殘闕；第四個版本是葉方蔚用前兩個版本及舊鈔本校勘過的，是最好的刻本。〔註44〕因此點校者以第四個本子為底本進行了標點整理，該書也就成為如今的通行本。底本的選擇且不必論，該書是否只有這樣的刻本，對我們而言卻是有可改進的。整理者所說的四個刻本中有三個令人生疑處：

其一：「弘治間常熟刻本」不知其出處所在，是否根據傅增湘的意見修訂而來？藏書家劉明陽說他曾見過早期刻本，他認為是弘治刻本，此刻的修補在嘉靖間。〔註45〕其二，常熟徐氏是誰？是否有歷史線索？其三，明末「覆刻本」之「覆刻」並不準確，因為明末重刻本與嘉靖修補本版刻風格截然不同，不構古籍版本學意義上的「覆刻」關係。嚴格意義上的覆刻本是將一部書原樣刻板，原版與覆刻本之間保持大體上的風格類似。但無論如何，整理本已經對現存《水東日記》一書做過了實物的調查，其版本結論較此前的學人論述有了很大的進步。不過，奇怪的是，點校者說他用弘治本校對康熙本，「改正了一些錯字和脫漏」〔註46〕，可惜該書限於當時的校勘體例，校勘記較少，雖不足以反映不同版本之間的差異全貌，但也為我們進一步考察版本差異提供了參考。

上世紀七八十年代之前，古籍的調查多以藏書機構的書目和史志目錄、歷代藏書目錄為基礎展開，學者沒有條件知曉古籍的整體情況，也就無法更廣泛的或許現存古籍的基本情況了。上世紀八十年代初全國善本古籍正式啟動，《中國古籍善本書目》（子部出版於1996年）、《中國古籍總目》（子部出版於2010年）的先後編纂出版，為我們提供了較為細緻的善本信息。《中國古籍善本書目》和《中國古籍總目》的子部著錄《水東日記》的版本有刻本和抄本，即明刻三十八卷本、明葉重華賜書樓校刻和明末葉重華賜書樓刻清康熙十九年葉方蔚重修四十卷本，以及《四庫全書》抄本三十八卷、清抄本四十卷。〔註47〕或許出於審慎的考慮，或許出於對版本判斷的爭議，版本學家們對該書的刻本區分甚至少於《水東日記》整理本的調查結果，特別是沒

〔註44〕〔明〕葉盛：《水東日記》，第2頁。

〔註45〕「劉（劉明陽）：明刻三十八卷，為常熟徐氏刻，余曾見明刻四十卷本，後二卷由其後人補刻。（原刻在弘治，補刻在嘉靖。）」載：來新夏等：《書目答問匯補》，北京：中華書局，2011年，第714頁。

〔註46〕〔明〕葉盛：《水東日記》，第2～3頁。

〔註47〕中國古籍善本書目編輯委員會：《中國古籍善本書目·子部》，上海：上海古籍出版社，1996年，第655～656頁；中國古籍總目編纂委員會：《中國古籍總目·子部》，上海：上海古籍出版社，2010年，第1861頁。

有把三十八卷本、嘉靖四十卷本予以區分，而是將三十八卷本歸於較為模糊的「明刻本」，將四十卷本歸於自葉重華及其後續版本。這表明編目者對該書的版本存在質疑，限於當時的條件，他們來不及展開個案的調查，只能先謹慎地處理它的版本。我們今天有了更好的條件來完成個案的分析，也就能夠對這部書的版本情況做出更為精確的判定了。這是版本的問題之一。

在版本學家的努力下，《水東日記》的版刻信息被學界廣泛接受。〔註48〕比如《中國古代小說總目文言卷》和《中國古代小說總目提要》將《水東日記》定性為文言小說，並指出該書的版本情況是：（1）弘治常熟本三十八卷最早；（2）嘉靖三十二年（1553）葉恭煥補刻後二卷，成為足本；（3）明末葉重華「復刻」葉恭煥本；（4）康熙十九年（1680）葉方蔚補刻葉重華本，此本為善，較佳；（5）叢書本是摘編本，非足本。〔註49〕又如，陳佳榮對現存的《水東日記》進行了版本的調查。他說：「據筆者所知，《水東日記》較重要的版本系統有五：（1）明弘治間（1488～1505）常熟徐氏刻本，38 卷（原北平圖書館藏善本，臺灣『國家圖書館』有藏本）；（2）明嘉靖癸丑（三十二年，1553）葉盛玄孫葉恭煥以家藏本補刻本，40 卷，原為北平圖書館善本，現只見美國國會圖書館攝制膠片（香港大學、新加坡圖書館均有藏）；（3）明萬曆間崑山葉重華刊本，卷 1 標明『崑山葉盛著，六世孫重華較梓』，中國國家圖書館藏，臺灣『國家圖書館』有善本。該本應據嘉靖刻本重刊印；（4）明末葉重華賜書樓刻、清康熙十九年葉方蔚重修本，或謂清康熙十九年葉氏賜書樓印本（葉盛七世孫葉方蔚據舊抄本及弘治、嘉靖等版校勘刻本），40 卷；（5）清乾隆四十三年《四庫全書》文淵閣本，38 卷，標為兩淮鹽政採進本，置子部十二‧小說家類一‧雜事之屬。」〔註50〕

〔註48〕 《崑山歷代藝文志》著錄《水東日記》的版本信息較完善：①三十八卷，中國科學院圖書館藏明刻本，國家圖書館藏常熟徐氏刻本，《四庫全書》本；②四十卷，南京圖書館藏丁丙跋、祁理孫題款萬曆間葉重華賜書樓刻本，康熙十九年葉方蔚重刻本，臺灣學生書局《中國史學叢書》影印繆荃孫本；③一卷，《金聲玉振集》本，《說郛續》本《水東記略》，《勝朝遺事二編》本；④《水東日記摘抄》七卷，《紀錄彙編》本，《景印宋元明善本叢書十種‧紀錄彙編》本。（郭秩全等主編：《崑山歷代藝文志》，南京：江蘇科學技術出版社，2012 年，第 61～62 頁。）

〔註49〕 石昌渝主編：《中國古代小說總目文言卷》，太原：山西教育出版社，2004 年，第 420 頁；朱一玄等編：《中國古代小說總目提要》，北京：人民文學出版社，2005 年，第 239 頁。

〔註50〕 陳佳榮：《現存最詳盡、準確的元朝疆里總圖——清濬〈廣輪疆里圖〉略析》，《海交史研究》，2009 年第 2 期，第 1～25 頁。

綜上所述，《水東日記》的版本情況似乎已經沒有疑問，無非是有早期的三十八卷本，增補的四十卷本。明末有重刻本，清初對該本進行了修補，成為通行本。然而，從上述版本學家的著錄中我們得到了一些令人迷惑的信息：（1）弘治刻本（三十八卷）、疑似正德活字本（三十八卷）、嘉靖修補印本（四十卷），這三者之間有何關係？前兩者孰先孰後？（2）這三個本子都是誰刊刻的？是板片轉手？還是原刻覆刻？（3）有一個明萬曆四十一年癸亥的葉恭煥刻本嗎？是否有萬曆刻本？明末刻本到底刻於何時何地？正如傅增湘所說，我們需要查閱前人記錄，以「羅合數本」的方式對這部書的版刻予以更為明確的判斷。這也是當代古籍善本研究的任務之一。

四、編纂初刻：孰刻第一版

刻書者刊刻一部書首先需要有一部編好的書，這是編者的問題。就《水東日記》而言，這部書的編纂當出自葉盛本人之手。前述吳寬《跋水東日記抄本後》並未提及抄本與刻本之間的內容不同，可見起先傳抄的本子就出自葉氏。葉盛對於編集文集是有他的明確看法的。在《水東日記》中，他明確表示：「古人制作，名集編次，多出於己，各有深意存焉。或身後出於門生故吏、子孫學者，亦莫不然。周必大所識《歐陽文忠公集》亦可見已。今人不知此，動輒妄意並轅編類前人文集，如處州《葉學士文集》，又曰《水心文集》，曰《文粹》；江西《文山先生前集》三十二卷《後集》七卷，四川等處《宋學士文覽》者，當自見之。其尤謬則蘇州新刻《高太史大全集》也。太史《缶鳴集》九百八十七首，後人足成一千首，《大全集》又合為二千首。其《姑蘇雜詠》一書自有序，乃為率裂置諸各體中，如《白龍廟迎送神曲》，刪去本題並注引入曲類，題曰《迎神曲、送神曲》云，奈何！」〔註51〕這裡提到葉適（1150～1223）的文集，今人整理葉盛著作題《葉適集》，包括《水心文集》《水心別集》兩部分。據整理本《葉適集》編校後記，葉適文集，最初由葉適學生趙汝讜編次，以《水心文集》名義出版。明正統、景泰年間，江西人黎諒重編葉適著作，以《水心先生文集》為題出版。後者更改了宋人按年編次的辦法，改為以文類重新編排。〔註52〕至於《文粹》，則是宋嘉定間刻本《圈點龍川水心二先生文粹》。〔註53〕今存宋刻本葉適集只有後者，

〔註51〕〔明〕葉盛：《水東日記》，第 18 頁。

〔註52〕〔宋〕葉適：《葉適集》2 版，北京：中華書局，2010 年，第 871～873 頁。

〔註53〕周夢江：《葉適著作版本考，兼談〈葉適集・編後校記〉》，《麗水師專學報》，

前者只有景泰間刻本。在葉盛當年尚能「當自見之」，我們則只能通過葉盛的文字去瞭解了。至於高啟（1336～1374）的詩文集，早期刻本是永樂元年周立編刊的《缶鳴集》十二卷，景泰間徐庸編刊《高太史大全集》十八卷，清雍正間金檀以《大全集》為基礎，增補拾遺，編刊《高青丘詩集注》十八卷《補遺》如今的通行本是清金檀輯注的《高青丘集》。〔註54〕也許是看到了前人文集的問題，他對自己的著作也是相當在意的。葉盛在景泰三年（1452）編集了《西垣奏草》並寫了序，他說：「《西垣奏草》若干卷，總若干篇，參語總若干道附焉，璽書薦章並附焉。承事郎、兵科給事中、新除山西等處承宣布政使司右參政、監督宣府等處糧料，崑山葉盛之所自錄也。」（見國家圖書館藏嘉靖本《西垣奏草》）也就是說，葉盛在世時就自覺地編集整理了他的文集。有這樣的想法和行動，葉盛編纂他本人的著作就不難理解了。後來，葉氏後裔得到了《水東日記》的早期刻板，用家藏稿本予以比勘，最終也只是修補板片增補二卷內容而已，由此更確定了《水東日記》一書的編纂者當為葉盛。

只不過，是誰首先刊刻了他的這部書呢？隨著古籍調查的開展，我們對於《水東日記》一書的版本認識也在不斷深入。常熟徐氏刊刻了《水東日記》的第一個刻本，這是確定無疑的。那麼，徐氏究竟是誰？在何時何地刊刻了此書呢？傅增湘認為，據吳寬的題跋可知第一版刻於湖廣。其他則付諸闕如。前人檢索文獻並不便利，而我們今天可以借助數據庫的檢索，很快就能查找到相關信息。我們在明人邵寶《容春堂集‧後集》卷七看到了《南京工部侍郎徐公傳》。該文說：

> 公諱恪字公肅，世為蘇之常熟人。自宋元來，鉅人長者不絕。國朝正統間，公父敏叔從事於公為巡視，少卿熊公概巡撫侍郎周公忱所禮遇，有子八人，公其季也。狀貌魁碩凝重，少好學，族人有《左氏傳》善本，公就而讀焉，旬月強記殆盡。景泰丙子，舉鄉試應天，癸未會試，值火，公走避垣下，有巨人自垣上手之，得免，因忽不見。成化丙戌第進士，簡授工科給事中。……配許氏，贈淑人。子四：絍、綰、繢、絗。孫四：長即璲，補西安丞；珝、瑗、

1986 年第 4 期，第 23～26 頁。

〔註54〕 〔明〕高啟著，〔清〕金檀輯注：《高青丘集》，徐澄宇等校點，上海：上海古籍出版社，1985／2013 年。

琳。曾孫七：僑、伋、傛、儒、侍、儀、倫。論曰：烏乎徐公，其殆
聞范文正之風而興起者乎。文正，蘇人也。公嘗為某言：文正遠矣，
吾不及見，吾幸得見葉文莊焉。文莊聞文正而興起者也，故公在河
南嘗修文正之墓，而請秩其杞。又以文莊所著《水東日記》刻而傳
焉。烏乎，文正尚矣。文莊，今天下士也建議者，以清德正學稱之。
君子曰：允公幼學，壯仕能自得師，老而未已，要其所至，天下有
公論焉。某聞文莊於公有生晚之歎，雖然吾見公，亦可矣。尚何多
恨為哉。〔註55〕

　　徐恪比葉盛小了 11 歲，兩人都在朝為官，有過直接的交往。徐恪刊刻
葉盛的日記，這是徐恪向學的一個重要事蹟，被寫進了他的傳記。邵寶的這
條記錄對於我們考證《水東日記》的初刻執行者至為關鍵。它告訴我們，徐
恪是《水東日記》的初刻本主事之人。按照李東陽《明故正議大夫資治尹南
京工部右侍郎徐公神道碑銘》〔註56〕和邵寶所作的傳記可知，徐恪（1431～
1503）在成化二年（1466）丙戌進士，成化十一年（1475）乙未任湖廣左參
議，成化二十年（1484）甲辰任河南右參政，弘治元年（1488）戊申任河南
右布政使，弘治四年（1491）辛亥任河南巡撫，弘治八年（1495）乙卯巡撫
湖廣，遷南京工部右侍郎。吳寬《匏翁家藏集》記錄《水東日記》為湖廣刻
本，則該書刊刻於成化年間（成化十一年至二十年間，1475～1484）。成化
間常熟徐恪湖廣刻本的印本至今尚存，即今存國家圖書館的傅增湘舊藏本。
張秀民《中國印刷史》中指出，明代時湖南湖北刻書也不少，比如「湖廣布
政司有《湖廣通志》《齊民要術》《本草纂要》《傷寒全書》《地理書》《輿地
圖》《宋論》。按察司有《四書》《五經》《六子》《爾雅》《國語》《大明律例》
《皇輿考》等十七種，為各省按察司刻書之最多者。」〔註57〕這些書大多是
嘉靖及以後的刻本，正德及以前的本子非常少見，《水東日記》版本的確定
也為湖廣地區的明代早期刻本增添了現存的一部善本。葉盛在成化五年
（1469）時任吏部右侍郎，九年（1473）任左侍郎，次年去世。徐恪在葉盛
去世後不久刊刻《水東日記》，或許正如邵寶所說的，葉盛對徐恪有知遇之

〔註55〕　〔明〕邵寶：《容春堂集》，南京：鳳凰出版社，2011 年，第 278～279 頁。
〔註56〕　〔明〕李東陽：《李東陽集》，周寅賓等校點，長沙：嶽麓書社，2008 年，第
　　　　　1196～1198 頁。
〔註57〕　張秀民著，韓琦增訂：《中國印刷史（插圖珍藏增訂版）》，杭州：浙江古籍出
　　　　　版社，2006 年，第 277 頁。

恩，徐氏也就以刻書為報了。

或以為徐恪所刻書籍傳世的還有一部《遺山先生文集》四十卷。該書刻於弘治年間，國家圖書館有藏兩部（善本書號 03592 和 10329），其中一部卷末有弘治十一年（1498）戊午儲巏和弘治十二年（1499）己未翰林院編修兼司經局校書京口靳貴的刻書題記。該書著錄為李瀚刻本。傅增湘曾指出該書的實際刊刻者是徐用和和仰進卿。傅增湘據靳貴的題記「太僕（儲巏）愛其文，嘗手為讐校，故視他本為善。侍御李君叔淵出按河南，始命太康楊令溥錄之，而屬方伯徐公用和、仰公進卿刻梓以傳」的記載，得出了除了李瀚之外，徐用和與仰進卿也是刻書者的準確結論。〔註58〕（《藏園群書題記》卷十五）或以為，這裡的方伯徐公用和即徐恪，仰公進卿即仰昇。〔註59〕不過，弘治十二年時徐恪已不在河南任上，徐用和不可能是徐恪而是另有其人。經查，徐鏞（1421～1476）字用和，明湖廣興國人，成化五年（1469）進士，弘治中任淮安府知府，官至右副都御史總督漕運。〔註60〕由此可見，版本的考訂實非易事，時至今日仍舊如此。

確定版刻的時間，需要有文獻的依據。葉盛在《水東日記》中提及他曾見到朱元璋的真蹟，與刻本不同，於是鄭重記錄在日記中：「太祖皇帝御製文集共若干卷，奇古簡質，悉出聖製，非詞臣代言者可及。今世所傳刻賜劉伯溫書誥等文，及嘗見賜孔祭酒書真蹟，皆是也，然多不在集中，則知寶藏天府不曾入刻者尤多。但今集中多有篇目重出者，此不可曉耳。」〔註61〕只有對不同版本進行了比勘，才能有版本學的發現，葉盛如此，我們也是如此，當然有些事情為何會那樣，我們沒有看到相關的資料，也就不能知曉了。如果我們以某個版本的文字來做出判斷，也能夠得出一些看起來像樣的結論來，但那些結論往往會遠離事實的真相，也會遠離真正的歷史。

就《水東日記》一書的版本而言，認定三十八卷本的早期刻本為明成化本，並非筆者的首創。上世紀八十年代，山西省圖書館編輯該省善本書目時著錄過：「《水東日記》三十八卷，明葉盛撰，明成化刻本，二冊。（山西省

〔註58〕傅增湘：《藏園群書題記》，第 888～889 頁。

〔註59〕顏慶餘：《元好問與中國詩歌傳統研究》，上海：上海古籍出版社，2020 年，第 224 頁。

〔註60〕張撝之等主編：《中國歷代人名大辭典》，上海：上海古籍出版社，1999 年，第 1942 頁。

〔註61〕〔明〕葉盛：《水東日記》，第 7 頁。

文物局存二十九卷：十至三十八。）」〔註62〕當年的這一著錄沒有被更多的認可，但現在看來這一著錄是相當準確的。只不過他們以什麼樣的依據確定的成化本，是據版刻風格，還是該書附有明確的刻書記錄？今未見此本，不知其詳。

我們能確定一部書的版本，主要還是以文獻的證據，其中序跋文獻是至為關鍵的。從周中孚以降，學者判斷《水東日記》的早期版本的依據多是康熙補刻印本的葉恭煥跋文，而這一跋文有兩個不同的版本。

康熙修補本，葉恭煥跋乙　　　　　　嘉靖修補本，葉恭煥跋甲

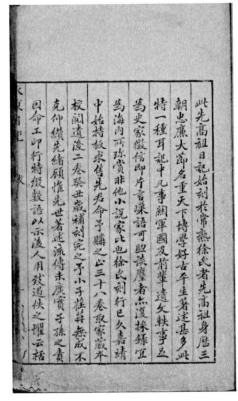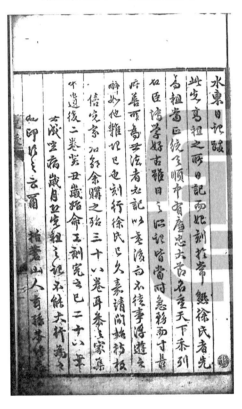

嘉靖修補本卷四十末附此文，題《水東日記跋》，共九行文字，這篇跋文我們稱之為「葉恭煥跋甲」；〔註63〕康熙重修崇禎本的葉恭煥跋文共有十行，我們稱之為「葉恭煥跋乙」。

〔註62〕劉緯毅主編：《山西省古籍善本書目》，太原：山西省圖書館，1981年，第66頁。
〔註63〕原文行書，有個別字不易辨識，承蒙樊長遠先生釋讀。

表二　葉恭煥跋文

行	葉恭煥跋甲	葉恭煥跋乙
1	此先高祖之所日記，而始刻於常熟徐氏者。先	此先高祖日記，始刻於常熟徐氏者。先高祖身歷三
2	高祖當正統、天順中，有廉忠大節，名重天下，忝列	朝，忠廉大節，名重天下。博學好古，平生著述甚多，此
3	名臣。博學好古，雖日之所記，皆當時急務，而寸長	特一種耳。記中凡事關軍國及前輩遺文軼事，足
4	所善，可為世法者，必記以垂後，而不徒事浮遊之	為史家徵信，即片言璣語可助談塵者，亦復採錄，宜
5	賜，如他雜記已也。刻行徐氏已久。嘉靖間始持板	為海內所珍賞，非他小說家可比也。徐氏刻行已久，嘉靖
6	求售，先家君命余購之，殆三十八卷耳。參之家集，	中始持板求售，先君命予購之，止三十八卷，取家藏本
7	中遺後二卷。癸丑歲，始命工刻完之，已二十八年。	校閱，遺後二卷，癸丑歲補刻完之。予小子荏苒無成，不
8	□□無成，坐病歲月，恐先祖之記不能大行，為之	克仰纘先緒，顧惟先世著述，流傳未廣，實子孫之責，
9	□□，□印行之云耳。括蒼山人玄孫恭煥志。	因命工印行，特綴數語，以示後人，用致遏佚之懼云。括
10		蒼山人玄孫恭煥識。

　　葉恭煥跋甲，行書，手書上板。嘉靖三十二年（1553）癸丑的二十八年前，是嘉靖四年（1525），這一年葉良材讓他兒子葉恭煥從常熟徐氏購得了日記板片。這裡「癸丑歲，始命工刻完之，已二十八年」，給我們帶來了理解上的麻煩。是嘉靖三十二年完成了前三十八卷的修補和後二卷的新刻，還是重新刻了一部書板呢？從現存的本子來看，他是修補了舊版，而非重新刻了一套新的板片。由於年歲久遠，個別文字不可辨識，又容易讓人產生懷疑。或許正因為如此，葉氏後裔後來重修時就做了文字上的更訂，令人質疑的文字就消失了。

　　葉恭煥跋乙，有變魏遺韻，容易識別。比對甲乙兩篇文字，有明顯的不同。前者認為《水東日記》是雜記，後者則認為是小說家語。結合前文我們徵引的諸家書目，我們認為把這部書歸於小說家類是晚明以後的事情，因此康熙修補的葉恭煥跋乙或許是康熙年間重修過的版本，不是出自葉恭煥之手。至於為何重刻時修改了葉恭煥的文字，已不可曉耳。同一部書上的同一

個人的文字出現了兩個版本，這讓我們不得不對該書的版本判斷做進一步的考察。

　　至此，我們可以初步確定現存《水東日記》版本情況如下：（1）明成化間常熟徐恪湖廣刻本三十八卷；其後有一個嘉靖本和一個疑似弘治間的翻刻本，分別為（2）明成化間常熟徐恪湖廣刻明弘治間翻刻三十八卷本和（3）明成化間常熟徐恪湖廣刻明嘉靖三十二年葉恭煥修補四十卷本；晚明的刻本是（4）明崇禎五年葉重華刻本四十卷；清初是（5）明崇禎五年葉重華刻清康熙十九年葉方蔚修補本四十卷。這樣的著錄看起來相當冗長，但對於該書的版刻情形的認識是有意義的。第一與第二、第四與第五之間有轉手的關係，第三與第二、第四和第三之間有原刻和翻刻關係。我們再以今人編纂的《明代版刻圖釋》收錄的明成化本，如《山海經傳》（成化四年國子監刊本）、《古文精粹》（成化十一年刊本）、《孔顏孟三氏志》（成化十八年張泰刊本）、《伊川擊壤集》（成化間）等書影，〔註64〕比對國家圖書館藏三十八卷明刻本《水東日記》（善本書號：11349），它們在版刻風格上確有某些類似之處，這也為我們的結論提供了一點觀風望氣的依據。

　　然而，問題並沒有到此為止。因為現存三十八卷本有兩個不同的本子，他們的行款一樣，但版式風格和字體明顯不同，是兩個版本。何者為原本，何者為翻刻？翻刻本是否為葉氏後裔所為？如果是葉氏後裔所為，為何要做兩個版刻風格不同的本子出來？〔註65〕這需要我們以現存的版本展開研究和討論。

五、家族傳承：葉氏謀刊事

　　版刻書籍的實施者，是我們需要關注的問題。所謂的實施者，是除了作者之外的文稿編集人、刊刻贊助人、刻書人，以及寫刻書籍的寫工、刻工等。葉氏著作不少，他的進士同年商輅（1414～1486）在《正義大夫資治尹吏部左侍郎諡文莊葉公墓銘》中說，葉盛「公務之暇，手不釋卷，為文典重該博，語詞雋雅。所著有《菉竹堂稿》《涇東小稿》《水東詩文稿》《開封紀行詩》《西垣奏

〔註64〕周心慧：《明代版刻圖釋》，北京：學苑出版社，1999年，第90～108頁。
〔註65〕我最初以為葉盛後裔在嘉靖年間補刻了常熟徐氏刻本，後來又重刊了一部。鮑國強先生提出為何葉氏要搞出兩部書板來？他們家族為了刻葉盛的書耗費了很長時間，能刻一部新板的《水東日記》，還不如把葉盛其他著作刊刻出來。顯然，葉氏後裔所為可能性不大。

草》《邊奏存稿》《兩廣奏章》《上谷奏篇》《水東日記》《衛族考》若干卷,《葉氏書目》六卷,《碑目》十卷。」〔註66〕這些著作的名目是根據葉盛之子葉晨提供的行狀來寫的,當是葉盛著作的手稿命名。後來,這些手稿大部分刊刻成書了,他們的版印,除了《水東日記》由常熟徐恪初刻之外,其他的幾乎都是葉氏後裔首刊的。葉盛的著作的稿本在他的後裔手中保存,一旦有了條件,他們就謀求刻本刊行,以廣流傳。他們作為刻書實施者,在完成書籍的刻板後,往往留下來刻書題記,為我們瞭解該書及相關著作刊刻情況保留了不少重要的史料。和葉盛著作刊刻相關的葉氏後裔有:葉晨（子）、葉夢淇（孫）、葉良材（玄孫）、葉恭煥（曾孫）、葉國華和葉重華（六世孫）、葉方蔚（七世孫）、葉九淵（九世孫）等,我們甚至可以把葉氏後裔視為明清出版史上具有家刻傳統的家族。在他們刊刻葉盛著作時,往往會論及《水東日記》,我們必須將之納入到考察的範圍之中。

表三 刊刻葉盛著作的葉氏後裔

姓　名	字　號	族屬關係	生平事蹟
葉晨（1448～1510）	字廷光,號一夔。	葉盛獨子。	成化二十二年（1486）舉人。
葉夢淇（1482～1530）	字尚原,號約齋。	葉盛孫。	以吏部試第一名授大名府通判,改台州府通判。嘉靖六年（1527）升衡州府同知。
葉良材（不詳）	字世德,號石野。	葉盛玄孫。	嘉靖二十二（1543）鄉貢。
葉恭煥（1523～1572）	字伯寅,號台山、括蒼山人。	葉盛曾孫,子葉紹祖。	嘉靖二十五年（1546）舉人。建菉竹堂,藏書萬餘卷。
葉國華（1586～1671）	字德榮,號白泉。	葉恭煥孫,葉重華兄。	明萬曆四十三年（1615）舉人。任浙江定海教諭,國子監學錄,刑部司務、主事。南明弘光元年（1645）任工部都水司主事,榷稅杭州南關,為清軍所俘,後釋歸。
葉重華（1588～1655）	字德玄,號香城。	葉國華弟。	明崇禎元年（1628）進士。任工部主事、禮部郎中、浙江參議、河南參議。崇禎十三年任山東副使、濟寧兵河道。十五年升廣東參政,弘光元年（1645）升太常寺少卿。入清後隱居。

〔註66〕〔明〕商輅:《商輅集》,孫福軒編校,杭州:浙江古籍出版社,2012年,第338頁。

葉方蔚（1631 ～1696）	字敷文，號艮齋。	葉重華五子。	清康熙二十五年（1686）歲貢。辭舉博學鴻詞未試。
葉方藹（1629 ～1682）	字子吉，號訒庵，諡文敏。	葉重華次子。	清順治十六年（1659）探花，授編修。康熙十二年（1673）充日講起居注官，十四年遷國子監司業，後任翰林院掌院學士、明史館總裁、刑部右侍郎。
以上信息主要出自：葉瑞寶等：《蘇州藏書史》，南京：江蘇古籍出版社，2001年；李峰、湯鈺林編著：《蘇州歷代人物大辭典》，上海：上海辭書出版社，2016年。			

　　從這個人物表中，我們首先可以解決的一個不是問題的問題。葉恭煥生活在嘉靖年間，所以他的跋文中提及的癸丑不可能是萬曆四十一年而是嘉靖三十二年。從嘉靖年間葉夢淇、葉恭煥祖孫，至晚明清初葉重華、葉方蔚父子，葉盛的著作以兩個時代的刻書風格刻板。

　　（1）葉夢淇的貢獻。葉夢淇不是葉盛後裔中第一位可知的刊刻葉盛著作的人。他的父親葉晨已著手準備刊刻葉盛著作。今上海圖書館藏弘治二年（1489）李東陽序刊本《涇東小稿》有這樣的記錄：

　　　　《葉文莊公集》若干卷，帙同而名異：其曰《水東稿》者，為諸生，及為給事中參政，為都御史巡撫宣府而作；曰《開封紀行稿》者，為給事奉使河南而作；曰《菉竹堂稿》者，在廣東西巡撫而作；曰《涇東稿》者，為禮、吏二部侍郎而作。詩則以次匯錄，文則計體而分，皆公手自編定。而總之曰《文莊集》者，則其子貢士晨所名，蓋將為天下道而不敢以私集視也。……因以貢士之請為序。公諱盛，字與中，別號及庵。所著有《奏諭錄》及《水東日記》，則其家所藏，故不載云。弘治己酉十一月望日賜進士出身左春坊左庶子兼翰林院侍講學士經筵官兼修國史長沙李東陽序。[註67]（李東陽《懷麓堂集·文稿》卷八收錄此文，文末年月已刪去）

　　李東陽應葉盛之子葉晨的邀約撰寫了葉盛全集的序文。按照李東陽的說法，葉盛的文集都是他親手編定的，有他自己的安排，刊刻之事則由他的兒子葉晨來籌劃。葉晨的設想是編定一部葉盛的詩文合集，所收著作以葉盛任職時

[註67]　〔明〕李東陽：《李東陽集》，周寅賓等校點，長沙：嶽麓書社，2008年，第479～480頁；《續修四庫全書》編纂委員會：《續修四庫全書》第1329冊，上海：上海古籍出版社，年，第1～2頁。有人據李東陽序文以為《水東日記》尚未刊刻，見：汪蓉：《葉盛〈水東日記〉版本源流考》，《美化生活》，2022年第7期，第111～113頁。

間安排，總名為《葉文莊公集》（或《文莊集》）。然而，出於各種原因，這部有多部書稿組成的文集未能刊刻，因為葉晨之子葉夢淇在嘉靖九年（1530）還說葉盛的文集還沒有刻出來，當時或許僅僅刊刻了一二種罷了。

弘治二年己酉李東陽序刻本《涇東小稿》，
《續修四庫全書》本，上海圖書館藏原本

葉晨之後，葉夢淇繼續謀求葉盛著作的刊刻。今存嘉靖本《西垣奏草》卷首題署為：「皇明名臣正議大夫資治尹吏部左侍郎諡文莊崑山葉公存稿，奉議大夫同知衡州府事㑞孫葉夢淇刊行。」該書有景泰三年（1452）葉盛自序，其後有葉夢淇的說明，他說：

> 淇自受㑞歷官於大名、於臺、於衡，南北奔馳，十餘年矣。恒以先公之《文集》《奏草》未梓，楸檟未葺為憂。客歲己丑（嘉靖八年，1529）督京儲事畢，過武昌，得謁大都憲朱公。淇謹以所憂上瀆，意欲乞閒以遂其事。公謂淇正宜於所撫下幹辦，庶得以自效，且繼以興進之說。又謂欲刻先人之文，即官舍中籍俸之所入，亦可稍圖便，何以乞閒為哉。比至衡，淇不敢忘，直以考績之故猶豫未

果。適岳亭劉侍御語淇曰：考績固有定期，而文移往還，動踰旬月。自今刻之，亦無弗竣事者。乃始請鄉進士朱懋脩較正以壽諸梓焉。蓋素重其學行而託之也。文有《水東稿》《開封紀行稿》《菉竹堂稿》，及續刻《涇東稿》未備者，奏有《西垣奏》《邊奏》《兩廣奏》《上古奏》，合之凡九十卷有奇，但未知力之能給其事否耶？壽梓之意，本欲歸閒時就吾蘇人為之，庶字畫之楷，鋟刻之工，於家集足觀者。故在大名、在臺，皆存是心而未敢率圖也。今在衡而輒為之，其書若刻，類多草草，較吾蘇人之為弗逮遠甚，僅以備遺亡耳。嗣是為我葉氏子孫者有志於致重家集而翻刻之，必屬之能者者而後可。因漫書之以紀一時成就之良，即屬望後人之意云。約齋謹識。（國家圖書館藏嘉靖本《西垣奏草》）

《西垣奏草》卷末有嘉靖九年庚寅二月朱希賢的《跋西垣奏草後》，末謂：「刻之者誰？公陰孫、衡二守約齋先生也。先生為己之學，廉潔之操，經濟之才，蓋有祖風雲。其詳述於文集之末簡，茲不復贅也。編錄既畢，因書此以識歲月焉。」葉夢淇的序文中又有「客歲己丑」的說法，可知葉夢淇的序文撰寫於嘉靖九年。按照葉夢淇的說法，嘉靖九年之前，《涇東小稿》已經刻成，但並不完備，故有續刻未備者的設想。而李東陽序文中提到的《水東稿》《開封紀行稿》《菉竹堂稿》顯然是未能刊行，如此才有了他十餘年間想要刊刻其他書的夙願。這裡的「十餘年」的說法，為我們提供了《涇東小稿》刊刻的大概時間，即在正德十五年（1520）左右。只不過現存《涇東小稿》除了李東陽的序文之外，沒有其他任何有關該書刊刻的信息，我們只能將該書稱之為：明弘治二年李東陽序刊本。從該書版刻風格來說，作為正德本也當是合理的。

按照朱希賢的說法，葉夢淇在衡陽是籌備葉盛文集的刊刻的，不知是否為今存之《菉竹堂稿》。現上海圖書館藏嘉靖本《菉竹堂稿》卷端題署為：「皇明名臣正議大夫資治尹吏部左侍郎諡文莊崑山葉公存稿，奉議大夫同知衡州府事陰孫葉夢淇刊行，鄉進士衡陽門生朱希賢校正」。朱希賢作為葉夢淇的門人，參與校訂刊刻了葉盛的《菉竹堂稿》《西垣奏草》等書。前述朱希賢所謂「詳述於文集之末簡」，則《菉竹堂稿》該本有朱氏關於此書刊刻的相關說明，今藏本已佚去朱希賢的跋文，只有留下了葉夢淇的《刻菉竹堂稿引》：

《菉竹堂稿》者，先公官嶺北及撫廣時所作詩文八卷若干首，皆先公手自編定。茲於是而刻之者，存手澤也。淇嘗於京師接厚齋

老先生，語及廣中故事，數稱先公撫廣時恩威並著，寬猛兩宜。每有大功，輒推於人。雖近時名臣聲譽之赫者，而其實殆不若也。蓋本於為己之學，以成夫靖國之功。天下豈多得哉。故廣人至今德之，未嘗衰也。夫廣人之被其澤者尚不忍忘其德，矧手澤之藏於家者，子孫容不可壽諸梓乎。推被其澤者之感以重，繼其世者之思，蓋不容於不刻矣。凡為我葉氏子孫者，尚當世守之。嘉靖八年季冬月奉議大夫同知衡州府事曆孫葉夢淇題。（上海圖書館藏本）

《菉竹堂槁》，嘉靖葉夢淇刻本

葉夢淇的兩篇序文均未提及《水東日記》的刊刻，顯然這部書已刊刻完成，不需要葉夢淇再刻。值得注意的是，這部《菉竹堂槁》的版式是：每半葉十一行，行二十一字，黑口，左右雙邊，雙對黑魚尾。框高 21 釐米，寬 13.2 釐米。〔註68〕柏克萊本、上圖本《水東日記》也是如此版式，這意味著兩書刊刻都受到了同一時期的某種刻書風格的影響。而且，葉恭煥在嘉靖間

〔註68〕中華再造善本工程編纂出版委員會編：《中華再造善本續編總目提要》，北京：國家圖書館出版社，2017年，第415頁。

的補刻本三十九至四十卷的板式也和《菉竹堂槁》相似，只不過兩書行款不同，一為半葉十行，一為十一行。一部是新刻的，一部是前面已經有了刻本的，行款不同也在情理之中。國圖傳本《水東日記》是雙黑順魚尾，字體更古拙一些，當是更早一點的版本，是真正的成化刻修補印本。葉夢淇文中所謂的「其書若刻類多草草，較吾蘇人之為弗逮遠甚」，不止他在嘉靖間刊刻的《西垣奏草》和《菉竹堂槁》。這種草草之風，對後世藏書家而言就具有古拙之氣，判斷它的版本也就存在一些不確定的因素。

　　可惜的是，葉夢淇於嘉靖九年在湖南衡州任上去世了，葉盛著作的刊刻也就止於當年的《西垣奏草》和前一年的《菉竹堂槁》，其他諸書則未能刊刻。

嘉靖本《西垣奏草》

　　按照前述「葉恭煥跋甲」可知，葉夢淇之子葉良材在嘉靖四年時已經獲得了《水東日記》的三十八卷本板片，所以葉夢淇並沒有著急刊刻這部書。

之後，葉夢淇之孫葉恭煥對前三十八卷又做了重新校正，增補了兩卷，等到嘉靖三十二年才告完工。這也就是我們今天看到的嘉靖修補四十卷本有若干修補頁面的原因。至於葉夢淇在衡陽刊刻的葉盛諸書書版是否為葉氏家族保存不得而知。或許葉氏家族並沒有收藏書板，而是有印本收藏。如此一來，葉氏後裔在條件成熟時就會重刻該書，以為家族文化的傳承。

（2）葉重華的貢獻。到了明崇禎年間，葉氏後裔有了重新刊刻葉盛著述的行動。今存崇禎五年（1632）葉氏賜書樓本四十卷《葉文莊公奏議》（亦稱《葉文莊公奏疏》）。該書封面題大字《葉文莊公奏議》，小字題：西垣奏草、邊奏存稿、兩廣奏草、上谷奏草，賜書樓藏板。《西垣奏草》卷端題署為：「吏部左侍郎諡文莊崑山葉盛存稿，孫衡州府同知夢淇較定，六世孫禮部主事重華彙梓」。

《山西大學藏珍貴古籍圖錄》〔註69〕

山西大學圖書館藏本　　　　　　　國家圖書館藏本

〔註69〕張梅秀等編著：《山西大學藏珍貴古籍圖錄》，太原：三晉出版社，2012 年，第 143 頁。

國家圖書館、山西大學圖書館等單位皆有藏本。前有崇禎四年（1631）辛未禮部尚書兼翰林院學士協理詹事府事加俸一級經筵日講纂修兩朝實錄副總裁教習庶吉士前吏部左侍郎撰述誥敕上饒通家後學鄭以偉《葉文莊公奏疏稿序》、葉盛景泰三年《西垣奏草序》，和葉夢淇序。或以鄭以偉的作序時間將該書版本定為明崇禎四年，宜據後序更訂為崇禎五年。

葉氏後裔在刊刻奏議的題跋文字中對此有較為詳細的說明。《葉文莊公奏議》之《葉文莊公西垣奏草》卷九末有葉國華跋：「先文莊公備三不朽，誠本朝第一人物，所著《奏疏》《日記》，及《涇東、水東稿》諸集，高祖衡州公、大父孝廉公，先後梓行，歲久漫漶，近世卒莫覯是書。國華與弟重華連床並硯之時，撫卷增愾，期於更新。茲者仲弟于役武林，臣心如水，庶幾無愧我先祖，公餘之暇，手較《奏疏》《日記》二書，先附梨棗。余深幸茲集一新，雅酬厥志，而先文莊公未竟之緒藉仲弟以丕振者，又可券諸異日夜。遂題數語以識歲月。時壬申孟春上浣六世孫國華謹跋。」壬申即明崇禎五年（1632）。按照葉國華跋文所述，崇禎間葉氏後裔葉重華刊刻了葉盛的《奏疏》和《日記》兩部書，所以現在著錄的明末賜書樓刻本《水東日記》的刊刻時間是崇禎五年。這部書的刊刻地點是哪裏？葉國華說是在武林，即杭州。至此，葉盛的文集也就有了新版的《葉文莊公奏議》和《水東日記》兩種。明末清初人盧世㴶在其著作中記錄了他得到的一部崇禎刊本：

> 葉文莊公《水東日記》，向止聞其名，未見其書。前年視漕過濟
> 上，公七世孫重華迎余至南陽，以新刻相送。爾時凌遽未遑展讀。
> 至抵通州報竣，始獲讀之。如公者，乃留心世務，不廢讀書者也。
> 茲鈔特取其論列藝文者，余概未及。內有《陸放翁家訓》，今《渭南
> 文集》不載。或放翁編集時自刪之。重華，號香城，文士也。〔註70〕
> （盧世㴶《尊水園集略》卷七）

據王永吉所撰墓誌銘，〔註71〕盧世㴶生於明萬曆十六年（1588）戊子十二月初三，卒於清順治十年（1653）癸巳三月二十九日。盧氏是明天啟五年（1625）進士，曾任戶部主事，後改監察漕運御史，在崇禎年間「視漕」事。盧氏的這一記錄為我們確定葉重華刻本是崇禎年間提供了另一個證據。

〔註70〕〔清〕盧世㴶：《尊水園集略》卷七，國家圖書館藏清順治刻十七年（1660）書林劉經邦張鴻儒刻本，第17～18頁。
〔註71〕〔清〕盧世㴶：《尊水園集略・墓誌銘》，第1～3頁。

（3）葉方蔚的貢獻。清初王士禛（1634～1711）曾在葉氏後裔葉方藹（1629～1682，字子吉，號訒庵）那裏看過葉盛的手稿，他寫有一篇跋文記載此事：

> 《葉文莊公集》流傳絕少，世所習見止《水東日記》若干卷。焦澹園《經籍志》載《涇東文集》四卷，不知何據。詢諸今侍讀學士訒庵先生云：「公集未嘗板行也。」此集，學士家藏本，不釐卷次，後有《族譜》一卷，《宣鎮志諸序》一卷，別有《涇東小稿》一冊。文間有異同塗竄甲乙，皆公當時手筆。卷首有『巡撫宣府關防』，蓋公天順八年自兩廣移鎮宣府後手稿也。史稱公文章似歐陽文忠，生平慕范文正之為人。行墨之間，彷彿可見。予讀公文，獨愛其和平易直，得古人修辭立誠之旨。公之世後於東里，先於西涯、守溪，其文亦與數公相上下。蓋宣德以後，弘治以前，先輩文章師承大抵然也。予總角知慕公之風，愧固陋無能執校讎之役，敬跋數語，以復於學士，聊致私淑之意云。〔註72〕（《漁洋文集》卷十二）

葉方藹告訴王士禛，直到康熙初年葉盛的文集還沒有刻板。完成這項工作的人是葉方藹的兄弟葉方蔚。康熙十八年（1680）庚申葉方蔚重新整理了葉氏族裔之前刊刻的書板，寫了一篇跋文：

> 先君官杭州抽分日，有《奏議》《日記》之刻。方擬嗣刊全集，會差滿不及為。《日記》即此本是也。乙酉兵燹，兩書板幸存。顧先君自國變後，臥病不問家事，書板庋置塵閣中，遂無省記者。比年予始舁出簡點，已失數葉，《奏議》所失尤多，因命工補刻。會從族人處覓得舊鈔本兩冊，上有巡撫宣府關防，蓋先公當時錄本也。二泉兄又貽予舊刻本六冊，末二卷字跡微異，即先曾大父所購徐氏本補刻足之者也。鈔本多譌字，而徐氏本尤甚，且多用抬頭，直似奏章體，字跡亦已漫漶，度先君時板久不存矣。因取三本參互讎勘，是正頗多，尚有字義可疑而三本相同者，姑仍之，不敢以己意妄改業。先曾大父嘗屬摯友俞仲蔚先生為作序文，向尚未入刻，茲求柏盧朱子重錄付梓。又此書本不必編目，而書賈每以無目錄疑非完本，因增編目錄於前。然率意標題，深恐未得當也。康熙庚申歲長至日

〔註72〕〔清〕王士禛：《王士禛全集（三）詩文集》，袁世碩主編，濟南：齊魯書社，2007年，第1710頁。

七世孫方蔚謹識。〔註73〕

葉方蔚的「先君」是葉重華。崇禎年間，葉盛後裔已經著手準備編刊葉盛的全集，先刊刻了《奏疏》和《日記》兩部書，刊刻地點是杭州。康熙年間葉方蔚修補了崇禎舊版。至於存世的《葉文莊公全集》，是乾隆四年（1739）己未葉九淵刻本。卷首有李東陽和彭士望序，以及葉九淵的說明。彭士望的序文為：

> 是集始刻為公孫衡州少府淇。世既遠，版漸刓缺。六世孫工部都水司主事國華，時在杭主榷政，因謀重刻，以兵亂未就。國華恒自悼，更居視二十六年久不死，未遂其志。瀕沒遺命其子奕苞曰：我偷活草間數十年，無所用，惟見汝兄弟成人，獨未見文莊先公刻集成為恨耳。汝曹勉成之。奕苞益自力，合群從兄弟憲副方恒、侍郎方藹等，將謀成事。適士望客崑山，奕苞奉先集下拜，懇為之序。望感其意，謂窮約之老，亦強與國朝文憲（獻）事，遂不敢辭。《文集》外有《奏疏》及《水東日記》各若干卷（《彭士望《恥躬堂詩文鈔》卷五》作：《奏疏》十卷，《水東日記》四十卷），向無刻本，六世孫進士工部都水司重華亦榷杭南新關，鏤版行世云。南昌遺民躬庵彭士望撰。

這是葉方蔚提前約請人寫的序文。彭士望（1610～1683）曾參與抗清鬥爭，晚年講學於江西寧都易堂。彭士望論及葉重華在杭州刊刻了新版本的《水東日記》，可知在崇禎年間葉重華完成了《水東日記》和《奏疏》的刊刻後，即行準備全集刊刻，但當時並未完工。後來葉方蔚繼續此事，就請彭氏撰文。但葉方蔚並未完成《葉文莊公全集》的刊刻，彭氏序文也就只保存在彭氏自己的文集中。彭士望《恥躬堂詩文鈔》卷五收錄此文，與《葉文莊公全集》所錄文略有不同，比如「文獻」作「文憲」之類。另外，彭氏文鈔文末「鏤板行世」後尚有一句：「今合為《文莊公集》五部稿若干卷云。」或許是葉九淵所見本與此不同。彭氏文中所謂「五部稿」確為今存《葉文莊公全集》所收：該書卷一至八《水東稿》八卷、卷九至十三《開封紀行稿》五卷、卷十四至二十一《菉竹堂稿》八卷、卷二十二至二十九《涇東小稿》八卷和卷三十《和山東勝覽詩》。

〔註73〕〔明〕葉盛：《水東日記》，第5～6頁。

明崇禎間葉氏刻清康熙間修補印本

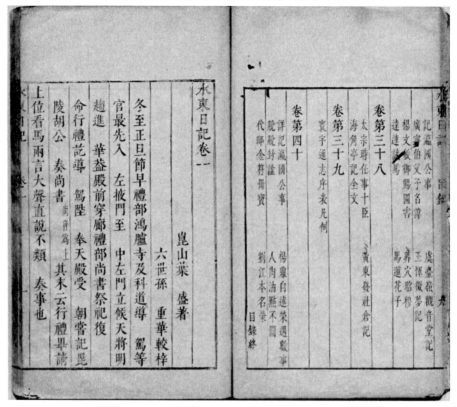

葉九淵在彭士望的序文後補充說：

> 茲序（彭士望）蓋作於庚申、辛酉年間。不閱數年，學亭、文敏、二泉諸伯考相繼下世。先集未謀剞劂。又數年先君艮齋（葉方蔚）裒集繕寫，勉力獨任，始得授梓。將成，先君遽捐館舍，故序目發凡皆未詳備。愚兄弟才既譾劣，交遊復淺，雖欲成先業，展轉因循。嗣後伯兄大年，薄宦數載，仲兄敬禮久病先亡。歷於今凡三四十年，梨棗塵封，篇帙顛倒，為子孫者，寢食不安。近從未刻《縣志》中搜得茲序，因為用弁。粗製目次，以五種稿貫為全集三十卷，祇以詩文成書，亟於問世。其餘年譜、傳記、像贊、碑銘，或因列國史，或載家乘，並未及登。俟丐鉅公手筆，當再補凡例、細目。
> 己未夏五八世孫九淵謹識。

　　庚申、辛酉間是康熙十九年（1680）、二十年（1681）。康熙三十五年（1696），葉方蔚去世時，《葉文莊公全集》已將近完成刻板工作。他去世四十三年後，他的兒子葉九淵最終完成了刻板刷印。從葉盛之子葉晨開始，葉

氏後裔就準備刊刻葉盛的全集，經過數代人才最終完成刊板。這一故事與《水東日記》的艱難刊刻修補過程如出一轍。

　　由此可知，葉盛的著作雖然是他生前已經編訂完成，但刊刻成書則要等他的子孫來完成，從明弘治年間（1488～1505）到清乾隆四年，歷時二百五十餘年，可謂家族事業，綿綿不息。

六、觀風望氣：活字本疑雲

　　判定一部書的版本，有若干種辦法。直觀的方法是以字體、板式等刻書風格來初步確定一部書的時代。這就是所謂的觀風望氣。直觀的判定需要有一些藉以確定的樣例，也就是具有某一時代特點的已經十分明確的具體版本。如果這樣的樣例不足，或者新出現的個案與某些樣例存在貌似的情形，就容易出現誤判。傅增湘曾將該書視為活字本就是誤判的例子。《水東日記》存世的古籍只有刻本和抄本，對我們而言沒有疑義。然而，前人卻有將早期的刻本著錄為活字本者，比如邵懿辰《四庫簡明目錄標注》著錄了明刊本、清康熙中刊本四十卷，邵章續錄則著錄了令人驚異的版本：「明常熟徐氏原刊三十卷，萬曆癸丑補刊二卷。明正德活字本，十行二十字，三十八卷。傅沅叔得明刊殘本，亦三十八卷，十行二十字，黑口，似正嘉間所刻，字體頗類閩中。六世孫重華刊本四十卷。《勝朝遺事》初編本，光緒癸未懺華庵刊。」〔註74〕邵章所謂「萬曆癸丑補刊」，是誤讀了前人的記錄。上世紀八十年代出版的《中國文言小說書目》也有類似的著錄。〔註75〕這裡出現的正德活字本是此前未有著錄的，它從何而來？按照邵章的文意似乎依據是傅增湘意見。傅氏《雙鑒樓善本書目》卷三著第36頁的確著錄了一十行二十字的明正德活字本。〔註76〕後來傅氏修

〔註74〕邵懿辰撰、邵章續錄：《增訂四庫簡明目錄標注》，1979年，第597頁。

〔註75〕該書著錄：「水東日記三十八卷，存。明葉盛撰。見《千頃堂書目》、《明志》子部小說家類。《國史經籍志》入雜家類，《四庫全書總目》同。明常熟徐氏原刊本三十八卷，萬曆四十一年補刊二卷，計四十卷。明正德活字本三十八卷。明刊四十卷本。明葉重華賜書樓刻清康熙十九年葉方蔚重修刊四十卷。本勝朝遺事初編本。一九八〇年中華書局魏中平校點本。又金聲玉振集本一卷。續說郛本一卷，題《水東記略》。又記錄彙編本，叢書集成初編本均七卷，題《水東日記摘抄》。」（袁行霈等編：《中國文言小說書目》，北京：北京大學出版社，1981年，第216頁。）

〔註76〕林夕主編：《中國著名藏書家書目彙刊　近代卷第28冊》，北京：商務印書館，2005年，第144頁；羅偉國、胡平：《古籍版本題記索引》，上海：華東師範大學出版社，2011年，第142頁。

訂了他的版本判斷。傅氏《藏園群書題記》說：「予中年嗜讀其書，惟苦無舊本可期。嗣於南中收得明代所刻，為卷三十有八，版式古雅，字跡疏勁，微兼隸體。且墨色濃淡不勻，字或斜出，頗疑是活字排版。第前後序跋俱無，羌無左證，未敢斷言。第以寫刻觀之，要是正、嘉以前風氣耳。」〔註77〕我們無法知曉傅氏修訂其對《水東日記》一書版本鑒定意見的內情，但魏隱儒在他的著作中對所謂的活字本有過專門的分析，值得我們注意。

魏隱儒談及活字本的鑒定和偽本的鑒定時，曾舉他所親見並比勘過的《水東日記》為例。《書林掇英：魏隱儒古籍版本知見錄》在史部政書類著錄：「《水東日記》三十八卷，明葉盛撰。明刻本。半葉十行，行二十字。四周單邊，白口。此本字個大小不一，欄線接頭處離開，貌似活字本。經與北京市委圖書館藏本核對，發現卷十第四葉、卷十四第三葉、卷二十一第五葉、卷三十第五葉、第十葉、卷三十一第十葉、卷三十三第十葉、卷三十七第四葉，板斷裂多處，當是刻本。此吉林大學藏書，棉紙，八冊。」〔註78〕在《古籍版本鑒定叢談》一書中，魏氏有更為細緻的說明：其一，在該書第八章《活字本的鑒定》中說：「活字印本無斷版裂版現象。雕版有的因刻成年久，經刷印施墨或遭風吹日曬，常會斷裂。活字印書，印完，版即拆散，如需再印，即行再排，所以不會有像雕版那樣出現斷裂的情況。因此，在鑒定圖籍時遇有斷版裂版現象的，即非活字印本。如明刻本《水東日記》，欄線上下接連處有隔離現象，字有歪斜，墨色不勻，貌似活字印本。但經仔細翻閱檢查，發現上下字間有的交叉，而且有數處斷版裂版，據此可以斷定其非活字印本。」〔註79〕其二，在第十章《古籍版本中偽本的鑒定》中說：「《水東日記》三十八卷，明葉盛撰。半葉十行，行二十字，四周單邊，白口，雙魚尾。欄線接頭處離開，行字歪斜不整，高矮不平，字大小不一，具有一般活字本特徵。吉林大學、北京市委都有收藏。根據《四庫簡明目錄標注》著為明正德活字本。只是兩書上欄橫線有許多刀痕，而卷十第四葉、卷十四第三葉、卷二十一第五葉、卷三十一第十葉、卷三十第五葉，卷三十三第十葉、卷三十七第四葉，有斷版裂版，這都是活字本不應有的現象，因暫定為明刻本。但

〔註77〕傅增湘：《藏園群書題記》，第 505 頁。
〔註78〕魏隱儒：《書林掇英：魏隱儒古籍版本知見錄》，李雄飛整理校訂，北京：國家圖書館出版社，2010 年，第 202 頁。
〔註79〕魏隱儒、王金雨：《古籍版本鑒定叢談》，北京：中國社會科學出版社，2017年，第 110 頁。

行字歪斜不整，若書寫上版似乎也不應當，或是影活字本刻印也未可知。待考。」〔註80〕

傅氏所見本沒有前序後跋，他只能依靠觀風望氣的辦法來給出一個疑似的版本判斷。明代的活字本多呈現一種單字排列稀鬆，有歪斜、不齊整的特點，《水東日記》的早期刊本給人這樣的感覺，無怪乎傅氏覺得像正德活字本。但版本的判定不能停留在貌似、可疑的階段，還必須進行細緻的觀察、比對，以便得到更加確切的結論，正如魏隱儒所做的，如果很多頁面都有斷板現象，有字與字的交叉現象，那肯定就不是活字本，而是刻本了。但為何會有類似活字版的氣象呢？傅增湘舊藏的所謂「正德活字本」今存國家圖書館，《北京圖書館古籍善本書目》著錄為明刻本。〔註81〕該書白口，雙黑魚尾，四周單邊，板心題「水東日記卷某」。書中文字多有歪斜、字與字有間隔等活字本樣貌，也有魏隱儒所說有斷板、字與字相連等項情形，但沒有序跋，只有卷三十八之末有墨筆題識「嘉靖甲寅仲秋既望吳郡後學吳邑庠生王玉芝謹誌」一行，足以確定該書版刻時間早於嘉靖三十三年（1554）甲寅，是葉恭煥補刻之前的印本。傅氏所謂正德嘉靖間風格是有依據的，比如明弘治十七年吳大有刻本《古賢小字錄》、正德十三年王廷相刻本《唐沈佺期詩集》等私家刻書〔註82〕皆與此書的版刻風格類似，屬於非常罕見的品種之一。在版本的鑒定中，古籍研究者往往將正德以前的明刻本作為明前期處理，正德至嘉靖作為中期，而萬曆及以後則作為晚期，這就意味著成化至正德年間的很多刻本在版刻風格上具有家族類似的特徵，傅氏當年做出那樣的鑒定意見也就在情理之中了。

現在看來，活字本的《水東日記》並不存在，只是版本學家一時的觀風望氣出現了誤判而已。如果我們把這個誤判作為依據寫進明代出版史，或者辭書，就會造成不必要的誤解。〔註83〕古代小說研究者在編製新的文言書目

〔註80〕魏隱儒、王金雨：《古籍版本鑒定叢談》，第137～138頁。

〔註81〕北京圖書館編：《北京圖書館古籍善本書目·子部》，北京：書目文獻出版社，1989年，第1469頁。

〔註82〕趙前：《明代版刻圖典》，北京：文物出版社，2008年，第234、245頁。

〔註83〕比如江澄波記錄明代木活字印書時，著錄了崑山縣的一個條信息：「水東日記三十八卷，明崑山葉盛撰，明正德間木活字印本。每半頁十行，行二十字。」作者沒有標注信息來源，或許即出自前述邵氏《四庫簡明目錄標注》。載：江澄波：《江蘇活字印書》，北京：北京聯合出版公司，2020年，第30頁。又如錢仲聯等編纂的《中國文學大辭典》（修訂本）在明代文學的筆記類中收錄「水

時，就已經不再著錄這個所謂的活字本了。所以說，版本學需要博聞多識，既要對大量的不同類別的古籍進行調查研究，還要對同一部書的不同版本進行比勘，版本的知識也正是在這種假設、推定、調查和研判中不斷豐富和進步的。從這裡也可以看到，古籍版本本身就是一門學問，它有獨立的學科屬性、學術課題和研究方法，在對古籍善本的研究中不斷推進著這門學問的深入。列維‧斯特勞斯說：「科學知識和科學思想只不過是尖銳的刀尖，因為不停地在事實這塊磨刀石上面研磨而更具穿刺力，不過要以喪失事物的本質為代價。科學思想之所以能如此有效，是因為它具有深深穿刺進去的力量，只要穿刺得夠深入，就能使整個知識工具隨之前進。」〔註84〕作為一門學科而存在的古籍版本之學，也是一種科學，在面對古代的眾多書籍版本所構成的書籍世界，它需要不斷深入和前行。前行意味著要對舊有的一些看法予以糾正，或者揚棄，如果停留在某些觀念不做深入的思考和觀察，那就不是這門學科所期待的了。

傅增湘曾說希望能羅合數本來對比勘文字，確定一個最好的本子，他當年並未實現，今天的我們則已經有了這樣的條件。如今，能知曉且能比勘版本的早期刻本有六部，分別是國家圖書館藏明刻本（傅增湘舊藏）、國家圖書館藏明刻本（天津李氏延古堂舊藏）、北京圖書館藏嘉靖本（甲庫善本，今存臺北）、臺北館藏明刻本（嘉業堂舊藏）、美國柏克萊加州大學東亞圖書館藏明刻本和上海圖書館藏明刻本。〔註85〕相關信息如下：

表四 《水東日記》早期刻本

藏　地	卷數	版　式	版框	藏　印	索書號	簡稱
國家圖書館	三十八卷	半葉10行20字，白口，四周單邊。	21x14.3	延古堂李氏珍藏。	T03021	國圖李本

東日記」詞條，論及版本時說：「有弘治常熟徐氏初刻和正德活字本，三十八卷。嘉靖三十二年（1553）其裔孫葉恭煥據家藏本補刻二卷為四十卷，此後各本俱從葉本翻刻。」（錢仲聯等：《中國文學大辭典》，上海：上海辭書出版社，2000年，第1056頁。）

〔註84〕〔法〕列維‧斯特勞斯：《憂鬱的熱帶》，王志明譯，北京：中國人民大學出版社，2023年，第54～55頁。

〔註85〕國家圖書館藏本，http://read.nlc.cn/allSearch/searchDetail?searchType=&showType=1&indexName=data_892&fid=1425；柏克萊加州大學東亞圖書館藏本，https://digicoll.lib.berkeley.edu/record/73679 跡 ln=en。

國家圖書館（傅增湘舊藏）	三十八卷	半葉10行20字，白口，四周單邊，雙順魚尾。	21x14.3	王玉芝、國祥之印、臨頓里人、疊翠軒主人、臨野山人、自燕徙吳、東吳長洲臨頓里人太原王玉芝國祥圖書館、吳宸之印、吳釗之印、何元錫印、夢華館藏書印、別下齋藏書、雙鑒樓藏書記。	11349	國圖傅本
甲庫善本（臺北故宮）	四十卷	半葉10行20字，白口，四周單邊，雙順魚尾。	20.9x14	王重民《中國善本書提要》著錄。		甲庫本
臺北「國家圖書館」	三十八卷	半葉10行行20字，黑口，四周雙邊，雙對魚尾。	20.5x14.6	四明盧氏抱經珍藏、吳興劉氏嘉業堂藏、四明盧氏抱經樓藏書印、吳興劉氏嘉業堂藏書記、國立中央圖書館考藏	310.21 08372	臺館本
美國柏克萊加州大學東亞圖書館	三十八卷	半葉10行行20字，黑口，四周雙邊，雙對魚尾。	20.6x13.9	毘陵俞泰國昌圖書、劉承幹印、南林劉氏求恕齋藏	DS753.6.Y4 S48	柏克萊本
上海圖書館	三十八卷	半葉10行行20字，黑口，四周雙邊，雙對魚尾。		宋育德補抄目錄、卷三十九、四十。	線善 834577 -85	上圖本

上述五部善本，除了「國圖李本」「上圖本」之外，其他四部有全文影像數據，可供我們直接比勘，上圖本卷端和題跋收入《上海圖書館善本題跋真蹟》〔註86〕。經比勘可知，臺館本和柏克萊本是同一版本，國圖李本和國圖傅本是同一個版本，〔註87〕國圖傅本和甲庫本有同板和不同板。國圖傅本和國圖李本的紙張有明顯的差異，前者似白棉紙，後者則泛黃，紙張有簾文。國圖傅本和國圖李本皆有部分書葉殘損，都曾被修復過。國圖傅本的版式除了卷二十一至二十四板心是三魚尾外，其他皆保持一致，當是由一套完整且只有部分頁面修補的書板刷印的。甲庫本和國圖傅本、國圖李本是四周單邊，白口；臺館本和柏克萊本是四周雙邊，黑口。這能否說明後二本是更早的版本呢？這是不能

〔註86〕上海圖書館編：《上海圖書館善本題跋真蹟》第9冊，上海：上海辭書出版社，2013年，第396～398頁。

〔註87〕2023年9月21日下午，在國家圖書館善本閱覽室借閱比勘了國圖傅本和國圖李本，劉鵬等同觀。

的。雖然在明刻本中，版本學家往往認為板心的黑口是明前期的特徵，白口則要相對要晚一些。〔註88〕但具體到某個書時，這種通則未必成立。前述嘉靖本《篆竹堂稿》就是黑口本，成化弘治年間的白口本也並並罕見。

明成化間常熟徐恪湖廣刊本　　　　　明弘治嘉靖間翻刻本

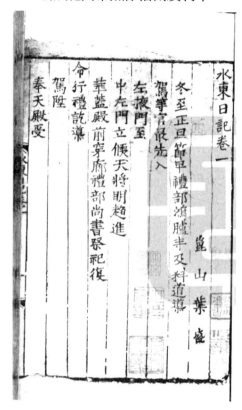
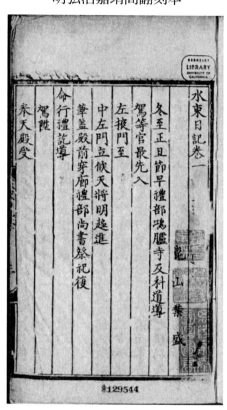

甲庫本是存世最早的四十卷本，有殘損，前三十八卷與國圖傅本和國圖李本版式一致，後二卷版式有明顯的不同。甲庫本卷末有葉氏後裔的補刊題記，明確這是葉氏後裔以常熟徐氏舊版修補者，因此可以確定國圖傅本和國圖李本當是常熟徐氏原刻印本，也即傅增湘所認定的「此書行世之第一刻本」。

甲庫本前三十八卷中的修補版有明顯的版式差異，修版的書葉包括：卷三第7葉，卷四第10、11葉，卷十第5、6葉，卷十一第7、8葉，卷十二第10

〔註88〕比如，黃永年說：「明前期刻本即所謂明初本，基本上是延續了元浙本的風格。」「版式。由元浙本的白口、細黑口發展為大黑口。魚尾則仍舊都是雙黑魚尾。」「過去藏書家通稱此所謂明初本為『黑口白綿紙明初本』。」見：黃永年：《古籍版本學》，南京：江蘇教育出版社，2009年，第116頁。

葉，卷十五第 11 葉，卷二十八第 6、7 葉，卷三十三第 11 葉，卷三十八卷第
5、6 葉。以上這些板片和卷三十八、四十是四周雙邊，和其他頁面有明顯的
差異，我們有理由相信這些板片是新補的板片。卷二十一第 11 葉、卷二十二
第 1 至 11 葉板心皆有三個魚尾，卷二十三第 3～11 葉、卷二十四第 2～8 葉板
心三魚尾，也和其他頁面有明顯的差異，即卷二十一至二十四卷也有大量的修
版。修補是肉眼可見的，修補既有文字的補充，也有版式上的調整。

　　如下圖所示，卷三十三第 11 葉，通行本卷三十三末段是《西園雅集圖
臨本》，全文為：「《西園雅集》，李伯時之筆，不可知己，僅於黃文獻公晉卿
《述古堂記》中得之。近時楊文貞公嘗見劉松年臨本，楊文定公嘗見趙仲穆
臨本，然皆有不同處。予嘗於董仲魯中捨家見匹紙水墨入細一卷，亦奇絕，
不曾裝裱，亦無題款，不知為何人筆也。」〔註89〕臺館本和柏克萊本闕字兩
處四字。

國圖傳本　　　　　　　　　　　甲庫本

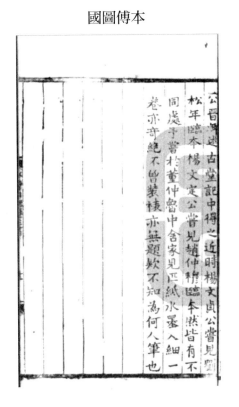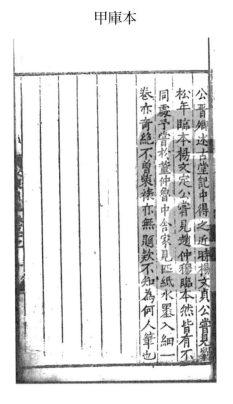

〔註89〕〔明〕葉盛：《水東日記》，第 329 頁。

柏克萊本

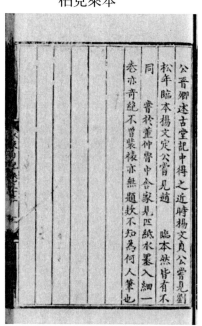

國圖傅本是成化本，甲庫本是成化刻嘉靖修補本，但從此葉來看，國圖傅本也是經過了葉氏後裔修版處理過的新印本。而臺館本和柏克萊本則是據成化本的某一個印本而翻刻的，只是這一翻刻本的刻書時間沒有直接的證據，不知刻於何時，疑似弘治正德間福建書商所為。

又如，卷三十八，臺館本和柏克萊本第5葉只有半葉，而甲庫本和國圖傅本第5葉後半有文字，且尚有第6葉半葉的文字，多出的即《柏克萊加州大學東亞圖書館中文古籍善本書志》所指出的三百零六字。〔註90〕但這三百來字並非是康熙年間葉方蔚修補者，而是嘉靖間葉恭煥已經修補過的。本卷第4葉半末二行和第5葉首行，國圖傅本、臺館本和柏克萊本是一句完整的話：「古之人臣思堯君而心魏闕者，每惓惓於畎畝之間，江海之上。彼蕭牆之內，固有負不扶不持之憂者，多矣。」甲庫本第5葉是用修補葉，和第4葉的文字連起來就缺了「彼蕭牆之內，固有負不」等九字。

又如下圖所示，卷三第7葉甲庫本是修補葉，國圖傅本是原板。原文缺損部分，舊板以墨釘形式出現，修訂版本則以空白形式表示。柏克萊本版式與修補板片保持一致。

〔註90〕柏克萊加州大學東亞圖書館編：《柏克萊加州大學東亞圖書館中文古籍善本書志》，上海：上海古籍出版社，2005年，第195頁。

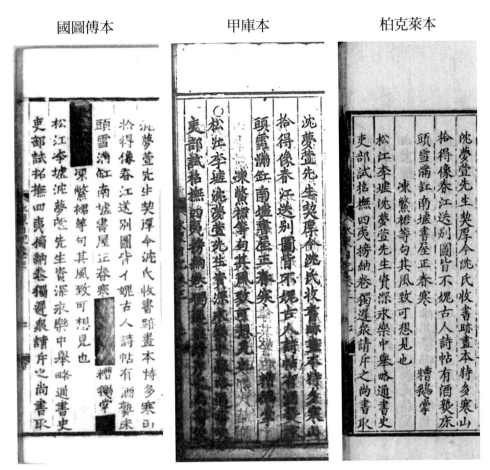

　　由此可知，即便是現存的成化刻本，其中也有嘉靖間修補過的印本書葉，嘉靖修補成化本更不是一套完整板片的印本；疑似弘治正德間的翻刻印本則一套完整的板片印本，該本保留了成化刻本的某些文字樣貌，會讓人誤會此本是更早的刻本。同時，甲庫本修版較多，未修補的板片又多有模糊，全書書手書寫風格不一，刻工亦不甚精湛。或許正因為如此，書商購得此書之後才重新請書手寫樣刊刻。書商翻刻本銷路較佳，從今日留存的多部印本為此翻刻本可間當時此書的暢銷程度。而常熟徐氏的原刻和葉氏後裔的補刻本則存世相當少，為稀見的版本。此前的藏書家和學者很難有機會將早期的不同版本的印本加以比勘，他們往往把翻刻本視為原刻。

　　還有一部有助於我們確定該書版本的古籍，即明人袁褧（1495～1573）編纂的《金聲玉振集五十種》所收錄的《水東日記》一卷。明嘉靖二十九至三十年（1550～1551）袁氏嘉趣堂刊本有袁褧的跋文：「右文莊公日記若干卷，

甲午歲長夏無事，因摘出，係國朝故實，凡七十七事。錄藏笥中以備撿覽，是歲七夕前一日嘉趣堂志。」甲午即嘉靖十三年（1534），也就是說袁氏所見的版本當非經葉氏後裔修補過的版本，而是某個早期的刻本。如果我們能以袁氏所摘錄的 77 條與上述幾個不同的早期版本的文字相對照，或許能從中有所發現，從而更好的認識幾個版本之間的關係。以下為五種不同版本《水東日記》的文字比勘結果：

表五　五種版本文本比勘

卷目	通行本	國圖傳本	甲庫本	柏克萊本	金聲玉振集本	編號
卷一記殺馬順等事	已而有旨	已而有旨	□□有旨	已□有旨	已有旨	1
	伺外人何為	伺外人何為	伺外人何為	伺外何為	伺外■為	2
	門禁頗嚴	尤嚴門禁	尤嚴門禁	尤嚴門禁	尤嚴門禁	3
	而殺兩人者	而殺兩人者	而殺兩人者	而兩殺人者	而兩殺人者	4
卷一奏黜寺丞馮必政	士倫恥之	士論恥之	士論恥之	士論恥之	士論恥之	5
卷一京都賀節禮	大興楊公偕走賀	大興楊（此字墨筆修改）公偕走賀	大興攄（似被墨筆修改為楊）公偕走賀	大興攄公偕走賀	大興據公偕走賀	6
卷一議王琦事	有司以上付之言官，既不敢言；若言官又不言	有司以⊥付之言官，既不言；言官而又不言	有司以上付之言官，既不言；言官而又不言	有司以上付之言官，既不言；言官而又不言	有司以上付之言官，既不言；言官而又不言	7
卷一會奏遣使迎復	少保於公繼對以為	少保於公繼有對，蓋以為	少保於公繼有對，蓋以為	少保於公繼有對，蓋以為	少保於公繼有對，蓋以為	8
卷一會議迎復儀注	上皇駕將旋，禮部累有會奏言迎復事，上屢以虜情多詐為言	（有二字模糊）駕將旋，禮部累有會奏言迎復事，上多以虜情多詐為言	（上）皇駕將旋，禮部累有會奏言迎復事，上多以虜情多詐為言	駕將旋，禮部累有會奏言迎復事，上多以虜情多詐為言	駕將施，禮部累有會奏言迎復事，上多以虜情多詐為言	9
	彼不索金帛	彼不索金帛	彼不索金帛	彼不索金帛	彼不索捨帛	10
卷二太上聖節請朝賀	久當誼愈深	而長久當誼愈深	而長久當誼愈深	而長久當誼愈深	而長久當誼愈深	11

卷二開平王祠	今開平衛治	今治開平衛	今治開平衛	今治開平衛	今治開平衛	12
	撤其材，以飾樓櫓營壁之經兵火者	撤其材，以飭樓櫓營壁之嘗經兵火不存者	撤其材，以飭樓櫓營壁之嘗經兵火不存者	撤其材，以飭樓櫓營壁之嘗經兵火不存者	撤其材，以飭樓櫓營壁之嘗經兵火不存者	13
卷二妄稱細作	詔止治備而已。都察院奏	詔止治備而已。都察院奏	詔止治備而已。都察院奏	詔止治備而已。都察院奏	詔止治備，而都察院奏	14
卷二看議何觀	稿不具此，已輕矣	稿不具此，已經矣	稿不具此，已經矣	稿不具此，已經矣	稿不具此，已經矣	15
	上雖怒觀，猶令我曹看議	雖怒觀，猶令我曹看議	雖怒觀，猶令我曹看議	雖怒觀，猶令我曹看議	雖怒觀，猶令我曹看議	16
卷二龔遂榮揭帖	使封進，亦無妨	使封進，亦無妨	使封進，亦無妨	使封進，亦無妨	使進封，亦無妨。	17
卷二南都人物之盛	今何可多得哉	今何可多得而已矣	今何可多得而已矣	今何可多得而已矣	今何可多得而已矣	18
卷三避天字	識者驚異，不無感於往事焉	識者驚異事，不無感於往事焉	識者驚異事，不無感於往事焉	識者驚異事，不無感於往事焉	識者驚異事，不無感於往事焉	19
卷四蘇松依私租額起稅	五季錢氏兩浙畝三升，宋王方贄均兩浙田畝一斗	五季錢氏兩浙畝三升，宋王方贄均兩浙田畝一斗	五季錢氏兩浙畝三升，宋王方贄均兩浙田畝一斗	五季錢氏兩浙畝三升，宋王方贄均兩浙田畝一斗	五季錢氏兩浙田畝一斗	20
卷四錢子予	「吳越家寶」銅印，一斤重，今藏其家。鐵券王像在臺郡長房	賜「吳越家寶」銅印，一斤重，今藏其家。鐵券王像則在臺郡長房	「吳越家寶」銅印，一斤重，今藏其家。鐵券王像則在臺郡長房	賜「吳越家寶」銅印，一斤重，今藏其家。鐵券王像則在臺郡長房	賜「吳越家寶」銅印，一斤重，今藏其家。鐵券王像財在臺郡長房	21
卷四盧公武兄弟	印文「兗」字	印文「兗」字	印文「兗」字	印交「兗」字	印文「兗」字	22
卷四楊洪委任甚重	已受知於上，閣中盧陵楊公輩皆愛重之	已受知於上（上字模糊為上），閣中盧陵楊公輩皆愛重之	已受知於上（上字模糊），閣中盧陵楊公輩皆愛重之	已受知於閣中盧陵楊公輩皆愛重之	已受知於閣中盧陵楊公輩皆愛重之	23

卷四記會議異同諸事	言之類文具	言之類文具	言之類文具	言之類父具	言之類文具	24
	而無實心	無實心	無實心	無實心	而無實心	25
	會議及敘奏	會議及敘奏	會議及敘奏	會議及敘奏	會議及叔奏	26
	合辭上請	則合辭上請	則合辭上請	則合辭上請	則合辭上請	27
	雖老病不代，支全俸，此輩正亦冗食	雖老病不代，支全俸，此輩正亦冗食	雖老病不代，支全俸，此輩正亦冗食。	雖老病不代，支全俸，此輩正亦冗食	雖老病代，支全俸，此輩正是冗食	28
卷四鮮于困學壙誌小像	竟不果	竟不果耳	竟不果耳	竟不果耳	竟不果耳	29
卷五鄭武安剛正	無肯從者	無一從者	無一從者	無□從者	無從者	30

通過比對，我們可以得出以下的結論：第一，上述諸條文字的差異不能顯示柏克萊本早於國圖傅本，而是相反。也就是說，柏克萊本是翻刻本，國圖傅本是原刻本。第二，《金聲玉振集》本所引文字和現存的國圖傅本、甲庫本、柏克萊本之間的文本差異並不是很大，看起來《金聲玉振集》本和柏克萊本有較為接近的關係，比較明顯的之處是第4、9、21、23、30等條；如果《金聲玉振集》本出自柏克萊本，則柏克萊本刊刻時間早於嘉靖十三年。

至此，我們對《水東日記》一書的早期版本情況有了這樣的認識：

（1）明成化年間常熟徐恪刻本是第一個刻本，今存國圖傅本、國圖李本是這一個版本的不同批次的印本。這個版本刻於湖廣，寫手的書寫字體帶有隸書風格，看起來古拙，但刻工技藝不佳，正因為如此這才是真正的湖廣早期刻本。因為這一時期的湖廣刻書業尚不發達，不能與江浙、福建等刻書發達地區相比。

（2）成化之後、嘉靖十三年之前，某氏以成化刻本為底本翻刻了該書，成為這部書的第二個刻本，這一刻本至少有三個印本存世，即上圖本、柏克萊本和臺圖本。這個本子沒有留下序跋，寫刻俱佳，傅增湘以為具有閩刻風格，當是刻書較為成熟之地的作品。該本以黑口的版式出現，頗有弘治正德間的風格，容易讓人誤判版本。

（3）嘉靖十三年，袁褧編纂《金聲玉振集五十種》時或許用第二個刻本的印本作為底本，擇取了其中一部分刊刻，成為《水東日記》第一個節本的刻本。袁氏此本或許與第二個版本有密切關係。

（4）嘉靖三十二年（1553）葉盛後裔葉恭煥修補了第一個刻本的板片，

並增加了兩卷，成為四十卷本的祖本。這個版本現存印本只有甲庫本。葉恭煥修補板片和原刻板片版式、字體皆有差異，能較為清晰地辨識。

　　對不同版本的印本、同一個版本的不同印本進行直觀的比較、文本的校訂，構成了一個繁瑣的考訂，為我們更深入認識《水東日記》一書幾個早期刻本的情況提供了一點古籍善本之學的意見。時至今日，古籍版本學早就超越了以眼觀印象、記憶書目和尋行數墨的階段，正如葉盛當年所說的「近代雜書著述，考據多不精」，往往誤人，〔註91〕後世的我們就有必要對一個版本展開更為細緻的考據。如果我們只是簡單以行款和版式對這部書進行版本判斷，難以得出較為精確的結論，比如周越然曾在 1933 年發表《孤古故》一文，提及他所藏的《水東日記》。周氏說：「『孤』者孤本，世所稀有也；『古』者古書，可珍視之舊籍也；『故』者故事，即小說也。小說有筆記、平話、章回之別，筆記最近古。余家藏小說中有筆記體七種，且均為罕見者，可以『孤古故』稱之。茲列其名於後：……（六）《水東日記》三十卷，明葉盛撰。明刊本，大黑口，雙魚尾，左右雙邊，半葉十行，行二十字。收藏有『精鑒閣』『稚麓家藏』『梅春所藏』『樹滋堂口質口印』四圖記。萬曆補刊本，余有之。」〔註92〕周越然所謂的孤古故的《水東日記》是明刊大黑口、左右雙邊本，是上圖本、臺圖本和柏克萊本所具有的特點。周氏當年以他本人的藏本為據撰文。從他提及的諸藏書家印鑒可知該書曾為藏家珍視，據鄭振鐸的記載，1940 年時富晉書社的一部《水東日記》就要價四百元，比弘治本《綱目兵法》的七十元價格貴了很多，鄭振鐸因此大歎價格「太昂」。〔註93〕之所以如此，或許就是此書沒有序跋，看起來有明前期的風格，能夠要價較高一些。那麼，周氏文中所謂的「萬曆補刊本」一語，這又是何種版本？是說該明本有萬曆補刻？還是說周氏有一明刊本和一萬曆補刊本？如果是萬曆補刊本，則就是我們前文已論證過的崇禎刻本。

七、細讀慎思：葉盛書籍觀

　　著錄藏書的書名、卷數、版式、內容，及遞藏信息，是書籍成為獨立的學

〔註91〕〔明〕葉盛：《水東日記》，第 53 頁。
〔註92〕周越然：《言言齋古籍叢談》，周炳輝輯，周退密校，瀋陽：遼寧教育出版社，2001 年，第 41～42 頁。
〔註93〕鄭振鐸：《鄭振鐸全集第十六卷・書信》，石家莊：花山文藝出版社，1998 年，第 72 頁。

問對象之後的事情。這些著錄為我們考察一部書的全殘、版本、傳承等，提供了必要的信息。比如，葉盛是這樣記錄三蘇文集版本的：

> 邵復孺先生家藏《老蘇大全文集》四十五卷，《東坡大全文集東坡集》四十卷，《東坡後集》一十卷，《東坡奏議》十五卷，《東坡內制集》十卷，《樂語》附，《東坡外制集》上中下卷，《東坡和陶淵明詩》四卷，《東坡應詔集》十卷，《欒城集》五十卷，《欒城後集》二十四卷，《欒城第三集》十卷，《欒城應詔集》十二卷。《老蘇集》前，書坊識云《東坡大全集》一百七十卷。實則不足，楊文貞公云：「嘗錄於胡祭酒家，《東坡外集》起二十五卷至九十卷。」若然，則此書尚多也。此是細字小本，老蘇板稍大。松江啟東白和尚所藏大本《東坡集》四十卷，又二十卷，《奏議》十五卷，《內制》十卷，《外制》十五卷，前有《御製賜蘇嶠序》。又有小字大本，前有《誥詞》並嶠《謝表》及黃門所為乃兄《誌銘》云。邵書今陳宗信買得，東白書今在吉安周文襄公家。〔註94〕（《水東日記》卷二十）

按照葉氏的記錄，三蘇著作，有所謂的「細字小本」、細字稍大本（書坊本）、楊文貞抄本、「大本」、「小字大本」等多種，藏家可考，卷帙尚清晰。後來，我們著錄古籍時雖有不同的格式規範要求，大體不離這些內容。正因為有了這樣的自覺，葉氏《菉竹堂書目》才成為後世藏書家所珍視的書目，留下了多種抄本，僅國家圖書館藏抄本就有五種之多。〔註95〕雖在抄本數量上不及《絳雲樓書目》《也是園藏書目》《讀書敏求記》等，但也相當可觀。不過，今存抄本的書籍著錄並不像日記中記錄的這般詳細，僅有書名和冊數而已，有的抄本甚至只有書名（即「偽本」）。〔註96〕「偽本」或是書商製作的本

〔註94〕〔明〕葉盛：《水東日記》，第 203 頁。

〔註95〕北京圖書館編：《北京圖書館古籍善本書目·史部》，北京：書目文獻出版社，1989 年，第 1123 頁。

〔註96〕國家圖書館藏周星詒批校抄本（善本書號：02782）有葉盛後裔葉恭煥《葉氏書目後跋》：「此編為文莊公手自校定而序之者也。今考之不分卷數，而亦無葉氏書終篇，豈其有志而未分之逮耶？且書目總計四千一百六十一部，而序止云四千六百有奇，又云率本鄱陽馬氏，豈其如數售冊之充之而未竟耶？末復云書以告後人若備有者而檢不及其半，豈歲月之久，不能無所散失於其間耶？……茲錄近為友人借去，失之。幸有抄本，復謄以還。今之存故事也，非實有是而編是目。識者諒之。五世孫恭煥謹識。」其後有「己巳七月五日重裝。」又有葉國華跋：「先文莊公一生所嗜惟書。吾郡藏書之齋首稱吾家。中間幾更遷流，先大父手自輯校，尚不下萬卷。今復不能存其故矣。予小子有志

子。陸心源曾說：「校以明《文淵閣書目》，書名、分類、冊數，一一皆同。……蓋書賈抄撮《文淵閣書目》，改頭換面，以售其欺，決非館臣所見兩準經進之本也。恭煥及國華跋，恐亦非真。《粵雅叢書》世頗風行，恐誤後學，不可以不辨。」〔註97〕（《儀顧堂題跋》卷五《粵雅堂刻偽菉竹堂書目跋》）。而非偽造的抄本著錄也不是很細緻。這種著錄，大都是類似賬本的著錄，比如《常熟翁氏藏書記》記錄為：「水東日記，四十卷，六冊。葉盛撰。藏印：燕庭藏書、文端公遺書、翁同龢印、翁斌孫印。」〔註98〕翁氏的記錄較《菉竹堂書目》要詳細一些，這是古籍善本之學發展的結果。對於絕大部分讀者而言，可能沒有機會編纂藏書目錄，只能在收藏的書籍上面寫上一句話，比如吳相湘主編《中國史學叢書初編》影印的《水東日記》是繆荃孫（1844～1919）舊藏，繆氏的藏書志（《藝風藏書記》）沒有記載這部書，僅僅在日記中提及曾在1897年（《丁酉日記》）的三月二十五日、二十八日兩天翻閱過《水東日記》。〔註99〕或許這部清康熙年間的修補印本對繆氏而言並不算什麼珍貴的書。而這部書的前一讀者，還是珍重此書的，他寫道：「咸豐二年十一月二十七日得於察院巷之世經堂。志款於尾，以知所自來。願他日得者寶之。芳谿逸叟。」〔註100〕這位讀者連名字都沒有留下，也更沒有什麼書目傳世了。葉盛家族則不一樣，他們富藏書籍，編纂一部藏書目錄出來不是沒有可能，但

而力不能逮。覽此目，不勝慨然。崇禎甲戌仲夏七世孫國華敬識。」上海圖書館藏情初抄本有葉國華另一跋文：「此編為先文莊公書目，不知何年散逸。先大父得之少司寇周先生玉庵家。大父歿後，又復失去。今春國華從書肆中購歸，如獲珍貝。次第閱之，有夙未聞是名者。藏書至是，亦富且興矣。但中間編目與序不合。大父跋語一辨之沈悉。國華又從兄伯傳所借得書目草稿一冊，有文莊公點竄手筆，前載茲序，卷分為六，書終葉氏書。每部冊若干，每冊卷若干，一一相符。……文莊公序為成化辛卯，大父跋為隆慶己巳，余小子識為天啟癸亥，距其年一百五十有奇，再失再得，終為吾家物，其世世寶藏之，可也。六世孫國華謹識於菉竹堂前軒。」（四庫全書存目叢書編纂委員會：《四庫全書存目・史部第277冊》，濟南：齊魯書社，1996年，第90～91頁。）

〔註97〕〔清〕陸心源：《儀顧堂書目題跋彙編》，馮惠民整理，北京：中華書局，2009年，第80～81頁。關於《菉竹堂書目》的當代研究參考：杜澤遜：《四庫存目標注》，上海：上海古籍出版社，2007年，第1319頁；張雷：《〈菉竹堂書目〉的真本和偽本》，《江蘇圖書館學報》，1998年第3期，第50～51頁；文偉：《葉盛與〈菉竹堂書目〉探究》，《科技情報開發與經濟》，2011年第21期，第64～66頁。

〔註98〕翁之憙：《常熟翁氏藏書志》，翁以鈞整理，北京：中華書局，2022年，第464頁。

〔註99〕繆荃孫：《繆荃孫全集日記（一）》，南京：鳳凰出版社，2014年，第460、461頁。

〔註100〕〔明〕葉盛：《水東日記》，臺北：臺灣學生書局，1965年，第992頁。

除了晚明以來的抄本之外，我們別無依據，留下了書籍史的遺憾。這說明在葉盛時代，專門為書籍做提要、書志，將古籍視為一種讀書生活的方式尚未真正的形成風氣，他的日記已經具備了現代學術意義上的「讀書記」的雛形樣貌，也就成為明初書籍史的重要著述。

葉盛《水東日記》一書記錄了很多所見所聞所傳聞的事實，為後世的史學研究者提供了不少資料。我們注意到該書還有豐富的書籍史材料，是一部極為重要的書籍史著述。當作者的撰述成為讀者閱讀的書本之後，閱讀者對它的判斷就對這部書在書籍世界中價值、性質，乃至影響產生直接的作用。書籍世界中，古籍版本的意義在於通過著錄、分類、分析和評價，將一部書置於整體的書籍之林之中，將書籍世界的絢爛圖景呈現給讀者。古籍版本學的論著就是以版本的細緻考察，對書籍的流變情形予以揭示，為學者提供某種程度上的知識導引地圖，這項工作業已成為我們所知的古典學術的重要內容。正如鄧之誠在《桑園讀書記》卷首所說的：「解題之作，始於晁（晁公武）、陳（陳振孫）。至《四庫提要》（《四庫全書總目》），辨體例，糾謬誤，而愈精矣。其薈萃事目，以備遺忘者，則為類事。二者各有藩籬，若不可合。妄意以為若為敘錄，當撮其內容，使未讀是書者，稍明途徑，且知某事見某書，為較切實用也。辛巳之冬，太平洋戰起，橫被陷阱，及其釋系，已歷半載，遂卜居成府村，閉門忍饑，不與人事。日以讀書自遣，雖不免龐雜，而一書必貫徹首尾，有足參稽者。間附己見，恆題於書眉，或別紙書之，不忍捐棄，暇日擇錄為一卷。蓋幾幾乎合提要、札記而為一矣。有人每得一事出處，自詡發明；而薄之者，則謂固在書中，俯拾即是，皆不免過甚。書貴細讀，尤貴慎思，始不遺不漏也。越十有三載，重勘一過，復有增省，是為今本。乙未夏至鄧之誠識。」〔註101〕按照鄧氏的自我表述，讀書日誌是讀書人的事業，在無法改變的世界之中，他們所能做的事情無非是進入書籍世界，並為這一世界添磚加瓦。正是在這個意義上，鄧之誠才是一位重要的古籍版本學者。

從提要、札記的篇目和內容來說，鄧氏所做 45 種書題記，有內容介紹、文本鈔撮、個人評判，成為鄧氏學術生涯的見證；而葉盛在明朝前期所讀書並寫入日記者也有數十種之多。只不過，在葉盛時代，學者尚未將讀書作為一種生活方式，至少對於葉盛而言，讀書生活僅僅是他的生命中若干事之一，當然它已經佔了相當大的比重，這也就是我們看到《水東日記》的書籍條目多的原

〔註101〕 鄧之誠：《桑園讀書記》，鄧瑞點校，瀋陽：遼寧教育出版社，1998 年，第 1 頁。

因所在。《葉文莊公全集》中《水東稿》有題跋 34 篇、《菉竹堂稿》有題跋 101 篇，《涇東小稿》有題跋 61 篇，加上《水東日記》中的題跋文字數十篇，這在明初諸家文集中是不多見的。章學誠曾說：「老賈善於販書，舊家富於藏書，好事勇於刻書，皆博雅名流所與把臂入林者也。禮失求野，其聞見亦頗有可以補博雅名流所不及者，固君子之所必訪也。然其人不過琴工碑匠，藝業之得接於文雅者耳。所接名流既多，習聞清言名論，而胸無智珠，則道聽途說，根底之淺陋，亦不難窺。周學士長髮，以此輩人謂之橫通，其言奇而確也。故君子取其所長，而略其所短，譬琴工碑匠之足以資用而已矣。」〔註 102〕（《文史通義內篇·橫通》）賣書、藏書和刻書，在前人看來都是一種具有文藝氣息的事情，即便是那些博雅名流，也要和這些人交往，否則無書可讀。但章學誠從骨子裏是看不上圍繞書籍做事的那些人的，認為他們只是佔了博雅名流的光罷了。如果用章學誠的說法，葉盛當年孜孜以求的書籍，不是用來販賣和收藏的，而是用來閱讀的，正因為如此他的《水東日記》才具有博雅的特質，加上他本人所接觸的書籍多，還有自己的想法，也就有了「根柢」。如今我們已經不再有這種博雅、橫通的區分，不管是博雅名流，還是橫通之士，他們的言論進入書籍世界，都成為我們資用的史料。善於利用它們，才可能有學術的創見。

版本學家葉德輝很早就將葉氏論述應用到版本學研究中了。雖然葉德輝《郋園讀書志》並沒有留下關於《水東日記》的文字，但他寫有《先族祖明文莊公畫像贊》：「明有社稷之臣，為先族祖文莊公。其立朝大節，在土木之變，與于忠肅同有捍衛國家之功。其後南宮復辟，則以先事有諫止景泰廢儲之奏，而不與忠肅同遭群小之攻，非其保身之哲過於謀國之忠，乃處事明決，具古大臣侃侃之風。今則徽猷日遠，而遺像雍容，有萬卷詩書之氣，盎然見於面者，橫塞於其胸。是故邦人士，猶百世而興起。況詒謀於孫子，豈不聞朏尨之遙通。嗚乎！公之德兮高於玉山之峰，公之澤兮被於粵嶺之東。有文敏、忠節之繩武，予小子奚以無愧於小同。裔孫德輝從祠堂本重模恭贊。」〔註 103〕（《郋園山居文錄》卷下）葉德輝對於他的這位族祖是相當敬重，也熟悉葉盛的著作。在《書林清話》卷六論宋刻書籍紙墨之佳時，葉德輝引《水東日記》，稱「先文莊公《水東日記》十四云：『宋時所刻書，其匡廓中摺行

〔註 102〕〔清〕章學誠撰，葉瑛校注：《文史通義校注》，北京：中華書局，2014 年，第 361 頁。

〔註 103〕葉德輝：《葉德輝詩文集》，長沙：嶽麓書社，2010 年，第 426 頁。

（中），上下不留黑牌，首則刻工私記本板字數，次書名，次卷第數目，其末則刻工姓名（以及字總數）。余所見當時印本書如此。浦宗源郎中家有《司馬公傳家集》，往往皆然。又皆潔白厚紙所印，乃知古人於書籍，不惟雕鐫不苟，雖摹印亦不苟也。」〔註104〕此條出自《水東日記》卷十四「二程遺書」條。葉氏所錄文與通行本略有不同（即上引括號中文字）。葉盛在日記中先抄錄了朱熹和張栻二人的題記文字，再有一段他本人的題跋：

> 右《遺書》四冊，平湖沈琮氏所藏，云購之金陵公主府中舊藏，張宣公跋尾，親筆入刻也。宋時所刻書，其匡廓中摺行上下不留黑牌，首則刻工私記本版字數，次書名，次卷第數目，其末則刻工姓名，予所見當時印本書如此（書，如），浦宗源郎中家有《司馬公傳家集》，往往皆然。又皆潔白厚紙所印，乃知古於書籍不惟雕鐫不苟，雖模印亦不苟也。〔註105〕（注，書如二字為成化本所有，明末刻本無。）

此條有關宋版書的兩個信息，前半段關於版式，後半段關於版印。昌彼得曾引前半段作為鑒定宋代版刻的證據，我曾在文章中轉引過。昌彼得認為，在板心記字數的宋版書一般來說是南宋孝宗以後的版式，南宋晚期開始板心有了線魚尾和黑口。故而，昌彼得認為葉氏所謂的「匡廓中摺行上下不留黑牌」是從元代之明代弘治正德年間流行的板心黑口。〔註106〕或許將這裡的黑牌理解為魚尾更恰當，當然做黑口解似亦無甚問題。據版本學家的考察，現存宋刻本一般沒有板心的魚尾。由於宋刻本多是蝴蝶裝，並不需要在板心處留魚尾標記。對此，筆者曾撰文予以說明，〔註107〕此不贅。由此可知，葉盛《水東日記》對古籍版本學者來說並不陌生。有趣的是，我們區分、判斷《水東日記》的早期版本，黑牌的風格也是一個極為重要的細節。

除了關於版式、版印之外，《水東日記》還有多處論及書籍世界的文字。比如，葉盛很早就注意到了重刊本對底本是會做更改的，不但是內容的更改，更有次序上的調整，版本學需要對這種更改加以注意。他說：「晦庵與劉清之書云：『《小學》近略修改，又別為題詞韻語，庶便童習。』又一書云：『見

〔註104〕葉德輝：《葉德輝詩文集》，第 144 頁。

〔註105〕〔明〕葉盛：《水東日記》，第 147 頁。

〔註106〕昌彼得：《蟫庵論著全集》，臺北：國立故宮博物院，2009 年，第 267 頁。

〔註107〕向輝：《采采榮木：中國古典書目與現代版本之學》，上海：上海古籍出版社，2020 年，第 235～239 頁。

此修改，益以古今故事，移首篇於書尾，使初學開卷便有受用，而末卷益以周、程、張子教人大略，及鄉約、雜儀之類，別為下篇，凡定著六篇云。』嘗竊以為所謂首篇者，即今所題數語，所謂末卷下篇，即今外篇《嘉言》《善行》二篇是已。今觀北京國子監《小學》書板，元至正十三年重刻元統癸酉燕山嘉氏本，有祭酒王思誠、監丞危素、助教熊太古等題識，其晦庵所題，乃在卷末，目曰《朱文公題小學書後》，而題辭則在卷端，是矣。吳思庵《集解》則曰小學書題置之題辭之前。意者本《朱子大全》，然《大全》編次倫序不能精當，恐亦未可憑也，不知思庵當時曾見此本否。」〔註108〕至於《水東日記》一書，也有類似的情形，前文提及的跋文內容就是一例。不止如此，明末重刊本對嘉靖修補本的格式和內容的編排都有所更訂，比如前引葉恭煥的跋文不再放在卷四十之末，而是統一置於書前。康熙時，葉氏後裔更按照《葉文莊公全集》的體例，增加了全書的目錄，為每一條記錄增補了小標題，今人整理本按照康熙修補本整理，也保持了這樣的目錄和各條小標題。

　　葉盛是我國古代藏書史的名人。早在1927年袁同禮就曾說過，明初的藏書大家，首推宋濂（1301～1381），其次就是葉盛。宋濂之後「以藏書聞於海內者，有崑山葉盛與中（1420～1474）。盛為正統乙丑進士，官至吏部侍郎，生平無他好，獨篤於書，服官數十年，未嘗一日輟之。雖持節邊檄，必攜鈔胥自隨。每鈔一書，輒用官印識於卷端（錢大昕《紅雨軒集》跋、《潛研堂文集》卷三十一）。朱彝尊亦謂其每見異書，雖殘編蠹簡，必依格繕寫，奇秘者多，亞於冊府（《靜志居詩話》卷七）。其手自讎錄，多至數萬卷（文莊鈔本，用綠墨二色格，有《菉竹堂書目》六卷，《粵雅堂叢書》本）。嘗欲作堂以藏之，乃取《衛風·淇澳》問學自修之義，名之曰菉竹（王世貞《菉竹堂記》，《弇州山人稿》卷七十五）。沒後逾百年，至其元孫恭煥伯寅，堂始克成，盛未及見之也。」〔註109〕（《明代私家藏書概略》，《圖書館學季刊》第2卷第1期）從

〔註108〕〔明〕葉盛：《水東日記》，第1～2頁。
〔註109〕袁同禮：《袁同禮文集》，北京：國家圖書館出版社，2010年，第81頁。又如，杜澤遜《文獻學概要》將葉盛排在明代藏書家首位，並引錢大昕和瞿鏞兩人的記錄為證，見其藏書為後世藏書家和學者所珍重。（杜澤遜：《文獻學概要》，北京：中華書局，2008年，第73～74頁）其中，瞿鏞《鐵琴銅劍樓藏書目錄》記錄元刊本《論語》是葉盛的舊藏，有張棟的題記：「吾里籤軸之富者，首推文莊。自公歿後，百十有餘年，而其圖書府扃鑰未疏。蓋先賢遺澤，人人不忍其拋散，非獨為之子孫者當念也。今年春，稍聞其來裔且析卷而分矣。亡何，蔣鏞持此帙來見，有鎮撫燕雲關防，知是公家故物，亟以五

《水東日記》來看，葉盛不僅藏書，也撰寫了大量對古籍認識的文字，他的書籍觀值得我們關注。

正是在大量閱讀和書籍評論、閱讀文字的撰寫過程中，葉盛對古籍的版本問題有了超越前人的論述。而書籍世界之精彩複雜，在葉盛之後更為明顯，其《水東日記》即明顯一例。如何認識這一部書的版本學意義，需要我們運用古籍善本的理論知識，對現存的古籍進行細密的考訂，否則容易得出錯誤的結論。楊明照在考察《文心雕龍》一書的版本時，曾目驗過數十種版本上百部印本，他認為前賢的著錄未必就準確，像《天祿琳琅書目》的著錄，《四部叢刊》的版本說明，都存在這樣那樣的問題，或者把明刻本作元刻本，或者把萬曆本作嘉靖本，「這就不難看出，鑒定板本，並非易事。」〔註110〕儘管前代很多藏書家富有藏本，也有很多高水平的提要書志，但我們利用今天的條件，可以看到更多，可以把不同的本子進行比勘，也可以更為便利的檢索古代典籍，因此我們可以就著某些問題推進版本之學。

小結

至此，我們可以結束對《水東日記》一書初步的古籍善本研究。首先，關於前人著錄。從歷代的書目著錄、藏書家的書志提要，以及不同的版本的印本調查，可知該書作為明代初期作家葉盛的個人著作，記錄了他所見聞的社會與政治生活，特別是讀書生活，也就具有了書籍世界的歷史見證色彩。

其次，關於版刻源流。該書第一個三十八卷的刻本是成化時常熟徐恪在湖廣任職期間刊行的，該書版刻風貌古雅，曾被人視為是活字本，今存此本已非百分百的原刻舊本，部分板片有修補痕跡；嘉靖間，葉盛後裔葉夢淇等人補充了兩卷，並修補了前面的三十八卷，成為修補印本四十卷。在弘治嘉靖之間，

金購□□□木雁軒架內。」瞿氏記錄藏印有「巡撫宣府關防印」「雄於南面百城」「大樹軒」「文莊七世孫張棟之印」「木雁軒圖書印」。（瞿鏞：《鐵琴銅劍樓藏書目錄》，上海：上海古籍出版社，2000年，第150～151頁）錢大昕《跋江雨軒集》說：「昆山葉文莊藏書之富，甲於海內。服官數十年，未嘗一日輟書。雖持節邊徼，必攜鈔胥自隨。每鈔一書成，輒用官印識於卷端。其風流好事如此。今惟《菉竹堂書目》尚有鈔本流傳，而堂中圖籍，散為雲煙久矣。予所藏《江雨軒集》，卷首有巡撫宣府關防，卷末有公裔孫奕苞小印，知為菉竹堂鈔本，雖字畫潦草，卻是三百年前舊物，可寶也。」（〔清〕錢大昕：《潛研堂集》，上海：上海古籍出版社，2009年，第561頁。）

〔註110〕〔南朝梁〕劉勰著，〔清〕黃叔琳注，〔清〕李詳補注，楊明照校注拾遺：《文心雕龍校注》，北京：中華書局，2021年，第1169頁。

另有一部新刻本，行款同第一刻本，但書寫風格和版式截然不同，是該書的第二個刻本。崇禎年間，葉氏後裔以第一個刻本的修補印本為基礎予以重刻，新版本以萬曆間流行的版刻風格刊行，是第三個刻本；康熙間葉氏後裔又對第三個刻本進行了修補，這一版本在康熙以後通行，該書序跋文字也成為後世版本學家判斷的主要依據。第二和第三個刻本與第一個刻本間有原刻和翻刻的關係，由於行款沒有變化，可以視為仿刻本；第一個刻本和嘉靖間的修補本、第三個刻本和康熙間的修補印本皆有板片的轉手情況，前者是不同家族間的轉手，後者家族內部的轉手。第二個刻本的刻書時代、地點及刻書者皆不可知。

　　第三，關於刻書實施者。葉盛著作由他本人生前編訂，他去世後，自其子葉晨開始就謀求將他的著作刊布，自明弘治到清乾隆，葉夢淇、葉恭煥、葉重華、葉方蔚等葉盛後裔，幾代人接力從事葉盛著作的刊刻，為書籍世界增添了一部家刻佳話。

　　最後，關於葉盛。葉盛本人具有豐富的讀書經驗，在書中記錄了大量關於宋元至明初書籍的版印、編刊、鑒賞和認識的案例，也有他本人的思考，該書也成為明代書籍史上一部極為重要的私家著作，其書籍史的價值尚待進一步發掘。

　　總之，古籍版本之學，乃是一種以科學的思想和方法對古籍展開的學術研究。它所依據的是經驗的和實證的物和人，首先是現存的善本古籍，其次是歷代的研究和論斷；它所展開的是歷史的思考，在書籍世界的範圍內對一部書的形制、內容、流傳、閱讀、鑒賞等進行綜合的人文研究。研究這些古籍，既不會讓我們發現一部前所未有、從未有人讀過的書，也不會讓我們在書籍世界中發現一部價值確定無疑、版本不容置疑的書。它只能幫助我們更好的認識書籍世界，即由我們的文字、思想和行動所構成的書籍世界，既有它的歷史，也會因為我們的研究而具有了歷史的延續。

第八章　傳佳話續斯脈：陳國符《道藏源流考》

月落江路黑，前村人語稀。幾家深樹裏，一火夜漁歸。

——項斯《江村夜泊》

　　陳國符先生的《道藏源流考》一書是道藏學術研究的經典之作。該書從書籍的生產視域，全方位討論了古代道家著述的內容、製作和影響等歷史課題。該書首次運用了現代的書籍學術方法研究了「道藏」這一主題書籍的歷史形態和內容價值諸問題，其研究也因此具有了書籍史研究方面的永久價值。從該書出發，探究道藏及相關學術課題，是從事書籍史研究者的題中應有之義。我本人並不做道教相關研究，因有機緣，始識名著。

一、結緣的情形

　　上世紀六十年代，中華書局先後出版了三種道教研究著作，分別是陳垣《南宋初河北新道教考》（1962）、陳國符《道藏源流考》（1963）和王明《太平經合校》（1960）。這三部書成了上世紀中期國內道教學術研究的名著，這是「幾位專家，憑興趣，從事分散的點滴的研究」[註1]的典範式成果。與後來兵團式的研究不同，它們皆為一人一時之興趣之學。

　　陳國符《道藏源流考（新修訂版）》（北京：中華書局，2014 年），定價 98元，印數 1000。好像也就是一版一印之後就宣告結束了，沒有所謂的再刷一說。時至今日，在京東、當當等購書網站已經買不到正常價格的本子了，除非出三五百的高價。好在現在的電子書技術越來越流行，很多書都有人製作了電子版，只要不是為了什襲珍藏，有電子版看看就可以。費孝通先生在上世紀九十年代就設想過未來互聯網給圖書館帶來的巨大改變，隨著新及技術的升級，

〔註 1〕 楊雲：《道教研究現狀》，《哲學動態》，1988 年第 6 期，第 32～34 頁。

每個人的書齋都可能成為世界圖書館的節點。我們在自己家中，只要有了網絡，通過各種搜索工具和網絡資源大咖們的幫助，能看各種前人頗不易得的書，也能比較容易地獲得各種學術研究成果。如果沒有網絡的話，不僅看陳國符先生的著作不方便，要找其他的資料，也只能「上窮碧落下黃泉，動手動腳找東西」。網絡，對學術的促進作用，可能遠遠超乎了前人的想像。陳國符先生的書，因為有人製作了電子版本，有人發出來共享了，我也下載一份，保存之，瀏覽之。

此前，我僅僅知道陳國符先生是道教研究方面非常重要的人物，但是並沒有去看的他著作，也沒有瞭解過相關的情況，也不知道這方面的知識。

十幾年前（2005 年），石計生教授應謝老師之邀到北大講演。當時石先生講的什麼我都忘了，只記得，他是「左手寫詩，右手寫思想」的社會理論研究者。除了搞社會學理論之外，石先生寫了很多有趣的詩篇，也出版了好幾部詩集。這個年頭寫詩的人多如牛毛，但是搞思想理論的詩人並不多見。《詩·卷阿》首章云「有卷者阿，飄風自南。豈弟君子，來游來歌，以矢其音。」「豈弟君子，來游來歌」的確讓人感覺非常不同。前兩年（2017／2019），石先生再次到北大講學，我又有幸聆聽了兩次。不過，石先生開始講的是他的新研究——道家社會學。這與社會理論教授的專業似乎還是有點距離，至少我所熟知的社會學教授們比較少做這樣的專業之外的涉獵。

社會學理論教授石先生，除了寫詩之外，還修煉過道術，最近若干年又開始嘗試做道家社會學的研究。因為石計生教授搞道教思想研究的緣故，我也蒐集了一點道教資料，但從來沒有看過任何一種，對這方面沒有什麼涉獵，更談不上研究。不過，也因此多少知道了一點點道教方面的知識，至少知道國圖的老館長任繼愈（1916～2009）曾主持過《道藏提要》（1992 年初版，1995年修訂版），是一千五百多頁的煌煌巨製。該提要撰寫工作是以中國社會科學院宗教所道教研究室研究人員為主力的。項目提出很早，具體的執行則從 1981年開始，1983 年就基本上完成了定稿，1992 年正式出版，三年後修訂再版。《道藏提要》共提要道書 1473 篇。另外，我的一位同事李德范先生曾編集過《敦煌道藏》（5 冊，全國圖書館文獻縮微複製中心，1999 年），彙集敦煌遺書中的道教文獻 500 餘件，有資料蒐集之功。〔註2〕

〔註2〕 此外，國家圖書館出版社還於 2017 年出版了《道藏集成：第一輯》（108 冊），
　　　　收錄《正統道藏》和《萬曆續道藏》，底本是涵芬樓影印本，並補充了國家圖

　　有一次，石先生曾問我，現在國圖的員工中還有誰在做道教研究？我想了想，還真是不知道。李德范老師編過和道教有關的書，我也是後來才知道。任先生編《道藏提要》和《中國道教史》也不在國圖任職期間，他在國圖沒有帶過道教文獻研究的團隊。或許，以後國圖還會有人專門做這方面的研究？即便不做這方面的研究，能給學界提供更多的可讀的研究資料也是一件功德。據我所知，道教協會編《續道藏》的工程，就得到了國圖同仁的支持。國圖的古籍珍藏中有不少的道教文獻，我們要對它們的重要價值有所瞭解的話，陳國符先生的《道藏源流考》一書當是必讀的研究著作。

二、特出的副業

　　任繼愈先生說，當年編纂《道藏提要》時，他們參考了劉師培（1884～1919）、陳垣（1880～1971）、陳寅恪（1890～1969）、湯用彤（1893～1964）、陳國符（1914～2000）、王明（1911～1992）、陳攖寧（1880～1969）、翁獨健（1906～1986）諸先生的著作〔註3〕。這幾位學者中，陳國符最為特殊。

　　據蓋建民、揚子路《陳國符先生學術年譜》，〔註4〕陳國符先生是搞化學研究的，主業就是關於造紙方面的化學研究和教學。他父親陳熙成畢業於京師大學堂理科，算是有家學淵源。而且，陳氏有姊妹四，他排行老二，三妹陳樹德在美國密執安大學獲博士學位，並在美國加利福利亞大學做數學教授。另有一姊、一妹，亦先後大學畢業。其家族成員在文化教育方面是頗為成功的。陳氏本人在上海中山醫學院、浙江大學化工系學習，之後到德國留學，1942年年初（28歲）在德國達姆施塔特工業大學化學系獲得博士學位，博士論文是《漿在黃酸酯化時之反應能力》。1942年回國，3月即執教於西南聯大，初聘副教授，次年升等為教授（29歲）。隨後，在北京大學、天津大學、天津輕工業學院（後更名為天津科技大學）任教，是北大首任化工系系主任。主要研究

書館藏《道藏》本；《子藏‧道家部》也先後出版了《莊子卷》《列子卷》《文子卷》《鶡子卷》《關尹子卷》《鶡冠子卷》《亢倉子卷》《子華子卷》《抱朴子卷》《淮南子卷》《老子卷》等，收錄了上千種不同版本的道家古籍文獻。見：劉奧林：《新中國成立以來道教古籍叢書影印出版綜述》，《中國出版史研究》，2019年第4期，第38～49頁。

〔註3〕任繼愈：《道藏提要（修訂本）》，北京：中國社會科學出版社，1995年，第9頁。

〔註4〕蓋建民、楊子路：《陳國符先生學術年譜》，《世界宗教研究》2013年第6期，第55～66頁。

方向為纖維化學，主編《植物纖維化學》教科書（中國財政經濟出版社，1961；輕工業出版社，1980），是我國植物纖維化學奠基人。

在德國留學時，據說美國人大衛斯曾給陳氏三百五十美金，要他翻譯《丹經要訣》為英文。他又曾翻譯過老外研究道經的論文，大概從此開始對道經相關知識有了更加深入的瞭解，或許正是因此機緣，讓他後來把道經研究作為研究的副業？在西南聯大任教期間，除了工學院課程外，陳教授主要的閱讀興趣都在《道藏》上。在昆明時，他在北京大學的藏書中看到了涵芬樓影印的《正統道藏》5305 卷和《續道藏》180 卷，共 1467 種 5485 卷。〔註5〕這一影印本，商務印書館印了一百來套，向諸多研究機構、寺觀和藏家推銷過。當時有不少大學採購了，北大作為學科最高學府，自然也會入藏一套。這就給了陳教授看書的機緣。

從 1943 年開始，花了八個月多的時間把《道藏》全書影印本 1120 冊初步地通讀一過，即每個月 140 冊，每天 4～5 冊 23 卷左右。「當時西南聯合大學為有秩序之大學，故我能在此研究《道藏》四年而無任何干擾。此外我一人獨身，無需為照顧家庭生活而努力。」〔註6〕一個比較不錯的研究環境，是研究者弄出來成果的關鍵，如果沒有這樣的環境，他想要搞出來東西，基本上是沒有可能的。與之同時（1941 年），陳垣先生也在做道教的研究（《南宋初河北新道教考》），他感慨說：「事變以來，五年之間，四易其居。道釋二藏，已各斥其一。即有公家圖書可借，然供求苦不相應，則研究此問題之困難可知也。」〔註7〕

陳氏一個化學系的教授，去讀道經，中文系的教授還以為他只是要找點化學史料就算完了，結果一談才知道人家遠不止是要弄點化學材料那麼簡單。他當時就有一個很宏大的學術構想，希望能夠在專業之外開闢出來一個具有世界影響的東西來。大概是因為有了這樣的學術追求，和良好的學術訓練，以及學術研究條件，他的研究順利展開了。在他的主業之外，一個副業成了他終其一生的重要志業。

〔註5〕1923 年 10 月，徐世昌倡議借白雲觀所藏《道藏》重印，教育總長傅增湘總成其事。1926 年 4 月，上海涵芬樓影印完畢，共印 350 部，每部 120 冊。由此白雲觀《道藏》廣行於世，學者始得以閱讀《正統道藏》及《萬曆續道藏》。（李養正：《新編北京白雲觀志》，北京：宗教文化出版社，2002 年，第 493 頁）

〔註6〕陳國符：《陳國符道藏研究論文集》，上海：上海古籍出版社，2004 年，第 399 頁。

〔註7〕陳垣：《陳垣全集（第 22 冊）》，合肥：安徽大學出版社，2009 年，第 109 頁。

　　後來，我才知道臺灣老一輩的學者中，除了主業之外，有其他各種文史愛好（副業）的人似乎是一個傳統。比如，博士論文研究《詩經》的王靖獻，是臺灣有名的詩人楊牧（1940～2020）。他做完《詩經》的研究之後，似乎並沒有在這個領域再做什麼精細的內卷化的鑽研，而是繼續詩歌的創作，對臺灣的詩歌界做出過很特出的貢獻。石先生與楊先生也是相熟的。不過，楊先生去世了，我也沒見過他本人，只是看過他的《鐘與鼓》和另外一部自傳的書。「一代風流盡，修文地下深」，大概如此方為歷史，方為詩篇。

　　臺灣學術圈中的不少老一輩學者都在好幾個領域中遊走，並且有相當多的著述出版，供人研讀。相比較於大陸出版越來越麻煩而言，臺灣的出版則要更開放一些。我的博士論文就在臺灣的花木蘭文化出版社免費出版的，得三十冊樣書，雖然書並不單冊零賣，但總是有機構會收藏他們的書，也就能有讀者。一個做研究的人，發表作品，出版著作自是非常重要的，甚至我們可以說，沒有出版，學術就是空談。瞎子拉琴，瞎扯而已。

　　當然，一個人的著述如果能得到一些人的認可，甚至產生比較持久的影響，是很多人的中國夢，也是詩人文人發自內心的期待或者雄心。暮年的杜甫說過：「夢蘭他日應，折桂早年知。爛漫通經術，光芒刷羽儀。」又說「春興不知凡幾首，衡陽紙價頓能高。」最好是能發表的作品能洛陽紙貴，能夠讓詩人歡喜一場，不過，這樣的願望往往都不現實。可是，萬一成了呢？本來是搞儒學經典謀出身的杜甫，留下的只有他的副業產品，並且最終成了一個時代的典型。一千年以來，長盛不衰。從上到下，喜歡杜甫的人、研究杜甫詩的學者，很多很多。或許，這就是古今之間的相通處？

三、全藏之研討

　　關於道經學的研究，陳國符先生認為要從全部藏經開始。他說：「閱全藏為研究《道藏》經之第一要事。若不然，易於發生錯誤。因為對於某事，在《道藏》經之某部分如此解釋；而在《道藏》經之另一部解釋甚至可完全相反。閱全藏則可免以偏概全之誤。故研究《道藏》經之某部分，腦中需有全藏之總觀念。」〔註8〕近代以來讀完全藏的研究者少之又少，在陳國符之前有劉師培（1884～1919）曾在道觀看過，一天看上十幾冊或者更多，並且留下了《讀道藏記》的文章。但劉氏在非公藏機構去看原書，和道士還有交惡的傳

〔註8〕陳國符：《陳國符道藏研究論文集》，上海：上海古籍出版社，2004 年，第 348 頁。

聞，甚至被人引以為實據。顧頡剛（1893～1980）在他的日記中記載，他聽人說劉師培看到重要的東西就給撕走了，他似乎還到處說過這個事情。如，1979年10月28日，顧頡剛在他的日記中寫道：「施博爾篤志研究《道藏》，予告以同志者有王明，則彼所久知。又告以上海白雲觀有完整之一部，勝於商務印書館所印北京白雲觀所藏為劉師培所剪破者，則彼尚未知也。」〔註9〕網上還有一則顧氏傳聞流傳，據說出自顧頡剛讀書筆記。我在顧氏的讀書筆記中找到了這則材料：

> 上海南市白雲觀亦有《道藏》一部。聞當時北京白雲觀《道藏》得徐世昌之資助交商務印書館印行時，〔眉批：《道藏》之印，李盛鐸、傅增湘倡之，徐世昌贊助之，而森玉先生為之奔走南北以成其事。〕住持道士陳明霦熱心贊助，以北京本有殘缺而上海本完全，因擬藉以補足，〔眉批：北京白雲觀本，聞劉師培入觀借覽，以其有利於古籍校勘，凡其所需，皆被撕下，是已成一殘本矣。其無行若此。〕而上海白雲觀之住持不肯，謂如要取印，必須將該觀完全修繕一過，並將屋頂改為琉璃瓦。當時既無力承應，陳道士竟一氣而死。此君，本係中學教員，中途出家，故開通如是。今上海白雲觀之《道藏》已肯交與上海市文物管理委員會保管，惜文管會無屋可放，仍存該觀。一九五〇年八月二十二日聞諸徐森玉先生。〔註10〕

傳聞如何，其實未必為真。顧氏也沒有什麼興趣去查實，只是把這個當做一個讀書過程中的笑料記載下來。可這種記錄，基本上沒什麼意義，大概寫進文章中更是甚無謂的了。事實上，查顧頡剛日記，就會發現他對劉師培的學問是很佩服的，他抄劉師培的書記錄不止一條，抄了很多。劉師培撕書為己用，是傳聞，不可為據。究竟如何，不得而知。而且，顧氏所謂的商務印書館印行的《道藏》是殘本云云，可能也是道聽途說而已，他本人並沒有去讀過《道藏》。他一生抄書無數，搞了幾百本讀書筆記，自然也是在追蹤劉師培。他晚年更是主持點校《資治通鑑》之類的古籍，造福了很多學者。當然，後來學者們的確發現商務的影印本缺了幾十頁的樣子，是否早在劉氏閱讀之前就已經不見了呢？其實，就是全了又能如何？看的人也不會太多，只

〔註9〕顧頡剛：《顧頡剛日記第十一卷》，臺北：聯經出版事業股份有限公司，2007年，第699～700頁。
〔註10〕顧頡剛：《顧頡剛讀書筆記卷三》，北京：中華書局，2011年，第549頁。

有像陳國符先生這樣的人，或許才會花很大的工夫去細看，而且從中搞出來一部名著來。

　　關於白雲觀道藏的缺卷，陳國符先生的考證是：「以白雲霽《道藏目錄詳注》校涵芬樓影印北京白雲觀《道藏》及其目錄，則道書標題卷數稍有不同，且有此存而彼缺者。」〔註11〕他的結論是：「北京白雲觀《道藏》雖經道光中修補，實未能復其舊觀，而仍稍有缺卷也。」「疑北京白雲觀《道藏》於道光二十五年重修後，大光明殿《道藏》經板亦依此藏重行補板。於同治五年補板及重編完畢。光緒十六年上海（白雲觀）所請《正續道藏》，即用此板印造，故二藏完全符合也，或此乃北方道觀舊藏。道光二十五年北京白雲觀《道藏》重修後，此藏即據以寫補，故二藏相同。亦未可知。此二說孰是孰非，須詳檢此藏以定之。而（上海）白雲觀新任監院李理山於閱藏多方留難，故事未果行。時在 1946 至 1948 年間。」〔註12〕白雲觀的《道藏》經過了好幾回修版，其中有缺失在所難免。

　　北京白雲觀的《道藏》是何種情形，只能是一個歷史的迷案，給劉師培安下惡名沒有什麼意義。1950 年左右，政府開始實施土改，白雲觀亦在其列。當時道觀主事者將觀藏的完整道藏一部送入「北京圖書館」（國圖前身）保存。據《新編白雲觀志》記載：「為妥善維護白雲觀珍藏之明代刻版《道藏》，不使散失，經民政局同意，送入北京圖書館收藏，此為當時白雲觀之一大義舉。」編者說，明版《道藏》原刻版存於北京西安門大街大光明殿，八國聯軍侵略時被焚毀；而「白雲觀所珍藏的明版《道藏》，如在建國初期不轉存北京圖書館，則在史無前例的『文化大革命』中便可能有被焚毀或散佚的危險。」〔註13〕這部完整的《道藏》也就在中華人民共和國成立沒多久

〔註11〕陳國符：《道藏源流考（新修訂版）》，北京：中華書局，2014 年，第 148 頁。
〔註12〕陳國符：《道藏源流考（新修訂版）》，第 153 頁。
〔註13〕李養正：《新編北京白雲觀志》，北京：宗教文化出版社，2002 年，第 35～36
　　　頁、第 493 頁。此事在《中國國家圖書館館史資料長編（1909～2008）》中未
　　　見相關記載，見於記載者有 1949 年 5 月 31 日，北平市軍事管制委員會將接
　　　收西山香恩寺《龍藏》一部 700 餘函，撥交平館；1949 年 9 月金代刻版「大
　　　藏經」（即《趙城金藏》）4330 餘卷撥交平館；1951 年 7 月文化部文物局撥交
　　　蘇聯贈還《永樂大典》11 冊等。（李致忠：《中國國家圖書館館史資料長編（1909
　　　～2008）》，北京：國家圖書館出版社，2009 年，第 415 頁。）或許當時並未
　　　辦理轉交公文手續，逕行轉交收藏？另據林世田先生指教，北京圖書館曾一
　　　度歸北京市委領導，1958 年時因「獻堂獻廟」活動，「北堂書」由北圖接收，
　　　白雲觀道藏會不會在此期間入藏呢？《中國國家圖書館館史資料長編（1909

即進入了國家圖書館的善本庫房，一直被妥善保存，並供學界研究使用。據長期在國圖善本書庫工作的陳為老師的工作筆記，白雲觀道士曾告知《道藏》的如下情況：

> 作為全國著名道觀和全真龍門派祖庭的北京白雲觀，曾收藏有一部明代《正統道藏》。為了使其中那部完整的《道藏》得到更好的保護，於上世紀（20世紀）50年代捐贈給了北京圖書館。

> 藏於本館（國家圖書館）這部完整的《正統道藏》，以黃綾子為封面，黃色粗絹為背板，函套也為黃綾子裝裱，函簽與封簽先貼白紙，其上再貼黃紙，題簽黑字黑框，正文用紙較白，有函套，每套最多十幾冊，最少七八冊。據函套上函簽左下角「道光廿五年重修」的題記說明，該《道藏》是用明《正統道藏》的經板於清道光年間重印的。從「重修」二字看，經板是在清時補刻或經過修補的。該書圖畫及字跡較粗且不甚流暢，但是這部《道藏》是什麼時間，因什麼緣由，以及由什麼人賜給白雲觀的，已經無從考證。

> 現存白雲觀的另半部《正統道藏》，蘭綾子封面，有黃綾子題簽，也是黑字黑框，書的用紙泛黃，並有黃斑和潮漬，封面也有磨損。書中圖畫字跡線條流暢、清楚。關於這一《道藏》來源很清楚，是明正統年間印刷並由正統皇帝賜給白雲觀的。至今白雲觀齋堂屋廊南牆上仍鑲嵌著《賜經碑》，上面記錄了正統皇帝賜《道藏》給白雲觀之事。至於這部《道藏》何時因何丟失了半部，也已無從考證。

> 從上述情況看，由於明正統所《道藏》在傳閱過程中陸續丟失或遭其他天災人禍，缺損過多後，白雲觀的道士們方向清朝廷要了道光間重印的《道藏》？此外，既然清道光年間重印了明《正統道

~2008）》亦未有相關報導。詳情只能依靠當時的著錄卡片資料了，據樊長遠先生查閱「北京圖書館線裝圖書登記卡片」，其著錄信息如下：「道藏，明張宇初等編，明正統刻本。1部480函4552冊，登錄編號2607。來源：文物局移送（原藏白雲觀）。備註：1950.3。」又，《馬衡日記》1950年四月記載：「四月廿五日。文物局電話白雲觀有《道藏》一部約三千冊，後日由我院前去接收。我院本有一部，凡四千六百廿五冊，恐不全，得此或能配全。」「四月廿六日。運白雲觀《道藏》擬借文化部卡車，而此車損壞，正待修理，明日不能接收。」「四月廿九日。派人赴白雲觀接收《道藏》二千九百餘冊。」（馬衡：《馬衡日記》，馬思猛整理，北京：生活・讀書・新知三聯書店，2018年，第226～227頁）由此，我們可以確知：1950年3、4間，文物局將白雲觀藏《道藏》兩部分別交給北圖和故宮，故宮運走的一部不全。

藏》，應該不只一部，為什麼除北京白雲觀保存過一部外，未發現有
關清代賜予其他宮觀《道藏》的記載呢？（陳為《工作日誌》，未標
年月）

　　雕版書籍時間一久就要有修補，是書籍製作過程中的自然現象。陳國符
先生所錄道光二十五年《白雲觀重修道藏記》有「蓋此藏之存於觀中者非一
日矣，閱藏者不一其人，主事者弗介乎意，遂至二洞真經頗多殘缺。」〔註14〕
對這些歷史故事後人或許並不清楚，也就不太容易理解當年發生了什麼故
事，也就無從考證相關的歷史事實了。

　　書籍不看就沒有什麼學術上的價值，看的話，就會有損耗，這是不可避免
的。到目前為止，任何一種書籍，不管是何種材質載體，都面臨著損耗、滅失
的問題。這是再正常不過的了，未必就是人為有意地去搞破壞。雖然我們並不
能排斥某些人的確會撕毀書頁，但傳聞畢竟只是傳聞。時間久了，一切堅固的
東西都會煙消雲散，何況是書冊呢？正因為如此，才有累代的保護措施，要去
修版，要去抄補。但是任何人以保護的名義，將書籍鎖起來，秘不示人，絕非
善法。不管是道藏，還是其他書籍，既然是刷印出來的，其目的之一就在於讓
學者去利用，如此才能增益書籍作為智慧的價值。同樣的道理，如果一個人以
某種名義來固持偏見的話，其偏執之見所帶來的後果，往往也會被後人明見
之。

　　當然，我們往往都只能有後見之明，很難有先見之明。即便是大咖，也不
例外。

四、紮實地讀書

　　顧頡剛是知道陳國符的。1942 年他們見過好幾次，都是陳國符去拜訪他，
只見「陳國符來」，沒見顧頡剛往；1958 年又見過至少 1 次。不過，顧氏日記
中未記錄他與陳氏的交情。1942 年是陳國符剛回國，開始在北京大學文科研
究所看《道藏》的時期。顯然，顧頡剛並不知道或者並不重視陳的研究，或者
他根本沒有興趣瞭解一個年輕的德國化工博士搞《道藏》研究。顧頡剛比陳國
符大了二十來歲，當時已經是學術大人物，對於化工和《道藏》之類的東西，
他都是外行，所以他們後來幾乎就沒有什麼交往了。

　　紮實讀書的年輕人，更可為師。顧氏被稱之為國學大師，除了一生的日記

〔註14〕陳國符：《道藏源流考（新修訂版）》，第 147 頁。

和讀書筆記之外就是一堆散亂的論文，相比加起來，陳氏在學問上更加紮實、可靠些。當然，每個人的學術生涯和學術旨趣完全不同，在各自的生命旅途中總能搞出來點花樣，顧頡剛數百萬字的日記和讀書筆記，也足以傲視群雄了。

　　在閱讀過程中，陳氏開始有意識地進行學術考證工作，特別是源流的疏通證明，匯成了一部大書——《道藏源流考》。該稿於 1949 年由中華書局出版，時年 35 歲。1958 年（44 歲），該書由中華書局再版。1963 年（49 歲）增訂版出版。

　　羅常培在給陳著的序言中說，該書「於《三洞四輔》之淵源，歷代道書目錄，唐宋金元明道藏之纂修鏤板，及各處《道藏》之異同，均能究源探本，括舉無遺。其功力之勤，蒐討之富，實前所未覯。」〔註15〕陳氏出版此書之後並未宣告研究的結束，此後他還在此基礎上做了很多的工作，並且還曾設想出一個修訂再版的善本。他在原書上做了不少批註和簽條，不過他生前沒有完成這一工作，但有兩部新的道藏學研究著作出版，即《道藏源流續考》（1983）和《中國外丹黃白法考》（1997）。2000 年陳氏去世，其子嗣將修訂《道藏源流考》任務交給社科院研究員胡孚琛（1945～），並將陳先生生前關於這部書的相關資料四麻袋給與胡氏使用。胡氏是天津南開大學化學系本科，中山大學研究生（1979 級），1984 年考取社科院博士，其導師是道教研究學者王明。胡博士於 1988 年畢業（43 歲），並入職社科院哲學所，此後一直在這個單位，直到 2010 年退休。他說，原計劃在 2006 年底完成修訂工作，結果這一年發現得了細胞癌，感覺自己時日不多，又有錢學森（1911～2009）催他完成一部書稿，他就放下修訂陳著，花了兩年多弄出來他的專書《丹道法訣十二講》（2009 / 2018）。

　　陳國符先生《道藏源流考》的修訂工作，除了他家人的支持之外，還有國家的資助起了作用。胡氏說，這個書得到了國家社科基金的支持，立了項。據國家社科基金項目數據庫，胡孚琛在 2013 年申請到了一個哲學類的重點項目「《道藏源流考》（再增訂版）整理出版」，項目編號 13AZX010。為了結項，胡孚琛想到了臺灣學者道教研究者李顯光，他邀約李顯光參加整理陳著，並將陳氏家屬給的四麻袋資料轉給李顯光。李採取的整理辦法是，先用陳著的臺灣版本（1976）進行文字識別和加工，凡校對文字八遍，共改正錯字 230 個，還利用陳國符家屬提供的四麻袋資料補充新內容數百條，增加陳氏關於道教音

〔註15〕陳國符：《道藏源流考（新修訂版）》，第 6 頁。

樂的考證文章兩篇等。

　　經過胡、李二位的共同努力，《道藏源流考》的修訂本完成了，並在2014年由中華書局出版，為讀者提供了一個比較不錯的讀本。該書按照陳先生生前出版的舊版，仍分兩大部分，即（1）三洞四輔經之淵源及傳授（三洞、十二部、七部、六部、上清經考證、五符經考證、靈寶經考證、三皇文考證、太玄經考證、太平經考證、太清經考證、正一經考證、三洞四輔經之孳乳及道藏分部法、正統道藏分部混淆）和（2）歷代道書目及道藏之纂修與鏤板。除此之外，還有七個附錄，即附錄（1）引用傳記提要、（2）道藏札記、（3）道教音樂研究、（4）南北朝天師道考稿、（5）中國外丹黃白術考略論稿、（6）說周易參同契與內丹外丹、（7）道學傳集佚。〔註16〕

　　陳國符先生研究道經的學術意義何在，不容我去評判。我想，他的工作對我而言，最大的啟示是，如果自己準備做一學問的話，那就慢慢去讀書，全經全藏的瞭解，持續的關注，把想法訴諸文字，深入的鑽研，大概能做出點主業之外的副產品來，這樣的研究或許和那些專門的研究者比起來會差不少，像顧頡剛一樣的老同志肯定就不會覺得年輕的陳國符能夠研讀出來多少東西，但誰知道呢？

五、道經的分期

　　1949年7月，初版的《道教源流考》一書，正文306頁，繁體豎排，定價8元。彼時，中華書局還在上海，是一個出版行業的股份有限公司，公司代表人是李虞傑。書前有語言學家羅常培（1899～1958）的《道藏源流考敘》一篇，〔註17〕新版改作《羅莘田原版序》，除紀年方式改作之外，內容無甚變化。

　　在這篇敘中，羅常培首先說明的是道經纂集的歷史分期，他認為可以分為三期，對此分期陳國符先生應該是大致同意的。這三期分別是：第一期，東漢至南北朝，從《漢書·藝文志》的著錄（道家37，書993篇；房中8家186卷；神仙10家205卷）到葛洪（《抱朴子·遐覽篇》著錄道書約670卷，符500餘卷，共1200卷）、陸修靜（《三洞經書目錄》總1228卷）、孟法師（《玉緯七部經書目》，三洞四輔七部分類）、陶弘景、阮孝緒（《七錄·仙道錄》經戒、服餌、房中、符圖四部425種459帙1138卷）、北周王延（於通

〔註16〕陳國符：《道藏源流考（新修訂版）》，北京：中華書局，2014年。
〔註17〕陳國符：《道藏源流考》，上海：中華書局，1949年。

道觀（通玄觀）校道書，作《珠囊經目》七卷）等人的著錄。這一時期，道經各書見於目錄，以類相從，各書單行。佛學研究者高觀如（1906～1979）先生曾告之陳國符，要他注意，佛教典籍的彙集為藏經並編製經律論目錄要早一點。南北朝時期，佛典已經分為經律論並開始匯為經藏，見於《三藏記集》《廣弘明集》。〔註18〕

　　第二期，由唐到宋。《隋朝道書總目》載書 377 部 1216 卷，唐尹文操《玉緯經目》載 7300 卷。唐高宗上元二年（674）曾有《一切道經》的製作，傳說曾寫經七萬卷。唐玄宗先天時代，曾編《一切道經音義》；開元時代彙集道經為《三洞瓊綱》（宋人稱此為道藏），收書總 3744 卷（亦有 5700 卷之說）。此書曾於天寶七年（748）下詔傳寫。〔註19〕值得注意的是，唐廣成先生杜光庭刪《太上黃籙齋儀》卷五十二記錄，唐玄宗時所作為《瓊綱經目》，著錄道書 7300 卷。〔註20〕與前述數目不相吻合，其原因是道書目錄著錄和後世所理解的書目略有差異，古代書目著錄除了已有書，還有所謂的「虛目」，即「不可教受」「世無足傳」「並未出世」的部分（後世有所謂的烏托邦，殆其類型），有目無書。這一類在道書目錄或者道經著錄中比較多，故陳國符先生有《道書虛目》條考證之。另外，陳國符先生還注意到，「道書載歷代道藏卷數每多歧義，或可以此說解之。即或記道藏卷數，或記所收道書總卷數也。」〔註21〕

　　第三期，自金（元）至明。金人南下，獲北宋官板書籍，道藏版片也沒放過。所以，到了金章宗（1196～1208 在位）時，還有一部分板片存留。金章宗令道士孫明道搜訪補輯，刊《大金玄都寶藏》6455 卷。元人宋德方（丘處機弟子）增刊，卷數已達 7800 餘卷，仍名《玄都寶藏》。不過，元世祖時，釋道學術爭議變成政治鬥爭，此道經及刊板被政府於至元十八年（1281）下旨焚毀。前此數代道人、學者的工作一夜之間化為烏有，可謂道藏浩劫。

　　直到明正統十年（1445）時，才有重編道藏的工程，這一次編集的道經仍以千字文分函，從「天」字（第 1 號）到「英」字（第 480 號），共 480 函。萬曆三十五年（1607），續至「纓」字（第 512 號），共 5485 冊，雕版印行。這一板刻的刷印本傳承至今，仍可見到，也是後世道教經典的最主要的參考書

〔註18〕陳國符：《道藏源流考（新修訂版）》，第 101～102 頁。
〔註19〕陳國符：《道藏源流考（新修訂版）》，第 95 頁。
〔註20〕陳國符：《道藏源流考（新修訂版）》，第 100 頁。
〔註21〕陳國符：《道藏源流考（新修訂版）》，第 101 頁。

籍。明天啟丙寅（六年，1626）又有袖珍本，不過很少見，陳國符先生說他沒有見過書，只見過相關的記載。

　　以上三期，純從書籍製作而言，不涉及其他內容，特別是所謂的道教發展之類。我們看到，任繼愈先生對道教的分期採取的是組織影響說，與從書籍製作說不同。任氏認為道教可以分為四個發展期，即（1）晉、南北朝時期、（2）隋唐、（3）北宋、（4）明朝中期。〔註22〕任先生認為，從書籍史而言，道教典籍在這四個時期有四次結集，分別是南朝陸修靜《三洞經書目錄》，該書創立的三洞四輔分類法一直延續至今。任氏強調道經與佛經之間的密切關係，比如認為早期道經纂集仿佛經《一切經》稱《一切道經》，仿照佛經的大小乘流派分類和經典內容分類，仿照佛教《開元釋教錄》分類編目，按千字文分帙編號等。似乎道經的分類種種，皆與佛典分類相對而來。然而未必皆如其說。比如，潘雨廷先生的意見是，《道藏》編目分類承接的是儒典《七略》：

　　　　考唐代儒典，已用經史子集四部為次。《道藏》有其長而尚能保
　　　　存專業文獻的地位，蓋承《七略》的系統。又佛典編目定型於《開
　　　　元釋教錄》，凡大小乘各分經律論。曰大乘者，猶洞玄度人；小乘者，
　　　　猶洞真自度；屬二分法。道教取義三分法，更及由大小而一之之義。
　　　　故道教有洞神，實為影響大乘佛教在我國大發展的思想基礎，尤其
　　　　是對天台宗之建立。且道經分本文、神符二部，當佛教之顯與密。
　　　　於唐代佛教，雖有密宗而尚未盛。而道教本具相似於佛教中的密法，
　　　　漢末鄭隱時已出現在分類中。惟佛經有般若、寶積、大集、華嚴、
　　　　涅槃五大部成五大類，道經難與相比，此不必為道教諱言，而教義
　　　　則各有所主。〔註23〕

　　道經是道學、道教的核心內容之一。道藏的編集和刊行則是這一知識門類中最具典型意義的事件，對它展開深入的研究也有了重要的學術意義。

六、道藏之刊本

　　從書籍史來說，道經的三期歷程延續了二千年以上，不管是書籍的品種還是卷冊，都越來越多，「記載缺略，卷帙浩繁。儒者畏難，羽士不學」，多輾轉

〔註22〕見：任繼愈《道藏提要序》及《雲笈七籤李永晟點校本序》。（張君房：《雲笈
　　　　七籤》，北京：中華書局，2003年。）
〔註23〕潘雨廷：《潘雨廷著作集・道藏書目提要》，上海：上海古籍出版社，2016年，
　　　　第324頁。

途說，少精密考校，甚至有以日本人的說法為依據來講道經故事。辨明道經的書籍編纂史，也就具有了相當重要的學術意義，陳著的學術價值也正在於此。我們要根據陳先生的研究進一步討論相關的問題，從而推進我們的認識。比如，從書籍史來說，北宋的結集為藏的道書刊本是什麼時候的事情？

一般來說，在北宋之前，道書幾乎都是寫本；或者至少要認為，寫本的道書在北宋以前最為主流。唐代時，「代宗大曆間，道士沖虛先生殿中監申甫海內搜揚，京師繕寫，又及七千卷。穆宗長慶之後，至懿宗咸通年之間，兩街所寫，才千三百卷。」〔註24〕現存有明確紀年的雕版物是存於大英博物館的咸通九年（868）《金剛經》。或許在此一時期，道書也開始有了雕版製作，不過不見相關記錄。但何時有了道書的雕版？道藏的早期雕版又在何時呢？

五代時，道書仍舊以抄寫為主。造雷峰塔經的吳越錢氏同時還建造道觀，宋人金允中說，錢氏吳越境內天台桐柏崇道觀有《道藏》，「藏中諸經，拘集道童及僧寺行者，眾共抄錄，以實其中。碧紙銀書，悉成卷軸。」〔註25〕這說明抄寫道書，且以高規格的「碧紙銀書」的卷軸樣式，是皇室宮廷的標準操作。但是，普通人或者一般的道觀所藏的道書呢？

唐末五代時，道人、學者收集的道書上千卷的故事多見於史冊，甚至正史《舊五代史》也有記錄，或許當時雕版道書已經開始流傳開來？陳國符先生說：「道教史種種問題，因史料之缺乏，不得解答。」書籍製造、流傳、保存過程更無甚史料，唯有傳說：杜光庭《錄異記》說，「長安富平縣北定陵後，……旁有崖龕，梯蹬而上，屈區甚廣。龕內有道經書萬卷，皆置於柏木板床之上。」〔註26〕晚清時，的確有人在山洞發現了書籍，不過不是在長安，而是長安西北方向的遙遠的敦煌，藏經洞中也不止道書，各種書籍皆有，的確是數以萬卷計。

北宋時期，唐代的古本道藏（寫本）尚未亡佚，仍存放於皇宮。〔註27〕故宋真宗時，王欽若等曾奉敕校勘，收書4565卷，用《千字文》排序分函，從「天」（第1號）至「宮」字（第425號）。該藏有提要，即張君房《雲笈

〔註24〕陳國符：《道藏源流考（新修訂版）》，第104頁。
〔註25〕陳國符：《道藏源流考（新修訂版）》，第106～107頁。
〔註26〕陳國符：《道藏源流考（新修訂版）》，第107頁。
〔註27〕陳國符：《道藏源流考（新修訂版）》，第103頁。李養正說：「宋代曾六次修藏，其中最著名的是宋真宗時由張君房編撰的《大宋天宮寶藏》。」（李養正：《新編北京白雲觀志》，北京：宗教文化出版社，2002年，第491頁。）

七籤》。宋徽宗時，蒐求遺書，將道藏增補到了 5387 卷。陳先生認為，正是在宋徽宗政和（1111～1118）時期，道藏有了刻本，即《政和萬壽道藏》，凡540 函（從「天」至「皂」字）。陳國符先生說：「道書雕板始於五代；而全藏付刊，則始於宋徽宗政和中。《混元聖紀》卷九：晉高祖天福『五年（940）五月，賜張薦明號通玄先生，令以道德二經雕上印板，命學士和凝別撰新序冠於卷首，俾頒行天下。』宋陳景元《列子沖虛至德真經釋文》序謂《列子》有真宗景德年中國子監印本，陳景元《南華真經章句餘事》謂《莊子》有景德四年（1007）國子監刊行本。」〔註28〕卿希泰《中國道教史》說，徽宗政和三年、四年（1114～1115）兩次下詔蒐求道書，且在政和四年設立了經局，令黃裳到福建主持刊行道經事，「事畢，進經板於東京。所刊《道藏》稱《政和萬壽道藏》或《萬壽道藏》，共分 540 函。」〔註29〕又說，「道書雕板約始於唐，至此，全藏付刊。南宋、金代，其經板尚存。《大金玄都寶藏》就是在這部殘藏的基礎上形成的，而《大金玄都寶藏》又是元刊《玄都寶藏》的藍本。」〔註30〕陳國符認為道書刊本起源於五代，而卿希泰先生則認為唐代即有刊本了。但對於北宋刊道經的歷史，他們的意見是一致的，即認為要到宋徽宗時期才完成了《道藏》的第一次刊行。這裡似乎還有進一步討論的必要。

　　《中華道藏敘例》說：「北宋開國初，太宗常搜訪道書，命徐鉉等校正抄寫，得三千三百三十七卷。真宗大中祥符初，詔修《道藏》。司徒王欽若總領其事，依舊目刊補成藏，凡四千三百五十九卷。又撰經目七卷上獻，賜名《寶文統錄》。大中祥符五年（1012）冬，海寧張君房除著作郎，繼領其事。據朝廷發到餘杭及江南各地舊《道藏》經本，與諸道士商校異同，詮次成藏。天禧三年（1019）春，寫錄成七藏進獻，題曰《大宋天宮寶藏》。都四百六十六函，四千五百六十五卷，以千字文標其目。仁宗天聖中，君房又撮其精要，撰《雲笈七籤》百二十卷，進呈御覽。徽宗政和中，又詔訪道書，敕道士元妙宗、王道堅等校定，送福州閩縣鏤板，題曰《萬壽道藏》，都五百四十函，五千五百八十一卷。刊鏤工訖，進經板於東京。」〔註31〕這裡，所採用的道

〔註28〕陳國符：《道藏源流考（新修訂版）》，第 113 頁。

〔註29〕卿希泰：《中國道教史（修訂本）第二冊》，成都：四川人民出版社，1996 年，第 810 頁。此與陳國符先生所考相一致。陳國符：《道藏源流考（新修訂版）》，第 113 頁。

〔註30〕卿希泰：《中國道教史（修訂本）第二冊》，第 797 頁。

〔註31〕張繼禹：《中華道藏》，北京：華夏出版社，2004 年，第 2～3 頁。

藏刊刻的說法就是從陳國符先生《道藏源流考》以來的見解，即第一次刻本的《道藏》是宋徽宗時期，此前均為寫本。

我們看到，陳國符先生引《天台山志》，大中祥符三年（1010）《重建道藏經》說：「沖一天師稽常一等請掌斯藏。至雍熙二年（985），有詔悉索是經（按謂桐柏宮《道藏》）付餘杭傳本。既畢，運使諫議大夫雷公德祥命舟載以還，從師請也。」〔註32〕「付餘杭傳本」五字需要認真對待。這裡的「傳本」只是抄寫一部，還是雕版印行呢？當代的《再造善本工程》所標舉的就是「傳本揚學」，〔註33〕也就是要把珍稀孤罕的古籍以印製的方式化身千百。這樣的傳本思想，一直延續和保存著，也是歷代書籍保護的一個關鍵舉措。

「付餘杭」就是送往杭州。如果只是抄寫的話，似乎不必送到杭州，書籍史中關於宋代刊書送到杭州刻板的記錄多有記載，或許當時就是在杭州完成了這一道經的刊行？如此一來就要早於徽宗政和年間了。

餘杭刊刻道經持續了很長時間。陳國符先生說：「大中祥符初年，宋真宗以秘閣道書《太清寶蘊》出降餘杭郡，俾知郡樞密直學士戚綸、漕運使陳堯佐，選道士沖素大師朱益謙、馮德之等，專修其校。又命司徒王欽若總統其事，俾成藏而進之。於是依照舊目刊補：凡《洞真部》六百二十卷，《洞玄部》一千一百一十三卷，《洞神部》一百七十二卷，《太玄部》一千四百七卷，《太平部》一百九十二卷，《太清部》五百七十六卷，《正一部》三百七十卷，合為新錄，凡四千三百五十九卷。又撰篇目上獻，賜名《寶文統錄》。」〔註34〕也就是說，早先以桐柏宮為底本的刊刻工作完成後，朝廷又在此基礎上繼續刊刻道書，並且完成了《道藏》的第一次結集刊刻。宋李燾《續資治通鑑長編》卷八十六「真宗大中祥符九年三月」條云：

> 樞密使王欽若上新校《道藏經》，賜目錄名《寶文統錄》。上製序，賜欽若及校勘官器幣有差。尋又加欽若食邑。校勘官階勳，或賜服色。

〔註32〕陳國符：《道藏源流考（新修訂版）》，第 108 頁。

〔註33〕李致忠：《新中國圖書館的古籍整理與保護》，《圖書館雜誌》，2009 年第 6 期，第 3～10 頁；中華再造善本工程編纂出版委員會：《中華再造善本總目提要》，北京：國家圖書館出版社，2013 年。

〔註34〕陳國符：《道藏源流考（新修訂版）》，第 107 頁。此據《雲笈七籤》張君房序，真宗「盡以秘閣道書、太清寶蘊，出降於餘杭郡，俾知郡事故樞密直學士戚綸、漕運使今翰林學士陳堯佐，選道士沖素大師朱益謙、馮德之等，專修其校，俾成藏而進之。」（卿希泰：《中國道教史（修訂本）》，第 799 頁。）

　　初，東封，後令兩街集有行業道士修齋醮科儀（二年七月壬申，
1009）。命欽若詳定成《羅天醮儀》十卷（八年正月丙申）。又選道
士十人校定《道藏經》（二年八月辛卯）。

　　明年（1010），於崇文院集官詳校，欽若總領，鑄印給之。舊藏
三千七百三十七卷。太宗嘗命散騎侍郎徐鉉、知制誥王禹偁、太常
少卿孔承恭校正寫本，送大宮觀。欽若增六百二十二卷。又以《道
德》《陰符經》，乃老君聖祖所述，自「四輔部」陞於「洞真部」。欽
若自以深達教法，多所建白。時職方員外郎曹谷，亦稱練習，欽若
奏校藏經。未幾，出為淮南轉運使。奏還卒業，詮整部類，升降品
第，多其所為也。仍令著作佐郎張君房，就杭州監寫本。

　　初，詔取道、釋藏經互相毀訾者，刪去之。欽若言（是年是月）：
《老子化胡經》乃古聖遺跡，不可削去。又言（五年十二月）：《九
天生神章》《玉京》《通神》《消災》《救苦》《五星》《秘授》《延壽》
《定觀》《內保命》《六齋》《十直》，凡十二經，溥濟於民，請摹印，
頒行。從之。（此段總載，或已有入《長編》者，當檢討刪去。曹谷
即驗汾陰靈文者。七年（1014）五月癸丑，欽若上《洞真部》六百
七十卷。）〔註35〕（宋李燾《續資治通鑑長編》卷八十六，第 1975
～1976 頁）

　　從這裡我們可以看到，宋真宗的大中祥符九年（1016）王欽若完成了皇
室關於道藏編集的任務。他們是在宋太宗時代編集的道藏基礎上增補而成
的，王氏載入史冊的成果是新編纂完成的目錄，即《寶文統錄》，這是一項前
所未有的工程，他因此受到了表彰。這就說明，此前道藏或許已經有了刊刻？
李燾說太宗時代的道藏經是徐鉉等「恭校正寫本送大宮觀」，究竟是「恭校
正，寫本送大宮觀」？還是「恭校正寫本，送大宮觀」？不管是何種情況，
他們已經初步完成了道經的彙集，並且有了比較可靠的底本了。王欽若再做
的工作顯然不是對前者再行校定，而是增補調整。一方面補充從太宗以來的
所收集到的新品種，一方面要對原有的道藏經分類排序進行調整。當時還有
一些爭議，比如《老子化胡經》之類的是否要刪去，由於王欽若的堅持，保
留在他所刊定的《道藏》之中了。另外，他明確提到了《道藏》中的十二種

〔註35〕〔宋〕李燾《續資治通鑑長編》，北京：中華書局，1995 年，第 1975～1976
　　　　頁。

要公開發行流通。也就是說，皇室校定的全藏部分，不管是雕版刊行，還是
謄錄鈔本，皆不會面向民間發布，而是屬於特殊定制；只有其中一少部分會
經審定之後予以公開發行。

按照李燾的記載，王欽若和道士們開展這項工作有比較充裕的時間，從
大中祥符二年至九年（1009～1016），凡七年光景。王欽若及其副手曹谷所
做的工作是校定文本，確定一個比較可靠的本子，而張君房的工作則是下一
步：「就杭州監寫本」，是主持謄錄？還是主持刊刻？從時間來說，似乎不單
單是抄寫，因為張君房至少在大中祥符三年或者最晚在大中祥符五年就去餘
杭辦理業務了，而到了大中祥符七年王欽若才將第一部分成品上報。抄寫
「《洞真部》六百七十卷」用不了這麼長的時間，只有刊刻了才能得到比較
合理的解釋。

之所以前人不認為「付餘杭傳本」是刊刻《道藏》的一個原因，可能是《咸
淳臨安志》卷八十九說：大中祥符「九年，選道士校訂《道藏經》，命王欽若
總領。舊藏三千七百三十七卷，欽若增六百而是卷，仍令著作郎張君房就杭州
監寫本。」〔註36〕「就杭州監寫本」是說張君房在杭州專門負責《道藏》事。
另外，張君房在《雲笈七籤序》中說：「臣於時盡所降到道書，並續取到蘇州
舊《道藏》經本千餘卷，越州、台州舊《道藏》經本亦各千餘卷，及朝廷續降
到福建等州道書《明使摩尼經》等，與諸道士依三洞綱條、四部錄略，品詳科
格，商校異同，以詮次之，僅能成藏，都盧四千五百六十五卷，起千字文天字
為函目，終於宮字號，得四百六十六字，且題曰《大宋天宮寶藏》。距天禧三
年（1019）春，寫錄成七藏以進之。」〔註37〕這裡「寫錄成七藏」，當然是錄
成七部送至皇宮收藏的意思，但是究竟是抄了七份副本？還是刊刻刷印本
呢？「寫」是抄寫的複製，還是刷印的複製？在我們看來，可能不是抄錄而是
刊行刷印。因為既然是為了傳本起見，就不單單是為了抄錄副本藏諸皇室，而
是要給不少地方頒賜。是否有賜道書的歷史記錄呢？

既然太宗時期和真宗時期先後有道書下餘杭的故事，那麼我們可以推定
兩次均為刊刻道經事。事實上，卿希泰主編《中國道教史（修訂版）》（第二冊）
中就提到了日本學者吉岡義豐的觀點，即《道藏》編集的提案時間在太宗太平

〔註36〕 陳國符：《道藏源流考（新修訂版）》，第 111 頁。
〔註37〕 〔宋〕張君房：《雲笈七籤》，北京：中華書局，2003 年，第 1 頁；陳國符：
《道藏源流考（新修訂版）》，第 110 頁。

興國八年（983）左右，正式施行是是雍熙二年（985），完成時間則在淳化元年或二年（990～991）。宋太宗時期年號有太平興國、雍熙、端拱、淳化、至道等。這些年號與道教是否有關尚不清楚，但其中有「道」的意味是明顯的，此一時期刊行道經也是情理之中的事情。〔註38〕

又據宿白《唐宋時期的雕版印刷》，宋太宗時期的雕版事業有刊御製書、經書、史書、小說、類書、總集、醫書、《釋藏》等。〔註39〕特別是，《宋會要輯稿》冊二百《道釋二》「雍熙三年（986）九月，詔自今新譯經論並刊板摹印，以廣流傳。」宿白先生還說：「太宗時期，諸經正義、字書、史書、醫方和較大卷帙的類書、小說、文章總集以及御製文、法帖等，都第一次鏤板摹印。由於雕版數量激增，杭州開始承擔國子監新刊史書的鏤板任務。五千餘卷《釋藏》官板反映了印經院的刷印工作量，有時還要超過國子監。」〔註40〕可見，刊行典籍已經是當時的常規操作，道藏在這時刊行是合理的。而且，作為一個崇信道教的皇帝，先不將道經刊刻出來，而是先完成了釋藏的刊本，這實在是不符合我們的常識。

這樣，我們就可以在北宋早期的書籍史中增加新的內容，即宋太宗時期道藏的刊行工作也已經啟動。由於傳統書籍製作是以板刻的形式完成的，刷版和時間都會造成版片的損毀，因此需要不斷地重新修整，或者再版。加上宋代時道藏處於結集的關鍵時期，北宋皇室與道教團體共同完成了這一道教史上具有關鍵意義的文化事業。然而，在元朝人的毀滅打擊之下，這一成果的載體被徹底銷毀，但是這種野蠻行為無法消滅文化。事實上，正是因為從北宋的雕版印刷事業愈發繁榮，讓包括道藏在內的各種書籍廣為傳播，為後世重新整理典籍提供了歷史的前提。

〔註38〕宋太宗尊奉道教是有歷史記載的。據任繼愈《中國道教史》引王欽若《翊聖保德真君傳》，宋太祖建隆元年（960），鳳翔府周至縣民張守真，遊終南山時，聽到天空有召喚聲，但視而不見。他回家後，又聽到召喚聲，並且見到了神仙，那仙人自稱是高天大聖玉帝輔臣，要來輔佐大宋皇朝。還說，在宋太祖臨終前夕，此仙人命張守真傳話給太祖說：「晉王有仁心。」晉王隨後即位，是為宋太宗。太宗即位後，封仙人為「翊聖將軍」，並在終南山建上清太平宮供奉。「翊聖」成為趙宋供奉尊神之一，凡有重大政治軍事活動和水旱災害等，太宗都要命人前往祭禱。而張守真則被賜以紫衣，號崇元大師，主持上清太平宮。（任繼愈：《中國道教史》，上海：上海人民出版社，1990年，第465頁。）

〔註39〕宿白：《唐宋時期的雕版印刷》，北京：生活・讀書・新知三聯書店，2020年，第15～20頁。

〔註40〕宿白：《唐宋時期的雕版印刷》，第20頁。

　　當然，有關道經、道藏的書籍史研究，還有待深入。我們需要在陳國符先生及前輩諸賢所開創的諸問題域之中繼續前行，將某些問題進行進一步地研討，如此或許才是我們閱讀《道藏源流考》等名著的價值所在。

尾聲　古籍善本

　　作為人文歷史之學的古籍善本，具有歷史傳承性、工作實踐性、全局系統性和學術多樣性的特點。所謂歷史傳承性，是指它並非全無依傍的無中生有的創造，它是基於歷代藏書實踐的當代圖書館古籍事業，是以文化傳承為主軸的古籍保護事業。所謂工作實踐性，是指它基於圖書館古籍保護的實際而來，既是一種收藏古籍的公共服務機構的日常工作，也是一種面向全社會的服務工作。所謂全局系統性，是指它不再是皇室或者藏家的行為，也不是一時一地的短期行為，它是一種覆蓋全國各級各類圖書館的集體行動。所謂學術多樣性，是指它並沒有成為一種具有強學術導向的以製造知識為第一訴求的學術，它更多的是以一種資料的整理、信息的公開和人文歷史知識的傳承為訴求的學術。

　　首先，從歷史傳承而言，「古籍善本」的概念發端於《中國古籍善本書目》（簡稱「善目」）。〔註1〕「古籍」與「善本」這兩個詞彙因其古以有之，在歷

〔註1〕　《中國古籍善本書目》是根據 1975 年周恩來總理「要盡快地把全國善本書總目錄編出來」的指示而提上議事日程的。1975 年，國務院向國家文物局和北京圖書館傳達了周總理的指示；1977 年，文物局先後三次召開北京會議，文物局局長王冶秋拍板定案，北京圖書館制定了收錄範圍、著錄條例和分類法等文件的初稿；在 1978 年 3 月，國家文物局召開南京會議，全國各省市古籍相關單位 120 餘人參會，討論三個文件，並確定了工作方案。會後，由國家文物局領導的古籍善本書目編輯工作領導小組正式成立。作為國家文化項目的《善目》工作，經過二年調查（1978～1980）、三年卡片彙編（1980～1983）、十二年書目定稿（1983～1995），1995 年全書全部編製完成。五部類的 9 冊《善目》由上海古籍出版社在上世紀八十年代末至九十年代末分冊出版，其中，經部 1 冊（1989）、叢部 1 冊（1990）、史部 2 冊（1993）、

代文獻中皆能尋其源流，似乎平淡無奇，而將二者合二為一則起於《善目》的編纂工作，這是古籍善本的歷史緣起。〔註2〕在《善目》之前，古籍保護並未成為一個全國範圍內的工作，主要限於個別單位和個別人物的散點行動，對古籍的認識也尚未提高到工作實踐和理論梳理的層面。為了編集《善目》，李致忠先生曾在 1978 年發表《「善本」淺論》一文，提出要「擺脫舊式藏書家的狹隘眼光」，要「根據古籍流傳的實際情況，提出善本標準」，即要用新的內容和新的含義來定義何謂善本，如何做古籍善本工作，並將這一概念科學化和規範化，這是圖書館古籍工作者第一次系統地提出「古籍善本」問題的專論。也就是說，「古籍善本」的概念自其提出之日起就不再僅僅是一種傳統的藏書家的概念，也不是學院派的文獻概念，更不是一種個體化的學術概念，而是一種以已經存在於各古籍收藏機構的大量的古代書籍實物為基礎的科學工作概念，也是一種有特定對象的學術概念。

其次，古籍善本概念的提出，意味著古籍工作者在常規典藏與讀者服務這兩項基礎業務工作之外，系統地思考如何將大批量的珍貴文獻典藏加以重新定義，並試圖找到一個有利於工作需要和學術發展的新概念工具。所以，李致忠先生在這篇文章中，提出的「古籍善本」應當具有歷史文物性（「舊籍」「舊本」，時代考量與紀念意義標準）、學術資料性（「精本」「精校本」，內容的完備特徵）、藝術代表性（印刷技術、用紙墨敷、裝幀技巧等，獨特的風格特點），即「三性」原則，既是一種操作性的理論工具思考，也是一種試圖對工作對象加以分類和定級的實踐思考，也就成為系統思考「古籍善本」如何成為一門人

子部 2 冊（1996）、集部 3 冊（1998）。而索引部分（2 冊）則於 2009 年才完成出版工作。1995 年，書稿全部定稿後，冀淑英先生（1920～2001）做後記一篇專述此事。詳見：冀淑英：《中國古籍善本書目後記》，中國古籍善本書目編輯委員會：《中國古籍善本書目·叢部》，上海：上海古籍出版社，1998（1990）年，第 761～776 頁；冀淑英：《冀淑英文集》，北京：北京圖書館出版社，2004 年，第 181～190 頁。

〔註2〕 據李明傑《中國古籍版本學論文索引（1949～2005）》收錄的 2330 篇論文來看，上個世紀七十年代以前，沒有「古籍善本」的討論，只有「善本書」「古書」「孤本」「珍本」「古代書籍」「印本書籍」「中國書籍」等提法，「古籍善本」的概念不早於《善目》編製。實際上，《善目》編集時「中國古籍」「善本書」才是主流的概念，不過隨著《善目》的編集完成，「古籍善本」日漸成為一個新的常用概念，其內涵和外延與傳統的認識皆有不同程度的差異。參見：李明傑：《宋代版本學研究：中國版本學的發源及形成》，濟南：齊魯書社，2006 年，第 421 頁。

文歷史學問的第一步探索。〔註3〕隨後，丁瑜先生發表了《古籍善本書著錄》對編目中如何著錄「古籍善本」各項提出了操作性的建議，〔註4〕對於操作規范進行了更進一步的討論，讓古籍善本工作不僅僅止步於常規操作，而是有了明確的學術主張。我們看到，《善目》的具體執行，基本上是按照「三性」標準進行規範的著錄的，即便中間存在著各種值得進一步討論的細節性錯誤，也存在著各種可以商討的問題，但這都不足以消弭《善目》的學術價值。

　　然而，一項工作的開展及其完成，總是充滿了各種難以預料的問題，初步的探索和最初的預期，未必能準確的預判到工作完成過程中所要面對的曲折。不過，經過將近二十年的努力，《善目》最終成了一部書。該書的凡例也就成為我們看待「古籍善本」的依據之一。《善目》的《經部》出版之後，立即引起了廣泛的社會關注，特別是如何回應學術界對於圖書館工作者的疑問，成為當時負責其事的古籍專家的責任。於是，編委會的副主編冀淑英先生在 1988年發表了《關於古籍善本的範圍》〔註5〕一文，予以答辯。冀淑英先生明確表示「古籍善本」是揀選出來，是按照一定的標準進行操作的。她說，「對現存的數量龐大的古籍，不可能同樣看待，需要有選擇地加以整理，按書的版本情況、內容性質，將具有一定特點的書選出來，使之充分發揮作用，並應特別維護，使能保存久遠。這樣選出的書，就是歷來稱為善本的書。」在該文最末，她再次強調：「傳世的古籍並不都是善本，善本書是從大量的古籍中選出來的一部分更有特別保存價值而又流傳較少的書」。也就是說，在《善目》的編集者看來，「善本書」是「古籍」的一種類型，「古籍善本」是一種人為的揀選，它要根據我們的工作需要和認識的不同而有所抉擇。

　　或許還有人會想當然地質疑：何以要進行揀選？為何不將「大量的古籍」

〔註3〕　李致忠：《「善本」淺論》，《文物》，1978 年第 12 期，第 9～73 頁。李致忠先生對於古籍善本的探索，被《善目》編纂委員會認可，最終成為圖書館古籍工作者的常識。對此概念及其界定，在圖書館從事具體業務的從業人員大多因這一界定的操作性價值而自覺使用；而圖書館學（包括古籍）研究的學者則有不同意見，有人認為古籍善本三性是生造的新概念，不符合「學術界」對於古籍資料與資源的認定，也不符合他們所認同的「邏輯」。後者是以古籍為資源和資料的學院派，一般不從事具體的編目工作；前者是以古籍為日常工作接觸的圖書館人，或者在相關機構的一線工作者。

〔註4〕　丁瑜：《古籍善本書著錄淺說》，《國家圖書館學刊》，1979 年，第 2 期，第 24～28 頁。

〔註5〕　冀淑英：《關於古籍善本的範圍》，《文獻》，1988 年，第 3 期，第 180～187 頁；冀淑英：《冀淑英文集》，第 28～36 頁。

一網打盡呢？為何不把古籍一視同仁地對待呢？從事實際工作的人都知道，這樣的說法是不切實際的，也是不可能的，直到今天，我們的人力物力財力都不足以我們開展不採取揀選辦法而實施對古籍的保護。「古籍善本」的揀選才是符合實際的實事求是的辦法。一方面是圖書館收藏的書數量過於龐大，要想一一判斷其價值不是一時能完成的工作，況且判斷價值的標準還會與時俱進，如果不予以截斷眾流，工作將變成一項永久無法完成的理想；一方面是為了更好的為社會需要服務、為文化傳承服務，圖書館需要對保存下來的這些書籍負起時代的責任，不至於讓它們僅僅成為為收藏而束之高閣的神聖之物或者價值連城而不可接觸的神秘寶典。更加重要的是，作為一個公共的社會文化服務機關，現代圖書館的職能確定了它不能像博物館那樣將圖書藏於深宮，更不可能如私人珍藏那樣秘不示人。它必須在圖書館古籍工作者的工作推進中，一點一點的加以揭示。既然是揀選，那就意味著有些不能入選，也意味著我們的選擇必然是一種帶有尺度和眼光的操作，冀淑英先生在文中用「時代問題」「內容問題」「印刷技術」「書中的批註校跋」「書品」「外界事物對書籍的影響」等六個方面討論了「古籍善本」的範圍，也基本上確定了如何認識古籍善本的方向。三十多年以來的古籍保護實踐表明，我們對古籍善本的認識尚未突破這六個方面，也沒有超越「三性」的基本範疇。

由此可見，「古籍善本」的提出，及其付諸實踐，是在圖書館內部的具體工作中展開的，也是圖書館人為了更好地為學術服務，為公眾服務，為祖國文化服務做出的有益探索。其最主要的任務是為館藏的古籍編目提供一種具有操作意義的指示，並希望各古籍收藏機構在此基礎上對不同的本子加以區分，以便於工作的順利開展。

當然，與任何一個具有長遠影響的工作概念一樣，「古籍善本」也並不會只限於圖書館的編目工作，它必然會走出圖書館，面向公眾，並接受歷史的檢驗。四十年的歷史初步表明，「古籍善本」不僅得到了社會的認可，成為一個時代的概念，隨著越來越多的論著的出現，它還產生了新的可能，即未來它極有可能成為一門人文歷史學問，為新時代的圖書館事業帶來更大的學術發展空間。

書籍的製作和流傳充滿了歷史的趣味，也充滿了人世間的機緣。如果我們能夠對一部書的歷史進行有目的的追尋，就會發現人與書、知識與歷史、時代與價值之間的複雜關係，以及相互之間的某種機緣的聯繫。僅以《營造

法式》一書而言，這部建築學的經典，版本極為複雜。但是「往者藏家喜藏
《法式》一書，不過歡為秘籍而已，於建築之學，為《法式》本身之研究，
尚未暇及之也。」〔註6〕曾經擔任北京圖書館編目員的謝國楨（1901～1982）
在他的《營造法式版本源流考》一文中如是說。謝國楨先生說，他對建築學
不太熟悉，只能針對宋代《營造法式》的編纂和該書的版刻與流傳情況做一
番考察，「舉其一得之愚，以為研治是書之一助焉。」〔註7〕根據謝國楨於 1933
年發表的這篇文章我們方知道，直到民國時陶湘刊《營造法式》校訂版本後，
此書開始被國內外建築學人所關注。版本學家所能做的，就是通過細緻的文
獻考證，對書籍本身的歷史意義，以及不同版本之間的關係予以說明。謝氏
通過《宋史》《宋會要》《郡齋讀書志》《直齋書錄解題》《文獻通考》《國史經
籍志》《文淵閣書目》《述古堂書目》《天一閣書目》《也是園書目》《南雝志》
《讀書敏求記校證》《絳雲樓書目》《四庫全書總目》《文津閣四庫全書》《天
祿琳琅書目》《張氏藏書志》《東華錄》《帶經堂書目》《秦漢十硯齋書目》《傳
書堂書目》《鐵琴銅劍樓書目》《歸安陸氏舊藏宋元本書目》《儀顧堂題跋》《善
本藏書志》《觀古堂藏書》《邵亭知見傳本書目》等史籍與目錄考證了《營造
法式》的編纂和傳本著錄情況。他得到的基本結論是：該書有崇寧、紹興兩
宋刻本，及鈔撮傳本，紹興本有多種明人抄本，清人又根據不同來源的明鈔
本再傳抄。而且，他還提出並非越早的版本越有學術的價值，「校讎之事，當
以古本為善。然亦有不能專恃古本者，即以此書而論，晁載之之《續談助》，
鈔於崇年五年，其書可謂古矣；乃吾取與刊本相校，可以補正刊本者，正復
不多，是非熟讀其文，深知其意者，不能詳校而貫通之。」〔註8〕謝國楨說，
「學問之道，日進無窮」，《營造法式》即是其例。

　　我們看到，從 1919 年開始，朱桂辛在金陵發現南京圖書館藏丁丙抄本，
即謀商務印書館影印。其後，內閣大庫宋本殘葉被發現，陶湘等人用文溯閣
本、蔣氏密韻樓本、丁氏本校勘，並重新繪圖鏤板刊行，陶湘為新刊本作了
校勘記（《識語》），揭示了它的版本源流。1933 年，陶湘編輯故宮所藏殿本
書目的時候，又發現了影鈔宋本，和內閣大庫宋本行款格式相同，陶湘「驚
為奇蹟，乃由劉敦楨、梁思成、單士元諸先生及楨等，用丁本相校」〔註9〕，

〔註6〕謝國楨：《謝國楨全集第 7 冊‧營造法式版本源流考》，第 365 頁。
〔註7〕謝國楨：《謝國楨全集第 7 冊‧營造法式版本源流考》，第 359 頁。
〔註8〕謝國楨：《謝國楨全集第 7 冊‧營造法式版本源流考》，第 366 頁。
〔註9〕謝國楨：《謝國楨全集第 7 冊‧營造法式版本源流考》，第 366 頁。

通過不同版本的比勘，也才有了謝國楨先生的這篇考證文字。此後，中日學者對這部書的版本及內容還做了細緻地考訂，梁思成、竹島卓一、潘谷西、柳和城等學者皆有專論。直到今天，還有圖書館人撰文梳理該書的版本情況。〔註10〕然而，即便是謝國楨先生當年的考證，還有未及處。據黃東平的文獻調查，《營造法式》在宋代編成後於元符三年（1100）進呈，即有了多部抄本，因李誡於紹聖四年（1097）奉命主持重別編修，故也被稱之為「紹聖本」；隨後，在崇寧二年（1103）李誡請旨以小字版本刊行，並頒賜給各地官署，於是有了「崇寧本」；南宋紹興十五年（1145）該書由平江（今蘇州）知府王喚主持覆刻，是為「紹興本」；蘇州藏板，到了紹定（1228～1233）原板似不堪再刷印之用，又有了重刊本，即「紹定本」。紹定本，曾有元明遞修，殘本保存在國家圖書館；明初修《永樂大典》時，抄錄了這部書，是為「大典本」，明代還有范氏天一閣、趙氏脈望館、毛氏汲古閣等多部抄本，另有錢謙益所藏而毀於大火之刻本；清代又有刻本、抄本多種。這些版本之間不存在直線的進化關係，而是有著頗為複雜的嬗變承繼關係，各版本之間的價值，也需要根據具體的情況加以論定。

在一眾清代抄本中，上海圖書館藏張氏抄本稱得上是善本，它乃翁氏世代秘藏之寶。翁氏藏書入藏上圖之後，經陳先行先生等著文揭示，這部書才為學界所熟知。謝國楨、梁思成等一眾版本學家、建築學家，都未能有緣得見此書，所以陳先生說：「而今欣逢盛世，此本終於入藏上海圖書館，不僅得到妥善保護，更將付諸影印而使之化身千百，倘若陶湘、顧廷龍先生九原有知，將會何等興奮。」〔註11〕由此可見，一部書的版本討論可能就需要好幾代人的努力，而現存的十數萬部古籍想要展開細緻梳理，幾乎不可能，我們只能選擇代表性的作者及其著作開展有條件的研究，那些試圖一次性解決所有問題的做法，只不過是浪漫的想像。

當我們明確地提出，「古籍善本」是一種人文之學的概念時，我們並不能十分明確的歸納它的規律，現有的資料表明，對它的探索要多於定律的總結；對它的一般性討論要讓位於這一領域的局部課題的系統研究。一如「歷史詩學」這個概念在上個世紀提出的時候那樣，古籍善本這個概念的正式揭櫫著述

〔註10〕黃東平：《李誡〈營造法式〉版本源流考》，《四川圖書館學報》，2020 年第 6 期，第 93～97 頁。
〔註11〕陳先行：《古籍善本》（修訂本），上海：上海人民出版社，2020 年，第 471 頁。

時，不管是作者，還是讀者，都有一種審慎的態度，他們更多的把眼光放在了一部部饒有歷史和趣味的古籍之上，試圖通過一個個素描的揭示，讓古籍善本這個當代的詞彙能夠經受住時間的考驗，最後能夠列入到人文歷史的範疇之中。

　　因此，當我們談古籍善本的時候，更多的是要問「為什麼」（Les pourquoi）而不是其他。〔註12〕前朝往事的記錄就是歷史，古代書籍的遺存就是古籍，可是歷史何其之多，我們如何才能以一種符合當代人興趣和品味的方式書寫歷史？同樣的，古籍何其之多，我們如何才能以一種人文與歷史的方式來理解善本？為什麼古籍善本值得我們耗費大量的人力物力和精力去探尋其中的蛛絲馬蹟，並描繪一種由諸古籍善本所構成的學科圖景？我們的作者要試圖回答讀者的各種為什麼的問題，並給予這些問題以或表面，或內在，或瑣細，有時候也是富於想像力的回答。這些回答能讓人未必能讓那些一心尋求絕對真理的學者得到知識上和心智上的滿足，但它能讓普通讀者得到某種人文的薰陶，也能得到歷史的某種啟迪，甚至有可能引導年輕一代開始更加深入地探尋古籍善本的廣闊世界，將自己的學術興趣放在這一門新興的且大有可為的學術處女地，去探索一個個問題的答案，去描繪一個個新的圖像，最終或許能夠為世人帶來一種體系化、譜系化和科學化的古籍學。

〔註12〕〔俄羅斯〕維謝洛夫斯基：《歷史詩學》，北京：人民文學出版社，2020年，第24～26頁。

參考文獻

1. 〔漢〕許慎撰，〔清〕段玉裁注：《說文解字注》，許惟賢整理，南京：鳳凰出版社，2007 年。

2. 〔晉〕郭象注，〔唐〕成玄英疏：《莊子注疏》，北京：中華書局，2011 年。

3. 〔南朝梁〕劉勰著，〔清〕黃叔琳注，〔清〕李詳補注，楊明照校注拾遺：《文心雕龍校注》，北京：中華書局，2023（2021）年。

4. 〔南朝梁〕蕭繹撰，陳志平等疏證校注：《金樓子疏證校注》，上海：上海古籍出版社，2014 年。

5. 〔南朝梁〕蕭子顯：《南齊書》，北京：中華書局，2011 年。

6. 〔梁〕沈約：《宋書》，北京：中華書局，2011 年。

7. 〔梁〕蕭統：《文選》，上海：上海古籍出版社，2007 年。

8. 〔唐〕房玄齡：《晉書》，北京：中華書局，2011 年。

9. 〔唐〕李白著、〔清〕王琦注：《李太白全集》，北京：中華書局，2011 年。

10. 〔唐〕李延壽：《北史》，北京：中華書局，2011 年。

11. 〔唐〕李延壽：《南史》，北京：中華書局，2011 年。

12. 〔唐〕劉知幾：《史通箋注》，張振珮箋注，貴陽：貴州人民出版社，1985 年。

13. 〔唐〕王維撰，陳鐵民校注：《王維集校注》，北京：中華書局，2019 年。

14. 〔唐〕魏徵等：《隋書》，北京：中華書局，2011 年。

15. 〔唐〕姚思廉：《梁書》，北京：中華書局，2011 年。

16. 〔宋〕晁公武撰、孫猛校正：《郡齋讀書志校證》，上海：上海古籍出版社，2005（1990）年。

17. 〔宋〕陳振孫：《直齋書錄解題》，徐小蠻等點校，上海：上海古籍出版社，2015 年。

18. 〔宋〕程遇孫：《成都文類》，《景印文淵閣四庫全書》第 1354 冊，臺北：臺灣商務印書館股份有限公司，1986 年。

19. 〔宋〕戴埴：《鼠璞》，《叢書集成初編》，上海：商務印書館，1939 年；上海師範大學古籍整理研究所編：《全宋筆記第八編四》，鄭州：大象出版社，2017 年。

20. 〔宋〕高承：《事物紀原》，〔明〕李果訂，金圓等點校，北京：中華書局，1989 年。

21. 〔宋〕黎靖德：《朱子語類》，〔宋〕朱熹：《朱子全書（修訂版）》第 18 冊，朱傑人等主編，上海：上海古籍出版社，2010 年。

22. 〔宋〕李燾：《續資治通鑒長編》，北京：中華書局，1995 年。

23. 〔宋〕李心傳：《建炎以來繫年要錄》北京：中華書局，2013 年。

24. 〔宋〕劉克：《詩說》，北京：北京圖書館出版社，2003 年。

25. 〔宋〕馬端臨：《文獻通考》，上海師範大學古籍研究所、華東師範大學古籍研究所點校，北京：中華書局，2011 年。

26. 〔宋〕潛說友：《咸淳臨安志》，杭州：浙江古籍出版社，2012 年。

27. 〔宋〕王得臣：《麈史》，朱易安等：《全宋筆記第一編十》，鄭州：大象出版社，2003 年。

28. 〔宋〕王珪：《華陽集》，《景印文淵閣四庫全書》第 1093 冊，臺北：臺灣商務印書館股份有限公司，1986 年。

29. 〔宋〕王應麟撰，武秀成、趙庶樣校證：《玉海藝文校證》，南京：鳳凰出版社，2013 年。

30. 〔宋〕王銍：《默記》，朱易安等：《全宋筆記第四編三》，鄭州：大象出版社，2003 年。

31. 〔宋〕葉適：《葉適集》2 版，北京：中華書局，2010 年。

32. 〔宋〕葉廷珪：《海錄碎事》，北京：中華書局，2002 年。

33. 〔宋〕張君房：《雲笈七籤》，北京：中華書局，2003 年。

34. 〔宋〕朱熹：《詩集傳》，趙長征點校，北京：中華書局，2017 年。

35. 〔宋〕朱熹編撰、孫通海等主編：《資治通鑒綱目》，北京：中華書局，2022

年。

36. 〔宋〕朱熹撰、朱傑人等主編:《朱子全書第 11 冊·資治通鑒綱目》,上海:上海古籍出版社;合肥:安徽教育出版社,2010 年。

37. 〔元〕脫脫等:《宋史》,北京:中華書局,2013 年。

38. 〔明〕陳建撰、高汝栻訂、吳楨增刪:《皇明通紀法傳全錄》,影印浙江圖書館藏明崇禎九年刻本,《續修四庫全書》第 357 冊,上海:上海古籍出版社,2002 年。

39. 〔明〕范欽:《范欽集》,袁慧點校,杭州:浙江古籍出版社,2012 年。

40. 〔明〕馮繼科:《〔嘉靖〕建陽縣志》,上海:上海古籍書店,1962 年。

41. 〔明〕高啟著,〔清〕金檀輯注:《高青丘集》,徐澄宇等校點,上海:上海古籍出版社,2013(1985)年。

42. 〔明〕過庭訓:《本朝分省人物考》,影印北京大學圖書館藏明天啟間刻本,《續修四庫全書》第 535 冊,上海:上海古籍出版社,2002 年。

43. 〔明〕黃宗羲著、吳光主編:《黃宗羲全集第 11 冊·宋元學案》,杭州:浙江古籍出版社,2012 年。

44. 〔明〕黃佐:《翰林記》,《景印文淵閣四庫全書》第 596 冊,臺北:臺灣商務印書館,1986 年。

45. 〔明〕霍冀輯:《軍政條例類考》,影印國家圖書館藏明嘉靖三十一年刻本,《續修四庫全書》第 852 冊,上海:上海古籍出版社,2002 年。

46. 〔明〕解縉等:《永樂大典》第 3 冊,北京:中華書局,1986 年。

47. 〔明〕雷禮:《國朝列卿紀》,影印北京大學圖書館藏明萬曆間徐鑒刻本,《續修四庫全書》第 522 冊,上海:上海古籍出版社,2002 年。

48. 〔明〕李東陽:《李東陽集》,周寅賓等校點,長沙:嶽麓書社,2008 年。

49. 〔明〕李東陽等:《〔正德〕大明會典》娟一百六十四,明正德四年(1509)司禮監刻本,國家圖書館藏本。

50. 〔明〕陸容:《菽園雜記》,北京:中華書局,1985 年。

51. 〔明〕商輅:《商輅集》,孫福軒編校,杭州:浙江古籍出版社,2012 年。

52. 〔明〕邵寶:《容春堂集》,南京:鳳凰出版社,2011 年。

53. 〔明〕申時行等:《〔萬曆〕大明會典》卷二百九,明萬曆十五年(1587)內府刻本,國家圖書館藏本。

54. 〔明〕陶望齡:《陶望齡全集》,李會富編校,上海:上海古籍出版社,2019

年。

55. 〔明〕王守仁：《王陽明集》，王曉昕等點校，北京：中華書局，2016 年。

56. 〔明〕王廷相：《王廷相集》，北京：中華書局，1989 年。

57. 〔明〕魏時應：《〔萬曆〕建陽縣志》，《日本藏中國罕見地方志叢刊》，北京：書目文獻出版社，1991 年。

58. 〔明〕吳寬：《匏翁家藏集》，國家圖書館藏明吳奭正德三年刻（1508）本。

59. 〔明〕葉盛：《水東日記》，臺北：臺灣學生書局，1965 年。

60. 〔明〕葉盛：《水東日記》，魏中平校點，北京：中華書局，1980 年。

61. 〔明〕張璁：《張璁集》，張憲文校注，上海：上海社會科學院出版社，2003 年。

62. 〔清〕畢沅：《續資治通鑒》，北京：中華書局，1957 年。

63. 〔清〕陳奐：《詩毛氏傳疏》，北京大學儒藏編輯研究委員會：《儒藏精華編三三》，北京：北京大學出版社，2009 年。

64. 〔清〕陳鱣：《經籍跋文》，《續修四庫全書》（第 923 冊），上海：上海古籍出版社，2002 年。

65. 〔清〕丁丙：《善本書室藏書志》，曹海花點校，杭州：浙江古籍出版社，2016 年。

66. 〔清〕范邦甸等：《天一閣書目》，江曦等點校，上海：上海古籍出版社，2010 年。

67. 〔清〕耿文光：《萬卷精華藏書樓記》，山右歷史文化研究院編：《山右叢書初編9》，上海：上海古籍出版社，2014 年。

68. 〔清〕顧廣圻：《顧千里集》，王欣夫輯，北京：中華書局，2007 年。

69. 〔清〕顧炎武著、黃汝成集釋：《日知錄集釋‧日知錄之餘》，欒保群等校點，上海：上海古籍出版社，2014 年。

70. 〔清〕桂馥：《札樸》，趙智海點校，北京：中華書局，2006（1992）年。

71. 〔清〕何焯：《義門讀書記》，崔高維點校，北京：中華書局，1987 年。

72. 〔清〕胡紹煐：《文選箋證》，蔣立甫校點，合肥：黃山書社，2004 年。

73. 〔清〕黃丕烈：《黃丕烈藏書題跋集》，余鳴鴻等點校，上海：上海古籍出版社，2015 年。

74. 〔清〕黃以周：《儆季雜著》，《黃式三黃以周合集（第 15 冊）》，上海：上

海古籍出版社，2014 年。

75. 〔清〕江標：《黃丕烈年譜》，王大隆補，馮惠民點校，北京：中華書局，
1988 年。

76. 〔清〕盧世㴶：《尊水園集略》，國家圖書館藏清順治刻十七年（1660）書
林劉經邦張鴻儒刻本。

77. 〔清〕陸心源：《皕宋樓藏書志》，徐靜波點校，杭州：浙江古籍出版社，
2016 年。

78. 〔清〕陸心源：《群書校補》，潛園總集本，清光緒十九年（1893）刊本，
天津圖書館藏。

79. 〔清〕陸心源：《儀顧堂集》，王增清點校，杭州：浙江古籍出版社，2015
年。

80. 〔清〕陸心源：《儀顧堂書目題跋彙編》，馮惠民整理，北京：中華書局，
2009 年。

81. 〔清〕路慎莊：《蒲編堂路氏藏書目》，杜以恒整理，濟南：齊魯書社，2021
年。

82. 〔清〕莫友芝：《邵亭知見傳本書目》，梁光華等點校，貴陽：貴州大學出
版社，2017 年。

83. 〔清〕莫有芝撰、傅增湘訂補、傅熹年整理：《藏園訂補邵亭知見傳本書
目》，北京：中華書局，2009 年。

84. 〔清〕彭元瑞等：《天祿琳琅書目後編》，上海：上海古籍出版社，2007 年。

85. 〔清〕錢大昕：《潛研堂集》，上海：上海古籍出版社，2009 年。

86. 〔清〕阮元：《宛委別藏·詩說》，南京：江蘇古籍出版社，1998 年。

87. 〔清〕阮元：《揅經室集》，鄧經元點校，北京：中華書局，1993 年。

88. 〔清〕孫承澤：《春明夢餘錄》，王劍英點校，北京：北京古籍出版社，1992
年。

89. 〔清〕孫承澤：《春明夢餘錄》，王劍英點校，北京：北京古籍出版社，1992
年。

90. 〔清〕孫奇逢：《孫奇逢集中·中州人物考》，張顯清主編，鄭州：中州古
籍出版社，2003 年。

91. 〔清〕王夫之：《讀通鑒論》，舒士彥點校，北京：中華書局，2013 年。

92. 〔清〕王士禛：《王士禛全集》，袁世碩主編，濟南：齊魯書社，2007 年。

93. 〔清〕翁方綱:《復初齋文集》，北京大學儒藏編纂與研究中心:《儒藏精華編二七六》，北京:北京大學出版社，2010 年。

94. 〔清〕徐松:《宋會要輯稿》，劉琳等校點，上海:上海古籍出版社，2014年。

95. 〔清〕薛福成:《天一閣見存書目》，國家圖書館藏稿本。

96. 〔清〕楊紹和:《楹書隅錄》卷一，清光緒二十年（1894）海源閣刻本。

97. 〔清〕楊紹和編撰、周叔弢批註:《周叔弢批註楹書隅錄》第 1 冊，北京:國家圖書館出版社，2009 年。

98. 〔清〕葉昌熾:《藏書紀事詩》，王鍔等點校，北京:北京燕山出版社，1999年。

99. 〔清〕葉昌熾:《語石》，姚文昌點校，杭州:浙江大學出版社，2020（2018）年。

100. 〔清〕永瑢等:《四庫全書總目》，北京:中華書局，2003 年。

101. 〔清〕于敏中:《天祿琳琅書目》，上海:上海古籍出版社，2007 年。

102. 〔清〕張金吾:《愛日精廬藏書志》，馮惠民整理，北京:中華書局，2012年。

103. 〔清〕張琦主修:《建寧府志》，南平市地方志編纂委員會整理，福州:福建省地圖出版社，2018 年。

104. 〔清〕張廷玉等:《明史》，北京:中華書局，2011 年。

105. 〔清〕張之洞編撰、范希增補正:《書目答問補正》，北京:中華書局，2018年。

106. 〔清〕章學誠撰，葉瑛校注:《文史通義校注》，北京:中華書局，2014 年。

107. 〔清〕周中孚:《鄭堂讀書記》，黃曙輝等標校，上海:上海書店出版社，2009 年。

108. 〔清〕周作楫等:《〔道光〕貴陽府志·餘編卷八》，清道光二十年（1840）刻咸豐二年（1852）補刻本。

109. 〔清〕朱學勤增訂:《匯刻書目二十冊》，天津圖書館藏清光緒間上海福瀛書局重刻本。

110. 〔清〕朱彝尊撰、林慶彰等主編:《經義考新校》，上海:上海古籍出版社，2010 年。

111. 〔俄羅斯〕維謝洛夫斯基:《歷史詩學》，北京:人民文學出版社，2020 年。

112. 〔法〕德勒茲著，〔法〕拉普雅德編：《兩種瘋狂體制：文本與訪談》，藍江譯，南京：南京大學出版社，2023 年。

113. 〔法〕列維-斯特勞斯：《憂鬱的熱帶》，王志明譯，北京：中國人民大學出版社，2023 年。

114. 〔美〕高居翰：《溪山清遠》，北京：北京大學出版社，2023 年。

115. 〔美〕亥文：《改變世界的發明》，青島：青島出版社，2014 年。

116. 〔美〕洛夫喬伊：《存在巨鏈》，張傳友等譯，北京：商務印書館，2015 年。

117. 〔美〕施特勞斯：《迫害與寫作藝術》（2 版），劉峰譯，北京：華夏出版社，2020 年。

118. 〔日〕倉石武四郎：《舊京書影》，北京：人民文學出版社，2011 年。

119. 〔日〕島田瀚：《古文舊書考》，杜澤遜等點校，上海：上海古籍出版社，2014 年。

120. 〔日〕福井康順等：《道教第一卷·道教經典》，朱越利等譯，上海：上海古籍出版社，1990 年。

121. 〔日〕河田羆：《靜嘉堂秘籍志》，杜澤遜等點校，上海：上海古籍出版社，2016 年。

122. 〔日〕小柳司氣太：《白雲觀志》，北京：北京聯合出版公司，2019 年。

123. 《明太宗實錄》，臺北：「中央研究院」歷史語言研究所，1962 年。

124. 《清史列傳》，王鍾翰點校，北京：中華書局，1987 年。

125. 《全唐詩》（增訂本），中華書局編輯部點校，北京：中華書局，2013（1999）年。

126. 《日本足利學校藏宋刊明州本劉晨注文選》，北京：人民文學出版社，2008 年。

127. 《世宗實錄》，臺北：「中央研究院」歷史語言研究所，1962 年。

128. 《希古右文：1940～1941 搶救國家珍貴古籍特選八十種圖錄》，臺北：臺北「中央圖書館」，2013 年。

129. 《續修四庫全書總目提要經部》，北京：中華書局，1993 年。

130. 《英宗實錄》，臺北：「中央研究院」歷史語言研究所，1962 年。

131. 《御批資治通鑒綱目提要》，《景印文淵閣四庫全書》（第 689 冊），臺北：臺灣商務印書館，1986 年。

132. 《諸司職掌》，影印國家圖書館藏明刻本，《續修四庫全書》第 748 冊，上

海：上海古籍出版社，2002 年。

133. 安捷主編：《太原府志集全》，太原：山西人民出版社，2005 年。

134. 白金：《北宋目錄學研究》，河南大學博士論文，2012 年。

135. 柏克萊加州大學東亞圖書館編：《伯克萊加州大學東亞圖書館中文古籍善本書志》，上海：上海古籍出版社，2005 年。

136. 北京大學圖書館學系、武漢大學圖書館學系編：《圖書館古籍編目》，陳源蒸等主編：《20 世紀中國圖書館學文庫 39》，北京：國家圖書館出版社，2014 年。

137. 北京大學信息管理系、臺北胡適紀念館：《胡適王重民先生往來書信集》，北京：國家圖書館出版社，2009 年。

138. 北京大學信息管理系編：《王重民先生百年誕辰紀念文集》，北京：北京圖書館出版社，2003 年。

139. 北京師範大學圖書館古籍部編：《北京師範大學圖書館古籍善本書目》，北京：北京圖書館出版社，2002 年。

140. 北京圖書館：《中國版刻圖錄（增訂本）》，北京：文物出版社，1961 年。

141. 北京圖書館編：《北京圖書館古籍善本書目》，北京：書目文獻出版社，1989 年。

142. 北京圖書館編：《北京圖書館善本書目‧經部》，北京：中華書局，1959 年。

143. 北京圖書館編：《中國版刻圖錄》，北京：文物出版社，1961 年。

144. 北京圖書館業務研究委員會編：《北京圖書館館史資料彙編 1909～1949》，北京：書目文獻出版社，1992 年。

145. 本社編：《近代著名圖書館館刊薈萃續編》第 14 冊，北京：北京圖書館出版社，2005 年。

146. 編委會：《海峽兩岸中華古籍保護論著提要（2011～2015）》，北京：國家圖書館出版社，2017 年。

147. 蔡毅：《中國古典戲曲序跋彙編》，濟南：齊魯書社，1989 年。

148. 曹之：《中國古籍版本學》（3 版），武漢：武漢大學出版社，2015 年。

149. 昌彼得：《蟬庵論著全集》，臺北：國立故宮博物院，2009 年。

150. 陳光崇：《通鑒新論》，瀋陽：遼寧教育出版社，1999 年。

151. 陳國符：《陳國符道藏研究論文集》，上海：上海古籍出版社，2004 年。

152. 陳國符：《道藏源流考（新修訂版）》，北京：中華書局，2014 年。

153. 陳紅彥主編：《古籍善本掌》，上海：上海遠東出版社，2016 年。

154. 陳乃乾：《陳乃乾文集》，虞坤林整理，北京：國家圖書館出版社，2009 年。

155. 陳先行、郭立暄編：《上海圖書館藏善本題跋輯錄附版本考》，上海：上海辭書出版社，2017 年。

156. 陳先行：《古籍善本》，上海：上海人民出版社，2020 年。

157. 陳垣：《陳垣全集》，合肥：安徽大學出版社，2009 年。

158. 陳垣：《道家金石略》，北京：文物出版社，1988 年。

159. 程千帆、徐有富：《校讎廣義版本編》（修訂本），北京：中華書局，2020 年。

160. 程水龍：《近思錄版本與傳播研究》，上海：上海古籍出版社，2008 年。

161. 鄧廣銘：《鄧廣銘全集》，石家莊：河北教育出版社，2005 年。

162. 鄧小南：《祖宗之法：北宋前期政治述略》，北京：生活‧讀書‧新知三聯書店，2014 年。

163. 鄧之誠：《鄧之誠文史箚記》（修訂本），南京：鳳凰出版社，2016 年。

164. 鄧之誠：《桑園讀書記》，鄧瑞點校，瀋陽：遼寧教育出版社，1998 年。

165. 丁培仁：《道教文獻學》，成都：四川大學出版社，2018 年。

166. 丁申《武林藏書錄》，〔明〕胡應麟等：《經籍會通外四種》，北京：北京燕山出版社，2008 年。

167. 丁延峰：《海源閣善本敘錄》，北京：國家圖書館出版社，2015 年。

168. 杜定友：《圖書館學概論》，陳源蒸等主編：《20 世紀中國圖書館學文庫 7》，北京：國家圖書館出版社，2014 年。

169. 杜澤遜：《四庫存目標注》，上海：上海古籍出版社，2007 年。

170. 樊長遠：《美國芝加哥大學圖書館藏中文古籍善本書志‧史部》，北京：國家圖書館出版社，2022 年。

171. 范軍主編：《崇文書局及晚清官書局研究論集》，武漢：崇文書局，2017 年。

172. 方彥壽：《建陽刻書考》，北京：中國社會出版社，2003 年。

173. 傅熹年：《傅熹年論文選》，北京：中華書局，2020 年。

174. 傅璇琮等等主編：《中國詩學大辭典》，杭州：浙江教育出版社，1999 年。

175. 傅增湘：《藏園訂補郘亭知見傳本書目》，北京：中華書局，2009 年。

176. 傅增湘：《藏園批註楹書隅錄》，北京：中華書局，2017 年。

177. 傅增湘：《藏園群書經眼錄》，北京：中華書局，2009 年。

178. 傅增湘：《藏園群書經眼錄》2 版，北京：中華書局，2009 年。

179. 傅增湘：《藏園群書題記》，上海：上海古籍出版社，2022 年。

180. 高小健主編：《中國道觀志叢刊》第 17 冊，南京：江蘇古籍出版社，2000 年。

181. 龔斌：《南蘭陵蕭氏文化史稿》，上海：上海古籍出版社，2015 年。

182. 顧葆龢：《顧氏小石山房佚存書錄》，國家圖書館編：《國家圖書館藏古籍題跋叢刊》第 23 冊，北京：國家圖書館出版社，2002 年。

183. 顧頡剛：《顧頡剛讀書筆記》，北京：中華書局，2011 年。

184. 顧頡剛：《顧頡剛日記》，臺北：聯經出版事業股份有限公司，2007 年。

185. 顧廷龍：《顧廷龍文集》，上海：上海科學技術文獻出版社，2002 年。

186. 顧永新：《經學文獻的衍生和通俗化：以近古時代的傳刻為中心》，北京：北京大學出版社，2014 年。

187. 關西大學文化交涉學教育研究中心、出版博物館編：《印刷出版與知識環流：十六世紀以後的東亞》，上海：上海人民出版社，2011 年。

188. 郭秧全等主編：《崑山歷代藝文志》，南京：江蘇科學技術出版社，2012 年。

189. 國家古籍保護中心：《第一批國家珍貴古籍名錄圖錄》，北京：國家圖書館出版社，2008 年。

190. 國家圖書編：《西諦書目》，北京：中華書局，2008 年。

191. 國立中央圖書館：《國立中央圖書館善本書目（增訂本）》，臺北：中央圖書館，1967 年。

192. 國立中央圖書館特藏組編：《標點善本題跋輯錄》，臺北：中央圖書館，1992 年。

193. 何九盈等主編：《辭源（第三版）》，北京：商務印書館，2015 年。

194. 洪湛侯：《詩經學史》，北京：中華書局，2002 年。

195. 胡道靜：《胡道靜文集·夢溪筆談校正》，上海：上海古籍出版社，2011 年。

196. 胡道靜：《簡明古籍辭典》，濟南：齊魯書社，1989 年。

197. 胡道靜：《中國古代的類書》，北京：中華書局，1982 年。

198. 胡道靜等：《藏外道書序》，成都：巴蜀書社，1994 年。

199. 胡興東：《宋朝立法通考》，北京：中國社會科學出版社，2018 年。

200. 湖北省荊州市周梁玉橋遺址博物館：《關沮秦漢墓簡牘》，北京：中華書局，2001 年。

201. 黃挺、馬明達：《潮汕金石文徵宋元卷》，廣州：廣東人民出版社，1999 年。

202. 黃永年：《古籍版本學》（2 版），南京：江蘇教育出版社，2009 年。

203. 黃永年：《黃永年文史論文集第三冊·文獻鉤沉》，北京：中華書局，2015 年。

204. 冀淑英：《冀淑英文集》，北京：北京圖書館出版社，2004 年。

205. 江澄波：《江蘇活字印書》，北京：北京聯合出版公司，2020 年。

206. 江曦：《清代版本學史》，北京：中國社會科學出版社，2013 年。

207. 柯亞莉：《天一閣藏明代文獻研究》，新北：花木蘭文化出版社，2013 年。

208. 來新夏等：《書目答問匯補》，北京：中華書局，2011 年。

209. 來新夏等：《中國古代圖書事業史》，上海：上海人民出版社，1990 年。

210. 李國慶：《弢翁藏書年譜》，合肥：黃山書社，2000 年。

211. 李弘祺：《學以為己：傳統中國的教育》，上海：華東師範大學出版社，2017 年。

212. 李開升：《明嘉靖刻本研究》，上海：中西書局，2019 年。

213. 李慶：《顧千里研究》，上海：上海古籍出版社，1989 年。

214. 李養正：《新編北京白雲觀志》，北京：宗教文化出版社，2002 年。

215. 李勇慧：《王獻唐著述考》，濟南：山東教育出版社，2014 年。

216. 李玉安、黃正雨：《中國藏書家通典》，香港：中國國際文化出版有限公司，2005 年。

217. 李致忠：《昌平集》，上海：上海古籍出版社，2012 年。

218. 李致忠：《古籍版本知識 500 問》，北京：北京圖書館出版社，2001 年。

219. 李致忠：《古書版本鑒定（重訂本）》，北京：北京聯合出版社，2021 年。

220. 李致忠：《宋版書敘錄》，北京：北京圖書館出版社，1994 年。

221. 林申清：《宋元刻書牌記圖錄》，北京：北京圖書館出版社，1999 年。

222. 林夕主編：《中國著名藏書家書目彙刊近代卷》，北京：商務印書館，2005年。

223. 林祖泉：《莆陽進士名錄》，福州：海峽文藝出版社，2013年。

224. 劉海年、楊一凡：《中國珍稀法律典籍集成乙編》第2冊，北京：科學出版社，1994年。

225. 劉鵬：《清代藏書史論稿》，北京：知識產權出版社，2018年。

226. 劉榮華編：《湖州百年收藏》，杭州：浙江古籍出版社，2012。

227. 劉師培：《劉申叔先生遺書·讀道藏記》，寧武南氏校印本，1937年。

228. 劉緯毅主編：《山西省古籍善本書目》，太原：山西省圖書館。

229. 劉咸炘：《道教徵略》，上海：上海科學技術文獻出版社，2010年。

230. 劉玉才主編：《十三經注疏校勘記》，北京：北京大學出版社，2015年。

231. 劉毓慶：《歷代詩經考：先秦——元代》，北京：中華書局，2002年。

232. 柳存仁：《和風堂文集·道藏刻本之四個日期》，上海：上海古籍出版社，1991年。

233. 柳森：《清代西南官學藏書研究》，北京：光明日報出版社，2022年。

234. 羅偉國、胡平：《古籍版本題記索引》，上海：華東師範大學出版社，2011年。

235. 羅振玉：《羅振玉學術論著集第7卷大雲書庫藏書題識》，上海：上海古籍出版社，2010年。

236. 駱兆平：《書城瑣記》，上海：上海古籍出版社，2000年。

237. 馬衡：《馬衡日記》，馬思猛整理，北京：生活·讀書·新知三聯書店，2018年。

238. 馬楠：《唐宋官私目錄研究》，上海：中西書局，2020年。

239. 馬宗霍：《南史校正》，長沙：湖南教育出版社，2008年。

240. 毛春翔：《古書版本常談（插圖增訂本）》，上海：上海古籍出版社，2003年。

241. 繆荃孫：《繆荃孫全集》，張廷銀等主編，南京：鳳凰出版社，2013年。

242. 繆荃孫：《藝風藏書記》，上海：上海古籍出版社，2007年。

243. 莫伯驥：《五十萬卷樓藏書目錄初編》，曾貽芬整理，北京：中華書局，2016年。

244. 牟鍾鑒等：《道教通論》，濟南：齊魯書社，1991年。

245. 穆衡伯:《古籍雜談》,南京:鳳凰出版社,2010 年。

246. 南京國學圖書館編:《盋山書影》,北京:北京圖書館出版社,2003 年。

247. 潘承弼、顧廷龍:《明代版本圖錄初編》,上海:開明書店,1941 年。

248. 潘雨廷:《潘雨廷著作集·道藏書目提要》,上海:上海古籍出版社,2016 年。

249. 漆俠:《宋代經濟史》,上海:上海人民出版社,1987 年。

250. 錢存訓:《紙和印刷》,上海:科學出版社、上海古籍出版社,1990 年。

251. 錢亞新、白國應編:《杜定友圖書館學論文選集》,北京:書目文獻出版社,1988 年。

252. 錢亞新:《浙東三祁藏書和學術研究》,南京:江蘇省圖書館學會,1981 年。

253. 錢仲聯:《劍南詩稿校注》,上海:上海古籍出版社,1985 年。

254. 錢仲聯等:《中國文學大辭典》,上海:上海辭書出版社,2000 年。

255. 卿希泰:《中國道教史(修訂本)》,成都:四川人民出版社,1996 年。

256. 丘東江主編:《圖書館學情報學大辭典》,北京:海洋出版社,2013 年。

257. 屈萬里:《普林斯頓大學葛思德東方圖書館中文善本書志》,臺北:聯經出版事業公司,1984 年。

258. 屈萬里:《屈萬里全集 16·國立中央圖書館善本書目初稿》,臺北:聯經出版事業公司,1985 年。

259. 瞿冕良:《中國古籍版刻辭典(增訂本)》,蘇州:蘇州大學出版社,2009 年。

260. 瞿鏞:《鐵琴銅劍樓藏書目錄》,上海:上海古籍出版社,2000 年。

261. 任繼愈:《傳統特色文獻整理與收藏研究》,北京:國家圖書館出版社,2010 年。

262. 任繼愈:《道藏提要》,北京:中國社會科學出版社,1991 年;《道藏提要(修訂本)》,北京:中國社會科學出版社,1995 年。

263. 任繼愈:《中國藏書樓》,瀋陽:遼寧人民出版社,2001 年。

264. 任繼愈:《中國道教史(增訂本)》,北京:中國社會科學出版社,2001 年。

265. 商務印書館此書研究中心:《古代漢語詞典》(2 版),北京:商務印書館,2018(2014)年。

266. 上海大學圖書館學系編:《古籍整理與版本(上)》,油印本,1983 年。

267. 上海古籍出版社編：《明代筆記小說大觀》，上海：上海古籍出版社，2005年。

268. 上海圖書館：《上海圖書館藏宋本圖錄》，上海：上海古籍出版社，2010年。

269. 上海圖書館：《翁氏藏書與翁氏文獻》，上海：上海書畫出版社，2016年。

270. 上海圖書館：《中國叢書綜錄》，上海：上海古籍出版社，1982年。

271. 上海圖書館編：《上海圖書館藏善本題跋真蹟》，上海：上海辭書出版社，2013年。

272. 邵懿辰撰、邵章續錄：《增訂四庫簡明目錄標注》，上海：上海古籍出版社，1979年。

273. 沈從文：《沈從文全集第32卷中國古代服飾研究》，太原：北嶽文藝出版社，2002年。

274. 沈家本：《寄簃文存》，北京：商務印書館，2017年。

275. 沈家本：《歷代刑法考·律令卷》，北京：商務印書館，2017年。

276. 沈津：《書海揚舲錄》，桂林：廣西師範大學出版社，2016年。

277. 施廷鏞：《中國古籍版本概要》，天津：天津古籍出版社，1987年。

278. 石昌渝：《中國小說源流論》（修訂版），北京：生活·讀書·新知三聯書店，2015年。

279. 石昌渝主編：《中國古代小說總目文言卷》，太原：山西教育出版社，2004年。

280. 四庫全書研究所整理：《欽定四庫全書總目（整理本）》，北京：中華書局，1997年。

281. 蘇州通史編纂委員會編：《蘇州通史人物卷中明清時期》，蘇州：蘇州大學出版社，2019年。

282. 孫殿起：《販書偶記附續編》，上海：上海古籍出版社，1999年。

283. 唐代劍：《宋代道教管理制度研究》，北京：線裝書局，2003年。

284. 田建平：《宋代出版史》，北京：人民出版社，2017年。

285. 田澍：《嘉靖革新研究》，北京：中國社會科學出版社，2015年。

286. 汪辟疆：《目錄學研究》，上海：華東師範大學出版社，2000年。

287. 王承略、劉心明主編：《二十五史藝文經籍志考補萃編》，北京：清華大學出版社，2014年。

288. 王國維：《傳書堂藏書志》，王亮整理，上海：上海古籍出版社，2014 年。

289. 王國維：《王國維全集（第七卷）·五代兩宋監本考》，謝維揚等主編，杭州：浙江教育出版社，2009 年。

290. 王河主編：《中國歷代藏書家辭典》，上海：同濟大學出版社，1991 年。

291. 王錦民：《古典目錄與國學源流》，北京：中華書局，2012 年。

292. 王力：《王力古漢語字典》，北京：中華書局，2000 年。

293. 王力：《王力文集第八卷·同源字典》，濟南：山東教育出版社，1992 年。

294. 王連成主編：《〔萬曆〕潞安府志》，太原：山西古籍出版社，2006 年。

295. 王榮國主編：《遼寧省圖書館藏古籍精品圖錄》，瀋陽：瀋陽出版社，2008 年。

296. 王玥琳：《中國古代藏書印小史》，北京：中國長安出版社，2015 年。

297. 王重民：《冷廬文藪》，上海：上海古籍出版社，1992 年。

298. 王重民：《中國善本書提要》，上海：上海古籍出版社，1983 年。

299. 王重民：《中國善本書提要補編》，北京：北京圖書館出版社，1997 年。

300. 魏小虎：《四庫全書總目匯訂》，上海：上海古籍出版社，2012 年。

301. 魏隱儒、王金雨：《古籍版本鑒定叢談》，北京：中國社會科學出版社，2017 年。

302. 魏隱儒：《書林掇英：魏隱儒古籍版本知見錄》，李雄飛整理校訂，北京：國家圖書館出版社，2010 年。

303. 魏隱儒：《書林掇英：魏隱儒古籍版本知見錄》，李雄飛整理校訂，北京：國家圖書館出版社，2010 年。

304. 魏隱儒：《中國古籍印刷史》，北京：印刷工業出版社，1988 年。

305. 翁之憙：《常熟翁氏藏書志》，翁以鈞整理，北京：中華書局，2022 年。

306. 吳芹芳、謝泉：《中國古代的藏書印》，武漢：武漢大學出版社，2015 年。

307. 夏徵農等主編：《辭海：第六版彩圖本》，上海：上海辭書出版社，2009 年。

308. 向輝：《采采榮木：中國古典書目與現代版本之學》，上海：上海古籍出版社，2020 年。

309. 項隆元：《營造法式與江南建築》，杭州：浙江大學出版社，2009 年。

310. 謝承仁主編：《楊守敬集（第 8 冊）》，武漢：湖北人民出版社、湖北教育出版社，1997 年。

311. 謝國楨：《江浙訪書記》，北京：生活・讀書・新知三聯書店，2007 年。

312. 謝國楨：《謝國楨全集第 5 冊・明清筆記談叢》，北京：北京出版社，2013 年。

313. 辛德勇：《石室剩言》，北京：中華書局，2014 年。

314. 宿白：《唐宋時期的雕版印刷》，北京：生活・讀書・新知三聯書店，2020 年。

315. 徐建華、陳林：《中國宗教藏書》，貴陽：貴州人民出版社，2009 年。

316. 徐建華等：《中國宗教藏書》，貴陽：貴州人民出版社，2009 年。

317. 徐乃昌：《積學齋藏書記》，柳向春等整理，上海：上海古籍出版社，2014 年。

318. 徐時儀校注：《一切經音義三種校本合刊》，上海：上海古籍出版社，2008 年。

319. 徐媛婷：《古人掌中書：院藏巾箱本特展》，臺北：「國立」故宮博物院，2019 年。

320. 顏慶餘：《元好問與中國詩歌傳統研究》，上海：上海古籍出版社，2020 年。

321. 陽海清：《版本學研究論文選集》，北京：書目文獻出版社，1994 年。

322. 陽海清：《中國叢書廣錄》，武漢：湖北人民出版社，1999 年。

323. 陽海清主編：《版本學研究論文選集》，北京：書目文獻出版社，1994 年。

324. 楊成凱：《古籍版本十講》，北京：中華書局，2023 年。

325. 楊洪昇：《繆荃孫研究》，上海：上海古籍出版社，2008 年。

326. 楊守敬：《藏書絕句》，《中國歷代書目題跋叢書・澹生堂藏書約（外八種）》，上海：上海古籍出版社，2005 年。

327. 楊一凡：《明代立法研究》，北京：中國社會科學出版社，2013 年。

328. 楊翼驤編著、喬治忠等訂補：《增訂中國史學史資料編年・元明卷》，北京：商務印書館，2013 年。

329. 楊雲：《道教研究現狀》，《哲學動態》，1988 年第 6 期，第 32〜34 頁。

330. 楊昭悊：《圖書館學》，陳源燕等主編：《20 世紀中國圖書館學文庫 4》，北京：國家圖書館出版社，2013 年。

331. 葉德輝：《書林清話》，漆永祥點校，北京：北京聯合出版公司，2018 年。

332. 葉德輝：《郋園讀書志》，楊洪昇點校，上海：上海古籍出版社，2010 年。

333. 葉德輝：《葉德輝詩文集》，張晶萍點校，長沙：嶽麓書社，2010 年。

334. 葉夢得：《石林燕語》，朱易安等：《全宋筆記》（第二編十），鄭州：大象出版社，2006 年。

335. 葉秋冶：《雲笈七籤初探》，中國社會科學院研究生院博士論文，2014 年。

336. 游子安：《勸化金箴清代善書研究》，天津：天津人民出版社，1999 年。

337. 于安瀾編：《畫史叢書 3》，開封：河南大學出版社，2015 年。

338. 于震寰：《善本圖書編目法》，《圖書館學季刊》七卷四期抽印本，1933 年。

339. 余嘉錫：《古書通例》，北京：商務印書館，2011 年。

340. 余嘉錫：《四庫提要辯證》，北京：中華書局，2007 年。

341. 余嘉錫：《余嘉錫論學雜著》2 版，北京：中華書局，2007 年。

342. 虞浩旭主編：《天一閣藏明代政書珍本叢刊》第 22 冊，北京：線裝書局，2016 年。

343. 袁行霈：《陶淵明集箋注》，北京：中華書局，2011 年。

344. 袁行霈等編：《中國文言小說書目》，北京：北京大學出版社，1981 年。

345. 袁同禮：《袁同禮文集》，北京：國家圖書出版社，2010 年。

346. 原瑞琴：《〈大明會典〉研究》，北京：中國社會科學出版社，2009 年。

347. 張撝之等主編：《中國歷代人名大辭典》，上海：上海古籍出版社，1999 年。

348. 張繼禹：《中華道藏》，北京：華夏出版社，2004 年。

349. 張晉藩：《中國古代監察法制史》（修訂版），南京：江蘇人民出版社，2017 年。

350. 張鈞衡：《適園藏書志》，中國書店編：《海王村古籍書目題跋叢刊》第 6 冊，北京：中國書店，2008 年。

351. 張麗娟：《宋代經書注疏刊刻研究》，北京：北京大學出版社，2013 年。

352. 張梅秀等編著：《山西大學藏珍貴古籍圖錄》，太原：三晉出版社，2012 年。

353. 張壽林：《續修四庫全書總目提要稿（一）經部》，臺北：中央研究院中國文哲研究所，2009 年。

354. 張書學、李勇慧：《王獻唐年譜長編 1896～1960》，上海：華東師範大學出版社，2017 年。

355. 張舜徽：《中國文獻學》，北京：東方出版社，2019 年。

356. 張秀民：《中國印刷史（插圖珍藏增訂版）》，韓琦增訂，杭州：浙江古籍出版社，2006 年。

357. 張秀民：《中國印刷史》，上海：上海古籍出版社，1989 年。

358. 張煦侯：《通鑒學》，北京：北京聯合出版公司，2019 年。

359. 張元濟：《張元濟全集第 8 卷·涵芬樓燼餘書錄》，北京：商務印書館，2009 年。

360. 趙前：《明代版刻圖典》，北京：文物出版社，2008 年。

361. 趙萬里：《北平圖書館善本書目：一九三三年》，北京：人民文學出版社，2011 年。

362. 趙萬里：《趙萬里文集第 3 卷》，北京：國家圖書館出版社，2012 年。

363. 鄭振鐸：《鄭振鐸全集》，石家莊：花山文藝出版社，1998 年。

364. 鄭振鐸：《鄭振鐸全集第十六卷·書信》，石家莊：花山文藝出版社，1998 年。

365. 鄭振鐸：《中國版畫史圖錄》，北京：中國書店，2012 年，第 3 頁。

366. 中國大百科全書總編委會：《中國大百科全書》（第二版），北京：中國大百科全書出版社，2003 年。

367. 中國古籍善本書目編輯委員會：《中國古籍善本書·史部》，上海：上海古籍出版社，1996 年。

368. 中國古籍善本書目編輯委員會：《中國古籍善本書目·經部》，上海：上海古籍出版社，1996 年。

369. 中國古籍善本書目編輯委員會：《中國古籍善本書目·子部》，上海：上海古籍出版社，1996 年。

370. 中國古籍總目編纂委員會：《中國古籍總目·經部》，北京：中華書局，2012 年。

371. 中國古籍總目編纂委員會：《中國古籍總目·史部》，上海：上海古籍出版社，2009 年。

372. 中國古籍總目編纂委員會：《中國古籍總目·子部》，上海：上海古籍出版社，2010 年。

373. 中國國家博物館編：《中國國家博物館館藏文物研究叢書古籍善本卷上》，上海：上海古籍出版社，2019。

374. 中國國家圖書館、中國國家古籍保護中心編:《第二批國家珍貴古籍名錄圖錄》,北京:國家圖書館出版社,2010 年。

375. 中國國家圖書館、中國國家古籍保護中心編:《第五批國家珍貴古籍名錄圖錄》,北京:國家圖書館出版社,2016 年。

376. 中國嘉德國際拍賣公司編:《常熟翁氏藏書圖錄》,上海:上海科學技術文獻出版社,2000 年。

377. 中國社會科學院語言研究所詞典編輯室編:《現代漢語詞典》(第 7 版),北京:商務印書館,2016 年。

378. 中國詩經學會編:《詩經要籍提要》,北京:學苑出版社,2003 年,第 358 頁。

379. 中國學術名著提要編委會:《中國學術名著提要·宋遼金元編》,上海:復旦大學出版社,2019 年。

380. 中華再造善本工程編纂出版委員會:《中華再造善本總目提要·金元編》,北京:國家圖書館出版社,2013 年。

381. 中華再造善本工程編纂出版委員會:《中華再造善本總目提要·唐宋編》,北京:國家圖書館出版社,2013 年。

382. 中華再造善本工程編纂出版委員會編:《中華再造善本續編總目提要》,北京:國家圖書館出版社,2017 年。

383. 中山大學圖書館編:《中山大學圖書館古籍善本書目》,1982 年。

384. 鍾仕倫:《金樓子研究》,北京:中華書局,2004 年。

385. 周蕪:《中國版畫史圖錄》,上海:上海人民美術出版社,1988 年。

386. 周心慧:《明代版刻圖釋》,北京:學苑出版社,1999 年。

387. 周勳初:《宋人軼事彙編》,上海:上海古籍出版社,2015 年。

388. 周勳初:《唐人軼事彙編》(2 版),上海:上海古籍出版社,2015 年。

389. 周越然:《書書書》,上海:中華日報社,1944 年。

390. 周越然:《書與回憶》,瀋陽:遼寧教育出版社,1996 年。

391. 周越然:《言言齋古籍叢談》,周炳輝輯,瀋陽:遼寧教育出版社,2001 年。

392. 周越然:《周越然書話》,杭州:浙江人民出版社,1999 年。

393. 朱一玄編:《明清小說資料選編下》,天津:南開大學出版社,2012 年。

394. 朱一玄等編：《中國古代小說總目提要》，北京：人民文學出版社，2005年。

395. 朱越利：《道藏說略》，北京：北京燕山出版社，2009年。

396. 朱越利：《道經總論》，瀋陽：遼寧教育出版社，1992年。

397. 左桂秋：《明代通鑒學研究》，青島：中國海洋大學出版社，2009年。

致　謝

　　本書是我個人關於古籍善本之學的第三部著作，也是在花木蘭文化事業有限公司出版的第三部作品。首先，我要向花木蘭文化杜潔祥先生和楊嘉樂先生，以及諸位編輯致以誠摯的謝意。花木蘭文化，讓我和我的不少工作同仁、學術同道和友朋得到了個人作品出版的機會，讓我們的文字有了紙質版交流的可能。越來越多的學人關注、瞭解、支持花木蘭文化，也共同見證了花木蘭文化在現代學術出版上的成長。

　　其次，要感謝本書寫作中支持我的諸位前輩、同仁和學友。本書各章撰寫過程中得到了鮑國強先生、陳紅彥先生、陳錦春博士、陳雷先生、陳為先生、陳先行先生、陳雲豪博士、崔凱華博士、樊長遠博士、馮先思博士、何建明教授、李開升博士、林瓗先生、林世田先生、林振岳博士、劉波研究館員、劉明研究館員、劉鵬研究館員、柳森研究館員、馬學良博士、南江濤博士、饒益波博士、石計生教授、石祥研究員、宋凱先生、王紅蕾研究館員、向浩源博士、姚文昌博士、尹漢超先生、張玉亮先生、張志清研究館員、趙愛學研究館員、趙晶教授、趙前研究館員、趙文友博士、莊秀芬研究館員、鄭小悠博士等人的幫助。部分章節曾與諸位先生多次交流討論，得到了他們無私智力支持。

　　本書是我近幾年圍繞古籍善本所進行的一點初步的問學探索。今匯於一冊，作為一段學問生涯的總結。2007 年以來，我一直在古籍和古籍保護這個行當工作，在職業之餘也嘗試做一點學術的探索。在我看來，由古籍善本所構成的書籍世界，是歷史文化的遺存，也是人文精神的寄託，更是學術探索的依據。百年來，古籍從被棄置到被關注，有一個曲折反覆的過程。關於古籍的搶救、整理和研究，從整理國故運動到中華古籍保護計劃，無論是運動，還是計

劃，幾代古籍人在這個領域中付出了他們的心血，貢獻了他們的智慧，除了工作的記錄和成績之外，還留下了豐碩的研究論著，形成了若干截然不同的學術取徑，古籍善本之學成為可能，深耕細作也成為必須。近二十年來，越來越多的古籍被數字化，古籍善本之學也有了更廣闊的空間和更大的發揮餘地。由於古籍的體量大，種類多，其所涵蓋的內容之多，涉及的學術領域之寬，前代學人理想的那種窮盡式的調查與研究已不再現實。在收藏鑒賞、典藏守護、日常閱讀之外，圍繞一類或者一種古籍展開更深入細緻的考訂、辨析成為必要；個案式的調查研究和理論性的思考成為可能。

古籍善本之學，無非是要將它們的故事以某種敘事形式表達出來。書籍世界的敘事和其他的敘事一樣，最終都將是人的故事。只不過書籍世界中，人的故事以書籍為背景展開。古籍於歷史而言，是舊的過去式的；對我而言，則是新的進行時的，也是將來時的。未來，我還將繼續在這個領域裏前行。《詩》云：「猗與漆沮，潛有多魚。有鱣有鮪，鰷鱨鰋鯉。」遨遊在這浩瀚的書籍世界之中，無論是尋常之鯉，還是珍稀之鮪，沉潛即有所獲。

最後，本書書名出自陶詩《答龐參軍》：「衡門之下，有琴有書，載彈載詠，爰得我娛。豈無他好？樂是幽居。朝為灌園，夕偃蓬廬。」陶淵明給我們描繪了一個理想的棲居之地，唯有在書籍世界中才能實現。陶詩多用經典，這裡的「衡門」出自《詩經》《衡門》篇：「衡門之下，可以棲遲。」毛公說橫木為門，是淺陋之所，自有誘人之處。若願謹自守，志之所之，亦未嘗不可。而按照《韓詩外傳》的說法，衡門之下有另外一重意涵：子夏讀完《詩經》後和他的老師孔子有交流。孔子問，既然讀完了，哪個地方是他覺得最有意義的？子夏說，《詩經》包含各種故事，有大義，有人生，他又引用《衡門》篇，表示發憤忘食、樂以忘憂，是他的感觸。孔子說，你這樣讀《詩經》算是入門了。但僅僅如此還不夠，因為只是表面的工夫是不行的：「孔子曰：窺其門，不入其中，安知其奧藏之所在乎？然藏又非難也。丘嘗悉心盡志，已入其中。前有高岸，後有深谷，泠泠然如此，既立而已矣。不能見其裏，未謂精微者也。」在書籍世界裏，恰如前人論《詩》之說，故事不是唯一的，不能不勉力為之。

2024 年 2 月 18 日，於北京海淀